明智光秀と細川ガラシャ

戦国を生きた父娘の虚像と実像

井上章一
Inoue Shoichi
呉座勇一
Goza yuichi
フレデリック・クレインス
Frederik Cryns
郭南燕
Guo Nanyan

筑摩選書

明智光秀と細川ガラシャ　戦国を生きた父娘の虚像と実像　目次

まえがき

井上章一

戦国時代の武将は、多くの歴史愛好家をひきつけてきた。日本史への関心を幕末の志士とともに二分し、ささえている。いわゆる歴史小説の世界でも、よくとりあげられる。あるいは、テレビのドラマや時代劇映画、そしてパソコンなどのゲームでも。

ビジネスの現場でも、言及されることはままある。いよいよ、明日は関ヶ原だ、桶狭間だというような会話は、今でもじゅうぶんなりたつ。個々の経営者を信長や秀吉、そして家康になぞらえる指摘も、しばしば耳にする。

今あげた三人については、名字《みょうじ》をしめさなくても、誰のことかがすぐわかる。信長と書くだけで、織田信長をさしていると、のみこめる。秀吉が豊臣秀吉で、家康が徳川家康であることも。

いや、この三人だけにかぎらない。光秀と聞けば、たいていの人が明智光秀を想起する。主君の信長を、本能寺で亡き者にした武将だな、と。信玄や謙信が武田信玄や上杉謙信であることも、ごくふつうに了解されている。早雲《そううん》が北条であり、元就《もとなり》が毛利であることも、一般常識になっていよう。それだけ、戦国時代の歴史は、多くの人びとにしたしまれている。

この時代を生きた女性も、歴史好きからはひんぱんにとりざたされてきた。小谷方《おだにのかた》は、信長の妹でいちとよばれる人だが、たいそう有名である。その三人娘、ちゃちゃ、はつ、ごうも歴史小説のヒロインに、しばしばなる。とりわけ、秀吉の跡継ぎをなしたちゃちゃ、淀方《よどのかた》は話題になりやすい。

もちろん、秀吉の妻であるねね、北政所《きたのまんどころ》のこともよく知られている。ほかにも、大名の妻女で人気のある人は、少なくない。前田利家《としいえ》、山内一豊《かずとよ》、そして細川忠興《ただおき》の奥方はそういう女性の代表例にあげられる。もっとも、一豊の妻が夫のために馬を買う話は、後世の虚説であるけれども。戦国人物誌は後世の歴史語りに、好個の話題を、提供してきた。今とりあげた人物群像も、一七世紀の江戸時代から、あれこれ論じられている。そして、その状態は、今日にいたるまで継続されているのである。

いっぽう、目をヨーロッパへむければ、様相は一変する。

戦国時代の日本事情は、キリスト教の宣教師があちらにもつたえていた。一七世紀のはじめごろまでは、さまざまな情報がとどいている。しかし、一七世紀のなかばごろからは、それがとだえるようになる。

にもかかわらず、日本の戦国史は、しばしばヨーロッパでもふりかえられた。一八世紀いや一九世紀になっても、回顧の対象となっている。たとえば、関連のある出版物が刊行されつづけた。劇作化もなされている。

ヨーロッパで、もっとも関心があつまったのは、キリスト教とかかわる歴史である。とりわけ、その弾圧史、殉教史に、興味が集中した。じっさい、高山右近《うこん》、小西行長《ゆきなが》、大友宗麟《そうりん》の足跡などは、くりかえし語られている。

なかでも、高山右近の評判は群をぬく。周知のように、生前の右近はキリスト教の信仰をすてなかった。江戸幕府の禁教令もはねつけている。そのため、日本からは追放されフィリピンのマニラにおくられた。そして、マニラ到着後まもなく、亡くなっている。

その最期は、殉教とみなされた。ローマ・カトリックの世界でも、今後右近は聖人として認定される可能性がある。まだ、そうみとめられてはいない。だが、列聖の候補者にはなっている。いずれは、高山ジュスト右近の名がバチカンでひびきわたる日も、くるかもしれない。

いずれにせよ、右近は極東におけるカトリックのヒーローであった。信仰をまもりぬいたその姿は、劇の演目ともなり、しばしば上演されている。オペラ化もされた。

日本国内の戦国時代史語りで、右近がとりあげられる機会は、あまりない。少なくとも、信長、秀吉、家康あたりとくらべれば、存在感は小さくなる。日本側の戦国時代観は一七、八世紀ヨーロッパのそれに、ほとんどかさならない。

女性に話をかぎれば、西洋でいちばんその名声が高かったのは細川忠興の妻であろう。丹後王国の王妃・ガラシャとして、一七、八世紀、その名はあちらでなりひびいた。その理由も、キリスト教の信仰をたもったまま、悲劇的な死をむかえたことにある。

右近ほどさわがれたわけではない。しかし、当時のヨーロッパでもっとも有名だった日本女性は彼女だと、言いきれる。ガラシャもまた、音楽劇のヒロインなどになったのだから。

日本人どうしの戦国談義にも、しばしば細川ガラシャは登場する。しかし、彼女の存在感が他の女性を上まわるわけではない。北政所や淀方のそれを凌駕することは、ないだろう。しばしば語られる女性群像の、そのひとりであるに、日本ではとどまる。

彼女の名を特権化させたヨーロッパでのあつかいと、日本の歴史語りにはずれがある。日本でも、一七、八世紀に忠興の妻は、しばしばふりかえられた。だが、同時代のヨーロッパほどには、さわがれていない。また、語り方も、ずいぶん違っている。

こういうところにこそ、国際日本研究という視座の出番はある。日本国内の日本認識と海外の日本認識が、くいちがう。そういう場合に、どのような橋わたしがありうるのか。どうすれば、両者に接点が見つけられるのか。そこに答えを見つける技が、いやおうなくためされる。それが、国際日本研究という学問のフィールドだと考える。

以上のような志もあって、国際日本文化研究センターの有志は、ガラシャ論にとりくんだ。日欧でことなる認識がいだかれた史上の人物を、総体的にとらえなおそうとしたのである。

ではなぜ、右近ならぬガラシャを、テーマにえらんだのか。そうたずねる人は、いるかもしれない。

「美人論」を世に問いたい私が、まわりの同僚をまきこんでしまった可能性はある。今、この「まえがき」を書きながら、そうだったかもしれないと気がついた。企画につきあってくれた仲間には、感謝をするしかない。

細川忠興夫人、ガラシャは明智光秀の娘である。織田信長がとりもち、細川家の嫁になっている。

周知のとおり、ガラシャは最期をむかえ、自邸に火をはなった。炎のなかで、にげることなく自らの死をうけいれている。かつて、父の光秀は主君の信長をほうむった。火につつまれた本能寺で、自害を余儀なくさせている。その信長にもつうじる状況へ、ガラシャは自らをおいこんだと、見てとれる。

この時、ガラシャの脳裏には、本能寺の様子がよぎっていたかもしれない。謀反人とされた父の汚名を、自らの最期でそそごうとした可能性もある。いずれにせよ、ガラシャの死と光秀の主君弑逆《しいぎゃく》は、どこかでひびきあう。

ガラシャを論じるならば、光秀にもふれておきたいところである。その人となりは、あらためてとらえなおされるべきだろう。この本では、呉座論文がその仕事をひきうけている。

光秀とその謀反については、後世の論客がさまざまな読み解きを、ほどこしてきた。空想的にすぎる解釈も、読書人のあいだではたのしまれている。呉座論文は、かかわる諸説を、その当否もふくめ史学史的に整理した。今、日本史の枠組では何が語れるのかを、しめしてくれる論文である。

戦国時代の日本にいたキリスト教の宣教師は、数多くの記録をのこしている。光秀やガラシャへの言及も、少なくない。ただ、彼らの書きっぷりには、信仰心ゆえのかたよりも見てとれる。布教の都合で、評価を左右しすぎるところがある。

じゅうらいの日本史研究は、これらの記録をあつかいかねてきた。もてあますところもあったと思う。

クレインス論文では、宣教師のそんな記述を活用する手立てが、しめされる。キリスト教徒たちの記録は、どうあしらえば史料としていかせるのかが、よくわかる。またこれを読めば、彼らのいだいていた日本観も、おのずと見えてくる。

ガラシャの同時代を知る宣教師は、信仰心ゆえに彼女を讃美した。その像を、歪曲もさせている。のみならず、一七世紀のヨーロッパでは、ガラシャ像の理想化が、極端に進行した。井上論文は、その増幅過程を見つめている。そして、そのゆがんだ理想が近代日本におよぼした感化のほどを、とらえようとする。

ガラシャは、仏教、とりわけ禅の教理につうじた女性であった。大阪の教会でも、宣教師らと宗教問答をくりひろげている。そのやりとりがもつ意味を、郭論文はとりあげる。仏教とキリスト教がむきあう宗教史上に、彼女を位置づけている。じゅうらいのキリシタン史研究に、新しい一ページをそえる仕事だと思う。

それぞれに読みごたえはある。読者諸賢にも、じゅうぶんあじわっていただきたい。

第一章　明智光秀と本能寺の変

呉座勇一

第一節　明智光秀とは何者か

相反する人物像

細川ガラシャは明智光秀の娘で、本名を玉という。『明智軍記』（後述）によると、光秀には三男四女がおり、玉は三女だという。彼女は天正六年（一五七八）に細川藤孝《ふじたか》（幽斎《ゆうさい》）の長男である忠興《ただおき》と結婚した。共に十六歳だったという。一般にこの婚姻は織田信長の斡旋によると言われている（後述）。明智家と細川家の関係を強化させるための政略結婚である。当時、細川藤孝《ふじたか》の居城は勝龍寺城《しょうりゅうじじょう》（現在の長岡京市勝竜寺）であったから、忠興と玉は新婚生活を勝竜寺城で営んだと考えられる。藤孝が丹後《たんご》宮津《みやづ》に国替えになると、忠興夫妻も同地に移った。

天正十年に本能寺の変が起きると、明智光秀に協力しないことの意思表示として、細川藤孝は隠居して幽斎と名乗り、忠興は玉を離縁した。彼女は明智光秀の娘であるから細川家に嫁ぎ、光秀の娘であるがゆえに離縁されたのである。その意味でガラシャを知るには、光秀を知る必要がある。

また一般論として、前近代の女性の人となりを示す同時代史料は乏しい。ガラシャの人物像を考える上でも、父親である光秀の人物像から接近するのが常道である。

ところが、明智光秀の人となりを伝える同時代史料も乏しいのである。光秀は江戸時代の軍記類にしばしば描かれたが、それらは本能寺の変後に作成されたものであるから、謀反人光秀への偏見が強い。

世間一般の明智光秀に対するイメージは、古典的教養に優れた保守的な常識人というものだろう。しかし後で詳論するように、光秀が古典に通じていたのは事実であるが、伝統や権威を尊重し改革に否定的な人物であることを明確に示す一次史料は存在しない。

もっとも、二次史料には光秀の保守性を記すものもある。これも後述するが、江戸時代中期の享保五年（一七二〇）に比叡山無動寺什善坊《じゅうぜんぼう》中興第八世の重華《ちょうか》が諸本を比較して校訂した『天台座主《ざす》記』は、光秀が信長の比叡山焼き討ちを諫めたと記述している。

同じく江戸中期の正徳三年（一七一三）に刊行された『老人雑話』という本も注目される。永禄八年（一五六五）に生まれ、寛文四年（一六六四）年に没した江村専斎《えむらせんさい》という医者が語った内容を、専斎の弟子の伊藤坦庵《いとうたんあん》が編集整理した聞書集である。この『老人雑話』には「筑前守（秀吉）は、信長の手の者の様に其の上磊落《らいらく》の気質なれば、人に対して辞常におごれり。明智は外様のやうにて其の上謹厚《きんこう》の人なれば、詞《ことば》常に慇懃《いんぎん》なり」とある。豪快な秀吉と異なり、光秀は謙虚で控えめな人間だったという。

しかし、相反する光秀像を伝える二次史料も多い。明智光秀を主人公とする軍記物『明智軍記』は、朝倉家中にいた頃の光秀が「勇健にして智謀・才芸、人に勝《すぐ》れ、器量弁舌の者には候へ共、其の気質、無尽にして常に傍輩《ほうばい》中の上座仕り候。斯くの如きの族《やから》は普代（譜）の長臣を慢《あなど》り、後々は主君を褊《さみ》し必ず恨みを含み野心ある者にて候」と評されたと記している。すなわち、ここでの光秀は己の能力を誇る野心家として描かれている。そこには比叡山焼き討ちを諫めるような、常識人の姿はない。先述の『老人雑話』も、全体の文脈から判断すると、天下取りの野心を奥に秘めて表向きは謹厳実直に振る舞っていた、と評しているようだ。

より信憑性の高い史料として、ルイス・フロイスが著した歴史書『日本史』がある。周知のようにフロイスはキリスト教の布教のために来日したイエズス会宣教師であり、光秀の主君である織田信長と面識があった。光秀に関する確度の高い情報を得ていたとしても不思議はない。フロイスは光秀について「刑を科するに残酷で、独裁的でもあったが、己れを偽装するのに抜け目がなく、戦争においては謀略を得意とし、忍耐力に富み、計略と策謀の達人であった」と論評している。やはり温厚な常識人のイメージとは程遠い。

もちろん、本能寺の変から一〇〇年以上後に書かれた『明智軍記』はもとより、フロイスの『日本史』にしても、本能寺の変の後に成立したものであり、光秀の実像を伝えているとは限らない。前述した通り、「謀反人光秀」という結果から逆算して、冷酷な野心家のイメージを膨らませたように思える。

だが、ここで注意しておきたいのは、現代人が一般に抱く「保守的な常識人」という光秀像は必ずしも自明のものではないという点である。少なくとも江戸時代には、光秀が内向的で穏和な常識人であるというイメージは普及していなかった。したがって、光秀を保守的と決めつけず、その人物像を再検討する必要がある。

謎に包まれた系譜

明智光秀の人物像を考える上で、彼が生まれた家は重要な鍵となるはずだ。しかし、それも良く分からない。一般に明智光秀は、美濃源氏土岐氏《みのげんじときし》の一流である美濃明智氏出身であるとされる。『明智軍記』によれば、光秀は美濃明智氏嫡流の光綱《みつつな》の嫡男であるという。光綱が早世すると、その弟の光安《みつやす》（光秀の叔父）が後を継ぎ、東美濃の明智城に拠った。斎藤道三が土岐頼芸《よりなり》を追放して美濃の支配者になると、明智光安は道三に仕えた。

ところが弘治元年（一五五五）、斎藤道三の長男で道三と不仲だった義龍《よしたつ》が道三に反旗を翻す。翌二年、義龍は長良川の戦いで道三を討った（『明智軍記』は龍興《たつおき》が義龍を討ったと誤る）。道三派だった明智光安は義龍に攻め滅ぼされ、明智城は落城した。光安に明智氏再興を託された光秀は落城前に城を脱出した。牢人となった光秀は諸国を遍歴しつつ兵法を学び、越前の朝倉義景《あさくらよしかげ》に仕えた。義景は光秀の鉄砲の腕前を評価し、光秀に五〇〇貫の知行を与えたという。なお『綿考《めんこう》輯録《しゅうろく》』（後述）巻一にも類似の記述が見える。

加えて、『美濃国諸旧記』や「明智氏一族宮城家相伝系図書」などによれば、斎藤道三の正室で濃姫《のうひめ》（織田信長正室）の母にあたる小見《おみ》の方は、明智光綱の妹だという。これに従えば、明智光秀と濃姫は従兄弟ということになる。

以上に見える、光秀が名門土岐一族出身だという所伝は、伝統や秩序を重んじる保守的な常識人という通俗的な光秀像と親和的である。けれども、光秀が土岐一族出身であるという説の根拠は、実のところ脆弱である。

前述の通り、『明智軍記』は本能寺の変から一〇〇年以上後に書かれた俗書であり、信ずるに足りない。『美濃国諸旧記』や「明智氏一族宮城家相伝系図書」も江戸時代に作成されたもので、信憑性は低い。そもそも明智氏が道三派で、光秀が濃姫の従兄弟なら、なぜ尾張の織田信長ではなく、越前の朝倉義景を頼ったのだろうか。

実のところ、明智光秀の父の名前が光綱かどうかも、はっきりしない。『続群書類従』所収の「明智系図」は、光秀の父の名を光隆とする。光国とする系図もある。むろん当時は改名も頻繁に行われたので、光綱・光隆・光国が同一人物という可能性もある。だが、その場合は改名情報も記すのが普通であるし、最も有名な名前が世間に浸透するはずである。やはり系図の信頼性に疑問符を付けざるを得ない。もし光秀が由緒正しい家に生まれたとしたら、父親の名前すら定かではないということがあり得るだろうか。

明智光秀の系譜を記した系図類には、人名も含め、異同が多い。ただ基本的には、美濃源氏土岐氏の一流である美濃明智氏の流れに光秀を位置づける。では、この美濃明智氏というのは、どういう氏族か。

『尊卑分脈《そんぴぶんみゃく》』や『続群書類従』所収「明智氏一族宮城家相伝系図書」は明智頼重を美濃明智氏の祖とする。『尊卑分脈』は明智頼重を鎌倉末から南北朝期に美濃守護を務めた土岐頼貞の甥と記す。一方、『続群書類従』所収「明智系図」や「明智氏一族宮城家相伝系図書」は頼貞の孫としている。いずれも頼重の父を頼基とするが、前者は頼基を頼貞の弟、後者は頼基を頼貞の子とする点で異なる。

この明智頼重は同時代史料によって、南北朝時代の武士としての実在が確認できる。すなわち、美濃明智氏の庶流で徳川家康に仕えた明智定政《さだまさ》(後に土岐定政に改姓)に始まり、近世には上野国沼田藩の大名となった沼田土岐氏の家蔵文書「土岐文書」に「土岐民部少輔頼重《みんぶのしょうよりしげ》」の名が見える(貞治五年八月三日足利義詮御判御教書)。

系図類には明智頼重の子として頼篤《よりあつ》の名が見えるが、この頼篤も「土岐文書」に登場する。明徳元年(一三九〇)の土岐康行の乱に際し、「土岐明智氏王丸」は土岐氏惣領の康行側に背いて幕府側につき、恩賞として本領安堵を受けている(明徳元年十二月十四日足利義満御判御教書)。この氏王丸は頼篤の幼名だろう。応永六年(一三九九)の応永の乱では、大内義弘の挙兵に呼応して土岐詮直《あきなお》も反旗を翻したが、この時も「土岐明智十郎頼篤」は幕府方につき、恩賞をもらっている(応永六年十一月二十四日足利義満御判御教書)。これらの合戦を機に、明智氏は惣領である美濃守護土岐氏の統制から離れ、将軍直臣となる。

この美濃明智氏は「頼」を通字としたが、明智光秀関係の系図類を見ると、光秀の祖父あたりから「光」を通字としている。突然、「頼」から「光」に切り替えるのは不自然である。本来は別々だった系図をつなぎ合わせた可能性がある。美濃明智氏の系図と、光秀の系譜をムリヤリ結びつけたかもしれないのである。

なお一次史料で確認できる美濃明智氏は、永正十八年（一五二一）の明智頼明までである。以降、美濃明智氏の動静は見えなくなる。明智光秀が歴史の表舞台に登場するのはその五〇年後であるから、美濃明智氏と明智光秀が本当に系譜的につながっているのか、疑わしい。仮につながっていたとしても、美濃明智氏はすっかり没落してしまったと考えられるから、光秀が同時代人に「名門武士」と認識されたとは考えにくい。

出身地も不明

明智光秀の出身地に関しても諸説が乱立しており、確定していない。先述の通り、『明智軍記』によれば、光秀は東美濃の明智城に住んでいたという。しかし、この明智城がどこにあるのか分からない。

まず明智城の候補として、岐阜県恵那市明智町城山の落合砦（千畳敷砦）が挙げられる。これを初めて明智城に比定したのが、一九二六年に刊行された『恵那郡史』である。同書は本文では「可児郡明智城」と記しているが、「明智氏遺跡伝説」というコラムを立てて異説を紹介している。それによると、恵那郡明知町《えなぐんあけちちょう》の南部丘陵に千畳敷と呼ばれる砦跡があり、光秀がこの城を築き、しばらく在城したという伝承があるという。

もっとも『恵那郡史』は、同地と明智氏との関係については「史録の徴すべきものが無い」とも認めている。「しばらく載せて以て参考とする」という程度の扱いであり、自信を持って提起した説ではない。一九六〇年刊行の『明智町誌』は落合砦（千畳敷砦）説を否定している。

なお落合砦の近くには岐阜県の指定史跡である「明知城址」も存在する。しかし、こちらは明知遠山氏の城である。美濃の遠山氏には岩村、明知、苗木、飯羽間《いいばま》、串原、明照《あてら》、安木《あぎ》の七家があり、これを遠山七頭という。この美濃遠山氏は藤原利仁流で、美濃源氏の土岐氏とは無関係である。

もう一つ有力な候補地が可児《かに》市である。可児市には明智という地名が残っていないが、かつて可児市の辺りは美濃国明智荘の荘域だったと考えられている。中世の明智荘は江戸時代には「明知八郷《ごう》」と呼ばれた。明知八郷は、柿田村、渕之上《ふちのうえ》村、瀬田村、平貝戸《ひらがいと》村、石森村、石井村、顔戸《ど》村、古屋敷村の八つの村から構成されていた。このうち顔戸村、古屋敷村が現在の岐阜県可児郡御嵩《みたけ》町に含まれ、残り六つが可児市に含まれる。

御嵩町顔戸には「明知八幡」の郷社と言われる顔戸八幡神社が鎮座する。その近くには顔戸城があり、これを明智城とみなす説もあった。だが、現在では遺構の規模などから、応仁の乱の頃に美濃守護代として活躍した斎藤妙椿《みょうちん》の居城と考えられている。むろん光秀が再利用したという可能性もなくはないが、そもそも光秀と関わりがあるという伝承すらない。

現在、「明智城址」と言われているのは、可児市瀬田にある長山城である。『美濃国諸旧記』に

「可児郡明智の庄長山の城主の事……明智の城のありし地を、長山の地といへり……子孫代々、光秀迄是に住せり」とある。しかし『可児市史』編纂に伴う長山城の調査では明確な城郭遺構を確認することはできなかった。

より根本的な問題がある。美濃明智氏が代々、明智荘を支配してきたという事実が一次史料から確認できないのだ。明智荘はもともと摂関家領だったが、十一世紀末から十二世紀初頭にかけて石清水八幡宮《いわしみずはちまんぐう》に寄進され、以後、石清水八幡宮領になった。「石清水八幡宮文書」の中には明智荘に関する文書が十三点あるが、明智氏の名前は見えない。

前掲の「土岐文書」によると、美濃明智氏の所領は尾張国海東荘《かいとう》（天龍寺領を除く）、美濃国妻岐(木)郷内笠原半分・曾木村・細野村、同国多芸荘《たぎ》内春木郷・多芸島郷・高田内河合郷、武気荘内野所・安弘見《あびろみ》・加藤郷、同国伊川郷（伊川新兵衛尉跡）、武蔵国大井郷不入読《いりやまず》村頼重跡等地頭職である。つまり美濃明智氏は明智荘を領していない。

前出の顔戸八幡神社には長禄三年（一四五九）三月九日付の屋根瓦葺棟札が残っているが、そこには「地頭代官妙椿上人」の名が見える。斎藤妙椿が明智荘の地頭代官を務めていたのである。要するに、室町時代には美濃守護代斎藤氏が明智荘を支配しており、美濃明智氏が明智荘を本拠としていたとは考えられない。この点で、明智荘の長山城（明智城）を美濃明智氏代々の居城と説明する『美濃国諸旧記』の記述は信用できない。

吉田兼見《かねみ》の日記『兼見卿記《かねみきょうき》』元亀三年十二月十一日条によれば、明智光秀は美濃にいる親類と連絡を取っているので、光秀が美濃出身であることはほぼ動かない。後の明智家中の中枢に美濃出身者（斎藤利三《としみつ》・三沢（溝尾《みぞお》）秀次《ひでつぐ》・藤田《ふじた》行政《ゆきまさ》）がいることも注目される。だが、それ以上は不明だ。

越前時代の明智光秀

明智光秀の足取りが良質な史料によって確認できるようになるのは、越前時代からである。「遊行三十一祖京畿《けいき》御修行記」という史料があるからである。この史料は第三十一代の遊行上人《ゆぎようしようにん》（時宗教団の指導者）である同念が天正六年から八年にかけて東海から京都・奈良を巡って布教活動を行った際、随行者が書き留めた記録である。筆跡を見る限り、原本ではなく写本だろうが、内容に不審な点はなく、ほぼ一次史料と評価して良いと思われる。

さて天正八年（一五八〇）正月二十四日、同念は奈良に赴く前に、梵阿《ぼんあ》という僧侶を使者として坂本城に派遣した。筒井順慶《つついじゆんけい》（50頁を参照）への紹介状を明智光秀に書いてもらうためである。実はこの梵阿は光秀と旧知の仲だった。「濃州土岐一家牢人」だった光秀が越前の朝倉義景を頼り、坂井郡の長崎称念寺（福井県坂井市丸岡町長崎に所在する時宗寺院）の門前に一〇年間居住していた頃、知り合ったのだという。ゆえに光秀が美濃から越前に移ったのは事実と見て良いだろう。加えて、光秀が越前時代から土岐氏所縁の人間だと自己紹介していたことも判明する。

ただし、明智光秀が朝倉義景の家臣となり五〇〇貫の知行を得たという『明智軍記』の記述は信用できない。称念寺は朝倉義景の居城である一条谷から約二〇キロメートル北側に位置する。小和田哲男氏が指摘するように、五〇〇貫取りとなれば上級家臣だから、一条谷の城下町に屋敷を構えていなければおかしい。光秀は義景への仕官を試みたものの、果たせなかったと思われる。

家柄の低さが仇となったのではないか。

足利義輝時代から幕臣だった?

明智光秀が仕官したことがはっきり分かるのは、足利義昭の家臣になってからである。まず『群書類従』に収録されている「永禄六年諸役人附」が重要である。群書類従本だけでなく、他の写本も網羅的に調査した東京大学史料編纂所の黒嶋敏氏によれば、本来の名称は「光源院殿御代当参衆 幷《ならびに》 足軽以下衆覚」だという。「光源院殿」とは、室町幕府十三代将軍の足利義輝のことである。

本史料は「御伴衆」「御部屋衆」「外様衆」「詰衆番衆(奉公衆)」「奉行衆」などとグループ分けした上で、人名を列記している。一見すると、足利義輝が将軍であった時代の幕府構成員名簿に思える。

そして右の史料の中に「明智」の名が見える。この「明智」が明智光秀を指すことは疑いない。とすると、光秀は義輝時代から幕府直臣(幕臣)だったのだろうか。

けれども同史料には、同一人物が前半と後半に重複して登場するため、前半と後半では名簿の成立時期が異なることがうかがわれる。現在では、前半は義輝期の永禄六年(一五六三)のものだが、後半は義昭期のものであることが判明している。しかも後半は、義昭が将軍に就任する前、具体的には義昭が越前一乗谷で朝倉義景の庇護を受けていた時期のものである。後半部分は基本的には義昭に付き従う者たちのリストだが、「外様衆」の項には武田信玄や上杉謙信、織田信長ら、全国の戦国大名の名も挙がっている。将軍就任後の政権構想メモという性格も持っていたのである。

実は「明智」の名は後半にしか見えない。よって、義輝時代には光秀は幕府直臣ではなかったことになる。この点でも「明智光秀＝名門土岐氏」説は疑わしい。

さらに問題になるのは、「明智」が「足軽衆」に配属されている事実である。三重大学教授の藤田達生氏らが指摘するように、ここでの「足軽衆」は雑兵の意味ではなく、騎乗ではなく徒歩で将軍に供奉する者のことであろう。それにしても、あまり身分の高い武士とは思えない。他の「足軽衆」の顔ぶれを見ても、譜代の将軍直臣らしき者は含まれていない。

さて「光源院殿御代当参衆幷足軽以下衆覚」以前に作成された室町幕府の役職名簿としては、『文安年中御番帳』『永享以来御番帳』『長享元年九月十二日常徳院殿様江州御動座当時在陣衆着到』『東山殿時代大名外様附』の四種が知られている。これらによれば、外様衆に明智中務少輔、奉公衆四番方に明智兵庫頭が配属されている。「土岐文書」を残した美濃明智氏は、奉公衆の明智兵庫家である。外様衆明智氏と奉公衆明智氏との関係は詳らかではないが、文明から明応年間頃、外様衆の明智中務少輔政宣《まさのぶ》と奉公衆の明智兵庫頭頼連《よりつら》（玄宣《げんせん》）がしばしば共に連歌を詠んでいるので、互いに同族という意識は持っていたようである。

では明智光秀は、外様衆明智氏、あるいは奉公衆明智氏の末裔なのだろうか。そうであるならば、「足軽衆」に配属されるはずはないだろう。著しい格下げになるからである。「光源院殿御代当参衆幷足軽以下衆覚」には細川藤孝の名も見えるが、藤孝は将軍に近侍する「御伴衆」の一員となっており、「細川兵部太輔藤孝」と記されている。一方、光秀は「足軽衆」に「明智」とのみ記されている。官途《かんと》も仮名《けみよう》も実名も記されていない。明らかに低い扱いである。

織豊期研究者の中脇聖氏は「光秀の「明智」名乗りは、義昭に近侍するために自らの「家格」を箔づけするために行ったものではなかろうか」と推測している。たとえ光秀が土岐明智氏出身だったとしても、嫡流とは程遠い傍流だったと見るべきである。

新史料「米田家文書」をどう読むか

明智光秀の前半生の謎を解くかもしれない史料として最近関心を集めているのが、新発見の「米田《こめだ》家《け》文書《もんじょ》」（熊本大学附属図書館所蔵）である。「米田家文書」は熊本藩細川氏次席家老の米田家に伝来した家蔵文書である。

米田家の祖である米田貞能《さだよし》（後に求政《もとまさ》と改名）は足利義輝に仕え、永禄八年五月に義輝が三好三人衆（三好長逸《ながやす》・三好政康・岩成友通）らに暗殺されると（永禄の変）、細川藤孝らとともに、奈良の興福寺一乗院に幽閉されていた覚慶《かくけい》（後の足利義昭）を救出し、覚慶の逃避行に付き従った。「光源院殿御代当参衆并足軽以下衆覚」には「奈良御伴衆」として「米田源三郎」という名前で記録されている。その後、細川藤孝に仕え、子孫は熊本藩の次席家老の地位を得た。

この「米田家文書」の中に『針薬方《しんやくかた》』という医術書がある。この本の奥書には、「右一部、明智十兵衛尉高嶋田中籠城之時口伝也」という奥書を持つ沼田勘解由《かげゆ》左《さ》衛門尉《えもんのじょう》所持本を、米田貞能が永禄九年十月二十日に近江坂本において書写した、とある。「明智十兵衛」とは光秀のことだろうから、右の奥書を信じるならば、明智光秀は永禄九年十月二十日以前に近江国高嶋郡の田中城（滋賀県高島市安曇川町《あどがわちょう》の上寺《うえでら》城跡か）に籠城していたことになり、光秀の軍事活動の初見とみなせる。

ちなみに沼田勘解由左衛門尉は若狭熊川城（現在の福井県三方上中郡若狭町熊川）の城主である沼田《ぬまた》光兼《みつかね》の四男、清延《きよのぶ》のことで、「光源院殿御代当参衆幷足軽以下衆覚」によれば、彼は足利義昭に奉公衆二番方として仕えていた。さらに沼田清延の妹麝香《じゃこう》は細川藤孝に嫁ぎ、忠興を産んでいる。こうした縁もあり、清延は後に細川藤孝に仕えている。

歴史作家の橋場日月氏は、明智光秀が田中城に入ったのは、足利将軍家と近江六角氏、さらには若狭武田氏の連携を維持するための、連絡ルート確保のためと想定している。そして、光秀に田中城守備を命じたのは義昭ではなく義輝であり、光秀が田中城に入ったのは義輝生前の永禄八年五月以前と主張する。これに従えば、光秀は義輝時代から幕臣だったことになる。藤田達生氏も、田中氏が幕府奉公衆に属することから、「光秀も、足利義輝に仕えた幕府衆の一員として籠城したのかもしれない」と述べている。熊本大学教授の稲葉継陽氏も、光秀が義輝時代から近江の湖西地域に基盤を持っていたと想定する。一方、歴史研究家の乃至政彦氏や関西学院大学教授の早島大祐氏は、永禄九年八月三日に矢島御所（現在の滋賀県守山市矢島町）を三好勢が襲撃した事件を受け、三好方から義昭を守るために光秀が田中城に配置された、と説く。

橋場氏や乃至氏が指摘するように、熊本藩の家譜・覚書類によれば、米田貞能の息子である是政の妻は近江の武士出身の僧侶である田中坊真賀上人の娘であり、彼女は光秀の妻の姪だという。

玉（ガラシャ）は永禄六年生まれなので、右の記述が正しければ彼女の母親は近江武士の娘ということになろう。玉も近江で生まれた可能性が出てくる。

後年の明智・田中・米田・沼田・細川の深いつながりを考えると、その発端が近江田中城での出逢いであったとしても不思議はない。だが、いかにも出来過ぎの話にも映る。後年の関係から逆算して、彼らの邂逅《かいこう》の場面を創出したようにも思える。

前掲の『針薬方』は、九通の八月二十八日付一色藤長・三淵《みつぶち》藤英連署書状（伊賀・山城の武士たちに送られたもので、宛先はそれぞれ異なるが、ほぼ同文である）の裏に書かれている。東京大学史料編纂所の村井祐樹氏はこれらの書状を解読し、未遂に終わった永禄九年の織田信長上洛作戦に関わるものであることを解明した。これらの書状は永禄九年八月二十八日に書かれたものの、六角氏の離反という情勢変化により、送られることなく反故になったというのだ。

奥書を信じるならば、『針薬方』は前述の通り、永禄九年十月二十日に執筆されたことになる。その場合、わずか二ヶ月前に伊賀・山城の武士たちに出される予定だった書状群を、米田貞能が何らかの方法で蒐集し、すぐさま『針薬方』の料紙に再利用したと考えるしかない。けれども、この想定はやや苦しい。奥書の書写年月日は信用できず、実際の成立年代はもっと後だろう。

この種の秘伝書は箔付けのために、しばしば有名人との関係を創作する。『針薬方』も、明智光秀が織田家中で名を成すようになってから、あるいは光秀が亡くなってから成立したのではないだろうか。「明智光秀直伝の薬」と喧伝することが目的の史料である以上、無名時代の光秀の事績を記した同時代史料と評価するのには慎重であるべきだ。東京大学助教の木下聡氏が指摘するように、通説通り、光秀の妻を美濃国土岐郡妻木郷（現在の岐阜県土岐市妻木町）の武士である妻木氏の娘と考え、光秀自身も美濃出身とみなすのが、現状では穏当だろう。

光秀は「ときの随分衆」か

ここまで説明したように、光秀の出自に関する史料のほとんどは後世に作成されたものであり、脚色・創作が疑われるものばかりである。その中で、数少ない良質な史料として従来から注目されてきたのが、『続群書類従』に収録されている「立入左京亮入道隆佐記《たてりさきょうのすけにゅうどうりゅうさき》」である。

これは、立入宗継《むねつぐ》（一五二八〜一六二二）が天正六〜文禄二年（一五七八〜一五九三）に起こった出来事について記した覚書を、七世の孫である中務大丞経徳が書写・整理したものである。元になった覚書は文禄年間からそう遠くない時期に成立していただろうから、同時代史料に近い良質な史料と評価できる。

立入宗継は明智光秀と同時代人である。商人ではあるが朝廷の年貢を管理・運用する「禁裏御蔵職《きんりみくら》」の役職を得ており、朝廷の使者として信長とたびたび交渉した。「立入左京亮入道隆佐記」に見える彼の活動を見る限り、京都の貴顕の事情にそれなりに通じていたと思われる。

そして「立入左京亮入道隆佐記」には、光秀に関する記述もある。以下に示そう。

美濃国住人ときの随分衆《ずいぶんしゅう》也
明智十兵衛尉

其後従上様被仰出
惟任日向守《これとうひゅうがのかみ》になる

右によれば、明智光秀は「美濃国住人」で「ときの随分衆」だという。中世における「住人」は現代の「住人」と異なり、それなりの有力者を指す。一般には武士クラスを意味することが多い。ともあれ、光秀が美濃出身であることは間違いないだろう。

次に「ときの随分衆」だが、先行研究は概ね「土岐一族」と理解している。歴史研究家の藤本正行氏は「美濃の名族土岐氏の出で、地位の高い者」と解釈している。橋場氏も「美濃土岐氏の一族出身で、随分衆、つまり相当な身分の者と周囲に認識されていた」と論じている。静岡大学名誉教授の小和田哲男氏も「『随分』とあるのをどの程度にみるかによってちがってはくるが、当時の京都の人が、光秀のことを土岐一族の人間とみていたことはたしかである」と説いている。

ところが近年、乃至氏は具体的な事例を挙げつつ、「『随分』は『結構な』の意味以外に『随身する』という意味に使われることも少なくない」と通説を批判し、「ときの随分衆」は土岐一族ではなく土岐氏家臣と解釈すべきだと主張した。早島大祐氏も「美濃守護土岐氏の重臣の一人」と解釈している。また乃至氏は前掲の「遊行三十一祖京畿御修行記」の「惟任《これとう》方もと明智十兵衛尉といひて、濃州土岐一家牢人たりしが……」という記述にも注目する。「濃州土岐一家牢人」も土岐一族というより、土岐氏の旧臣という意味に取れる、というのだ。なかなか興味深い指摘だが、それ以前に「立入左京亮入道隆佐記」の記述はどの程度信頼できるだろうか。

立入宗継が意図的に虚偽を書いたとは思わないが、明智光秀に関する彼の記述が真実とは限らない。既述の通り、光秀は京都で将軍足利義輝に仕えたことはない。おそらく美濃で生まれ育ったのだろう。京都と接点がなかった若き日の光秀を知る京都住民はほぼ皆無だったはずだ。立入宗継は美濃と特別な所縁を持っているわけではないので、彼が光秀を知ったのは、光秀が足利義昭・織田信長に随行して上洛し、京都行政に関わり始めてからだと思われる（後述）。

したがって宗継の記述は当てにならない。光秀に関する信頼できる情報源を持っていたとは思えないので、宗継は世間の噂を書き記しただけだろう。「土岐」ではなく平仮名で「とき」と記していることも、この推測を裏付ける。宗継の知識は「美濃に「とき」という氏族がいるらしい」という程度のものなのである。そして世間の噂と言っても、そもそも京都の人々は光秀の来歴を知らない。彼らが知っているのは、有名になってからの光秀だけである。「美濃出身で明智という名字だから土岐一族だろう」という推測が伝言ゲームを繰り返すうちに、あたかも確定事実のようになってしまったのではないか。

情報の発信源が明智光秀自身、ないしは光秀周辺という可能性すらある。光秀は立入宗継と面識があったから、光秀が宗継に直接語ったのかもしれない。また宗継の舅である磯谷久次《いそがいひさつぐ》は光秀の与力だったことがあった（後に足利義昭に従って信長と敵対し、敗死する）。

前掲の記述は、天正七年（一五七九）に光秀が丹波八上城主の波多野《はたの》秀治《ひではる》・秀尚《ひでひさ》兄弟を捕らえて安土に護送し、彼らを磔《はりつけ》にした記事に関連して登場する。光秀は既に近江志賀郡主・坂本城主だったが、丹波平定の功績によって、この後、丹波一国を与えられた。堂々たる大名になった光秀にしてみれば、それなりの出自をでっちあげて己を飾る必要がある。だが現実の光秀は、美濃明智氏と全く関係がないか、あったとしても嫡流ではなく庶流だった。そのため「土岐の随分衆」という曖昧な出自しか語れなかった。そんなところが真相ではないだろうか。

細川藤孝の「中間」

一方、明智光秀を身分の低い者と記す史料も少なからず存在する。寛永年間（一六二四〜四四）に姫路藩が編纂した徳川家康の一代記『当代記』には「光秀は一僕《いちぼく》の者、朝夕の飲食さへ乏しかりし身を、信長取立給ひ、坂本の主として、其上丹波国一円被下、かゝる不思議存立事、不及是非次第也」と記されている。「一僕」は「一人の従者」の意味で、「一僕の者」とは従者を一人しか抱えていない最下層の武士の意味である。

もちろん『当代記』は本能寺の変から半世紀を経て成立した編纂物であり、その記述を全面的に信じることはできない。また右の一節は、謀反を起こした光秀の忘恩を非難する内容であり、信長からの大恩を強調するため、信長に仕える前の光秀の立場をことさら貶めた可能性がある。

しかし、同時代史料にも光秀が身分の低い者であったことを記すものがある。織田信長に近侍した太田牛一《おおたぎゅういち》が石山合戦や山崎の戦いについて記した『太田牛一旧記』では、明智光秀は朝倉家中では「致奉公候ても、無別条一僕之身上にて」という立場だったが、信長に抜擢されたという。

またルイス・フロイスは一五八二年十一月にイエズス会本部に信長の死を報告しているが、その書簡に、光秀は「賤しき歩卒」と記している（「一五八二年日本年報追加」）。さらにフロイスの

『日本史』には「(光秀は) もとより高貴の出ではなく、信長の治世の初期には、公方様《くぼう》の邸の一貴人、兵部太輔《ひょうぶのたゆう》と称する人に奉仕していた」とある。公方様は足利義昭、兵部太輔とは細川兵部大輔藤孝のことである。光秀は藤孝の家臣だったというのだ。

本書所収のクレインス氏の論考が指摘するように、ルイス・フロイスの右の記述は、明智光秀・細川藤孝といった関係者から直接得た情報ではなく、京都で流れていた噂に基づくと思われる(107頁を参照)。フロイスの情報源は貧弱で、記述の信頼性が高いとは言えない。

だが、明智光秀がもともとは細川藤孝に仕えていたと説く史料は他にもある。明智光秀が山崎の戦いで敗れ、落ち武者狩りで命を落とすと、興福寺の僧侶である英俊は日記『多聞院日記《たもんいんにっき》』に「(光秀は) 細川ノ兵部大夫カ中間《ちゅうげん》ニテアリシヲ引立之、中国ノ名誉ニ信長厚恩ニテ被召遣之、忘大恩致曲事《くせごと》、天命如件」と記している。もし「中間」が事実なら、光秀は正規の侍として扱われていなかったことになる。それこそ「草履取りの藤吉郎」のような地位である。

もっとも右の記述も、光秀の忘恩を咎《とが》め、みじめな最期は自業自得だと罵るものであり、信長の厚恩を主張するために、光秀の出自を実際以上に低く評価した疑いがある。あるいは、既に光秀の悪逆を人々に知らしめる羽柴秀吉の宣伝工作が始まっていたのかもしれない。

けれども、もし光秀が身分の高い武士であるという認識が世間に浸透していたならば、右のような噂が流れるはずがない。光秀が細川藤孝の (身分の低い) 家臣であるという記述は『老人雑話』『武功雑記』『校合雑記《きょうごう》』などの逸話集に散見され、そのような認識が江戸時代にはある程度普及していたと考えられる。

現実に明智光秀が細川藤孝の家臣だったかどうかは判然としない。光秀が足利義昭に仕えていた当初、上役に当たる藤孝の下で働いていたのが、外からは「藤孝の家臣」と映ったのかもしれない。そうだとしても、藤孝と光秀の間に大きな身分的格差があったことは否定しがたい。

伝統軽視の政治姿勢

明智光秀の出自に関する新出史料として注目を浴びているのは、『針薬方』だけではない。近年、早島大祐氏が紹介した「戒和上昔今禄《かいわじょうせきこんろく》」も重視されている。「戒和上」とは、出家者に具足《ぐそく》戒《かい》（僧侶が遵守すべき二五〇の禁止事項）を授ける時の首座の僧を指す。「戒和上昔今禄」は、天正四年（一五七六）から五年にかけて、一乗院門跡《もんぜき》の尊勢《そんせい》（近衛前久《さきひさ》の息子）への授戒を務める戒和上職をめぐって、大和国の二大寺院である興福寺と東大寺が争った裁判に関する記録である。書いたのは、興福寺東金堂の空誓《くうせい》という僧侶である。

天正四年六月二十八日、尊勢が一乗院に入室した。ところが尊勢に戒を授ける戒和上の任にあった興福寺東金堂の胤秀が同年九月五日に死去し、また松永久秀の反乱によって大和国の情勢が混乱した影響もあり、尊勢の受戒会が延期になった。この間隙を突き、東大寺が戒和上の就任を名乗り出たのである。

翌天正五年十月十日に松永久秀が滅亡して戦乱が収束すると、興福寺は状況の打開を図って織田信長に訴え出た。信長は裁判を光秀に担当させた。そこで空誓は光秀と面会したが、この時、光秀は「我先祖〈惟任御事〉致忠節故、過分ニ所知（所領か）被下シ、尊氏御判御直書等所持スレトモ無当知行故、中々右府様へ御訴訟モエ不申、今以不知行仕」と語った。光秀の先祖は戦功への恩賞として室町幕府から莫大な所領を拝領しており、幕府初代将軍足利尊氏の「御判御直書」をはじめとする証拠の文書も残っているというのだ。

右の一節に着目した橋場日月氏は、「先祖の代にはそれなりの地位と領地を持つ身分だった」と論じている。しかし、これはあくまで光秀本人の主張にすぎない。光秀の語りには先祖の功績、所領名など具体的情報が全く見えず、いかにも嘘くさい。

前述のように、一国一城の主となった光秀は、相応の家柄で自身を権威づける必要があった。前掲の「土岐文書」には、足利尊氏の袖判下文《そではんくだしぶみ》（恩賞として所領を給付）も含まれている。光秀が幕府直臣の美濃明智氏を称していたとしたら、当然「私の先祖は尊氏公以来、幕府に仕えてきた名門武士である。証拠の文書もある」と語っただろう。代々の幕府直臣であれば、尊氏文書を所持していなければ不自然だからだ。

東大寺は文安三年（一四四六）の火災で戒和上の座を興福寺に奪われていたが、一三〇年ぶりに取り戻そうと、古文書や『東大寺要録』などを証拠として集めており、用意万端であった。ところが光秀は、「東大寺が提出した文安二年の官宣旨《せんじ》は一三二年前のものであり、証拠と認められない」と一蹴した。

さらに光秀は「当右府様ノ御公事ハ、御入洛二年已前ノ永禄九年迄ノハ事ニヨリテ御モチ井アル也、然者不入反古也」と語っている。信長上洛の二年前に当たる永禄九年の文書であれば証拠文書として採用することもあるが、それより古い文書は採用しないと言っているのだ。

明智光秀の主張は要するに、織田信長以前の権力者が出した裁定は無効である、というものだ。過去の権力・権威を否定する姿勢は織田政権、すなわち信長の方針であろうが、光秀がその方針に従順であったこともうかがえる。

そして光秀は「当家御公事ハ当知行本ナレハ、興福寺道理ト心得ル」と述べ、興福寺勝利の裁定を下している。つまり、現時点で権利を確保している側の既得権益をそのまま認めるのが織田政権の方針なのである。東大寺の僧侶が戒和上を務めたのは文安三年が最後であり、以後一三〇年にわたって興福寺の僧侶が戒和上を務めたので、興福寺の勝ち、というわけである。

右の論理は、伝統よりも実力を上に置くものである。いくら伝統や過去の権威を持ち出しても、「そんな大昔の話は知らない。今現在、力がある者の方が偉い」と切り捨ててしまうのが織田政権、そして光秀の態度である。

先ほどの光秀の「我が先祖〈惟任御事〉忠節を致す故、過分に所知（所領か）下されし、尊氏御判御直書等所持すれども当知行無き故、中々右府様へ御訴訟も得申さず、今以て不知行仕る」（書き下し文に改めた）という発言も、実力主義の文脈で登場する。初代将軍足利尊氏に領有を認めてもらった土地だが、明智氏の衰退によって、その土地は別の武士に奪われてしまった。織田政権は現在その土地を領有している者の権利を保護するので、信長に訴えることができず、今もその土地を取り戻すことができないでいる、というのだ。続けて光秀は以下のように語る。

「久証跡ハ持テモヤクニタタス」。

古い証文など持っていても役に立たない――このように断言する明智光秀は、明らかに保守的な常識人ではない。むしろ織田信長と同様の実力主義者である。

付言するならば、織田家きっての実力者である明智光秀が、証拠文書を持っているにもかかわらず、明智氏代々の領地を取り戻せない、というのも、おかしな話である。やはり、本当は文書など持っていないのではないか。明智光秀が美濃明智氏出身であるという通説は成り立ちがたい。仮に明智氏出身だとしても、嫡流ではあり得ず、明智氏と名乗るのもおこがましいような傍流だろう。

東京大学史料編纂所教授、國學院大學教授などを歴任した高柳光壽《みつとし》は古典的名著『明智光秀』（一九五八年）で「光秀の家は土岐の庶流ではあったろうが、光秀が生まれた当時は文献に出て来るほどの家ではなく、光秀が立身したことによって明智氏の名が広く世に知られるに至ったのであり、そのことは同時に光秀は秀吉ほどの微賤ではなかったとしても、とにかく低い身分から身を起こしたということでもあった」と推測している。結局、この高柳説が一番真相に近いように思われる。信長家臣団研究の第一人者として知られる谷口克広氏も、仮に土岐一族だとしても、明智城の城主といった有力武士の息子ではない、と結論づけている。

第二節　野心家、明智光秀

上洛後も細川藤孝の下に

明智光秀が権威を軽んじ実力主義を積極的に肯定したのは、彼自身が家柄ではなく実力でのし上がったからだろう。以下、光秀の出世街道を簡単に見ていこう。

良く知られているように、足利義昭（厳密には義昭側近の細川藤孝）の使者として織田信長に上洛への協力を要請したのは、明智光秀と見られる。永禄十一年（一五六八）九月二十六日、織田信長が足利義昭を奉じて上洛、光秀もこれに随行している。この上洛戦では光秀は特に功績を挙げていないようである。信長はそのまま西に進み、三好方勢力を次々と撃破した。同年十月十八日、足利義昭が征夷大将軍に任命されると、同月二十六日に信長はわずかな警備兵を残しただけで岐阜城に帰還してしまう。

すると翌永禄十二年正月五日、京都の軍事的空白を衝いて、足利義昭が仮御所としていた京都六条の三好三人衆が本圀寺《ほんこくじ》を襲撃する。この本圀寺の変に際して、光秀は本圀寺の防衛要員として記録されている（『信長公記』）。光秀が具体的にどのような働きを見せたかは不明だが、織田方の援軍が到着するまでの必死の防戦に参加していたことは確実である。

ちなみに細川藤孝は翌六日に三好義継や荒木村重らと共に援軍として駆けつけ、桂川で三好三人衆らを破っている。親衛隊として本圀寺に詰めていた光秀と異なり、藤孝は軍勢を率いる部将の扱いであり、両者の格差は明白である。

その後、光秀は丹羽《にわ》長秀《ながひで》・木下秀吉（後の羽柴秀吉）・中川重政ら織田家臣と共に京都行政に関わるようになる。この時期の光秀は、足利義昭と織田信長に両属していたと考えられる。ただし光秀が正式な幕府直臣として遇されていたかどうかは疑問である。最近、乃至政彦氏が提起したように、細川藤孝の家臣という位置づけだったかもしれない。

明智光秀と織田家臣らとの初期の連署状（複数の人間が署名した文書）を見る限り、光秀の地位はそれほど高くない。書札礼《しょさつれい》という当時の公式文書の書き方のルールによれば、宛先の人間が差出人たちより格下であれば、日付の真下に署名する者が差出人たちの中で最上位である。そして日付から遠ざかっていくにしたがって下位になっていく。宛先の人間の方が差出人たちより格上の場合は、逆になる。橋場日月氏が指摘するように、初期の連署状では、明智光秀は左端、すなわち日付から一番遠い位置に署名している。これは光秀が、丹羽長秀・木下秀吉、さらには信長馬廻《うままわり》（親衛隊）の中川重政よりも格下、序列最下位であることを意味する。

細川藤孝が木下秀吉らと連署する時は、藤孝が秀吉より上位に署名している。藤孝が幕府直臣、義昭側近であることに配慮したのだろう。光秀に対してはそのような配慮が見られない以上、光秀は幕府直臣とみなされていなかったと考えられる。

光秀の立場は、その所領からも推測できる。元亀元年八月十日宝菩提院禅我書状案（『東寺百《ひゃく》合《ごう》文書』ひ函一七五）によれば、明智光秀は山城国下久世荘《しもくぜ》に権益を持っていた。ここで注目すべきは、下久世荘と細川藤孝の居城である勝龍寺城の距離が、わずか六キロメートルほどであるという事実だ。

後に細川藤孝は織田信長から桂川西岸（西岡《にしのおか》）地域をまとめて与えられているが、この時点でも桂川西岸のいくつかの荘園を足利義昭から与えられていただろう。そして下久世荘も後に細川藤孝領となる桂川西岸地域である。

とすると、明智光秀が下久世荘を与えられたのは、細川藤孝の配下と考えられていたからではないだろうか。ことによると、下久世荘の権益も本来は藤孝のものであって、光秀はそれを預けられていただけかもしれない。

さて下久世荘は、足利尊氏が東寺に寄進して以来、東寺鎮守八幡宮領であった。だから光秀は荘園の土地そのものを与えられたわけではない。代官のような形で下久世荘に関わり、一定の利権を得ることが認められたのだろう。

ところが、光秀は年貢・諸公事（雑税）を一切東寺に納めず独り占めしたため、東寺は幕府に訴えている。私たちは、光秀が大寺社の権威を尊重する保守主義者であるという先入観から脱する必要があるのではないか。

細川藤孝からの独立

以上のように、上洛後も明智光秀の立場は不安定なものだった。だが光秀は、幕府直臣でないがゆえに、歴史上重要な役割を果たすことになる。「五箇条の条書」である。

永禄十二年十月、足利義昭と織田信長は不和となり、信長は岐阜に帰ってしまう。翌十一月五日、正親町《おおぎまち》天皇は公家の山科言継《やましなときつぐ》に上臈御局《じょうろうおつぼね》領の丹波国新屋《にや》庄の回復を信長に依頼するよう命じた。言継は八日に京都を出発し、十二日に岐阜に到着した。十三日に言継は信長に直訴したが、翌日に信長の使者が言継に伝えた返事は「只今は京面《おもて》の儀、万事存ぜざるの間、春過ぎ上洛の刻、知行分これを申し付くべし。先づその刻まで堪忍すべきの由これを申さる」というものだった（『言継卿記』）。信長は畿内の訴訟に関与しないというボイコット戦術に出たのである。

織田信長の軍事力によって室町幕府は支えられているので、信長が協力を拒絶すると、幕府政治は立ちゆかなくなる。足利義昭も信長との関係修復に動かざるを得なかった。翌永禄十三年（元亀元、一五七〇）正月二十三日、両者の和解が成立し、有名な五箇条の条書が作成された（「成簣堂文庫所蔵文書」）。

五箇条の条書は足利義昭の勝手な行動を織田信長が規制する内容であるため、信長が義昭を「傀儡」にするために一方的に過大な要求を突きつけたものと従来は評価されてきた。その根拠として、第四条が特に注目されてきた。第四条は「天下の儀、何様《いかよう》にも信長に任せ置かるるのうえは、誰々によらず、上意に及ばず、分別次第成敗たるべきの事」という条文で、これが信長への全権委任を要求した条文と解釈されたのである。

けれども五箇条の条書には足利義昭の黒印が据えられており、義昭も承認したことが判明する。いくら信長の協力が必要だといっても、信長への全権委任を義昭が認めるはずがない。そもそも全権委任を意味するような重要な条文なら、五箇条の条書の先頭に配されて然るべきであり、第四条に置かれるのは不自然である。

実は信長は五箇条の条書と同日に、諸大名に対して「天下静謐《せいひつ》」のための上洛命令を出しており、近年の研究は五箇条の条書と上洛命令を関連づけて理解している。要するに、信長の言う

「天下の儀」は、信長の上洛命令に従わない（天下静謐に反する）大名に対して信長が独自の判断で（義昭の許可を得ずに）討伐を行うという軍事・外交面に限定されたものだったのである。

ところで五箇条の条書は、織田信長から朝山日乗《あさやまにちじょう》・明智光秀に宛てられたという形式をとっている。実質的には足利義昭に対する内容だが、義昭本人に直接要求を突きつけるのはさすがに失礼である。だから義昭以外の人間を宛先にするのは理解できるが、なぜ朝山日乗と明智光秀なのか。普通に考えれば、細川藤孝の方がふさわしいように感じられる。

『言継卿記』によれば、この条書が作成されていた時期、明智光秀と朝山日乗は共に岐阜に滞在していた蓋然性が高い。元法政大学兼任講師の谷口研語氏が推測する通り、明智光秀と朝山日乗は足利義昭の使者として岐阜城の織田信長の元に赴き、善後策を協議したと考えられる。その結果、作成されたのが五箇条の条書であろう。

朝山日乗は弁舌に優れた日蓮宗の僧侶で、朝廷および足利義昭と太いパイプを持ち、信長にも気に入られていた。既に半世紀前に高柳光壽が推測しているが、朝山日乗と明智光秀が仲介役に選ばれたのは、二人が中立的な立場だったからだろう。細川藤孝のような義昭側近が使者として岐阜城まで足を運ぶのでは、義昭の面子が保てない。

だが織田信長はそれを逆用して、五箇条の条書を突きつけた。義昭との関係が深い細川藤孝であれば抵抗したであろうが、朝山日乗と明智光秀は信長に抵抗できるだけの地位にいないし、義昭に対する義理もない。彼らは信長の要求を全面的に受け入れたのである。

この一件は、明智光秀の利用価値を織田信長に強く認識させることになっただろう。光秀は行政官として有能なだけでなく、細川藤孝を通じて足利義昭に働きかけることができる存在であった。しかも義昭側近の細川藤孝と異なり、義昭との関係はさほど親密ではない。光秀は足利義昭と織田信長に両属しているものの、信長側に引き寄せることが可能な人物なのである。

さて同年四月二十日、織田信長は三万の大軍を率いて京都を発った（『言継卿記』）。表向きには若狭の武藤友益《ともます》の討伐と喧伝され、足利義昭からの討伐命令も受けていた。しかし武藤氏はすぐに降参した。後に織田信長が毛利輝元に送った書状によると、武藤氏を背後で操っていたのが朝倉氏と判明したため、そのまま越前に侵攻したという（永禄十三年七月十日織田信長朱印状、「毛利家文書」）。もともと信長の狙いは、上洛命令を拒否した朝倉義景の討伐にあったと思われる。

ところが周知のように、浅井長政が突如裏切ったため、織田信長は窮地に立たされる。信長は僅かな供のみを連れて、京都へと逃げ帰った。この時、木下秀吉が殿軍《でんぐん》を務めて朝倉軍の追撃を食い止めたことは良く知られているが（金ヶ崎の退き口）、実は明智光秀も殿軍を務めていた（永禄十三年五月四日波多野秀治宛て一色藤長書状、『武家雲箋《うんせん》』）。明智光秀が軍勢を率いる部将として戦ったことが確認できる初の事例は、金ヶ崎の退き口なのである。

これ以降、明智光秀は織田家中の武将たちと共に軍事活動を行うようになる。金ヶ崎の退き口で、軍事指揮官としても織田信長に評価されたのだろう。

もっとも右の書状は伝聞情報に基づいて書かれているので、誤りの可能性がある。だが『信長公記』によると、京都に戻った織田信長は、丹羽長秀と明智光秀に若狭出陣を命じた。二人は武藤友益から母親を人質に取り、武藤の城館を破壊したという。越前出兵を契機に、光秀が織田家臣としての性格を強め、細川藤孝から独立していったことは認められよう。

手段を選ばぬ残酷さ

織田信長は浅井長政の南下に備え、宇佐山（滋賀県大津市南滋賀町）に森可成《よしなり》を、守山（滋賀県守山市守山）に稲葉一鉄・斎藤利三《としみつ》を、永原（滋賀県長浜市）に佐久間信盛を、長光寺（滋賀県近江八幡市長光寺町）には柴田勝家を、安土（近江八幡市安土町）に中川重政を置いた。

その後、六月二十八日の姉川合戦で織田・徳川連合軍は浅井・朝倉連合軍を破ったが、追撃する余力はなく、信長はそのまま京都に戻り、将軍足利義昭に戦勝報告をしている。『信長公記』に従えば、この姉川合戦には明智光秀は参加しなかったようである。

しかし信長が岐阜に戻り、畿内が手薄になると、これを好機と見た三好三人衆が阿波で挙兵し、七月二十一日には摂津中嶋（大阪市淀川区）まで侵攻した。織田方劣勢の報を受けた信長は岐阜を発ち、京都を経由して摂津へ出陣した。足利義昭も合流し、三好三人衆を相手に有利に戦局を進めるが（野田・福島の戦い）、石山本願寺が三好三人衆についたため、一転苦戦を強いられた。

信長が摂津に釘付けになっている隙に浅井・朝倉が再蜂起し、近江国坂本に進出した。九月二十日の宇佐山城の戦いで森可成が戦死するなど、織田軍の劣勢は明らかだった。

浅井・朝倉に京都を攻略されることを恐れた織田信長は摂津の陣を引き払い、近江に転進した。これを見た浅井・朝倉軍は比叡山に布陣した。信長は比叡山延暦寺に対し「織田方につくなら、延暦寺の荘園を返還する。僧侶として一方に荷担できないと言うなら中立を守ってほしい。中立も拒否するなら、根本中堂・山王《さんのう》二十一社をはじめ諸堂をことごとく焼き払う」と通告した(『信長公記』)。

延暦寺は信長の申し出を無視して、浅井・朝倉軍は延暦寺の支援のもと、比叡山に籠城することになった。信長は比叡山を包囲し、「志賀の陣」と呼ばれる長期戦が展開された。光秀も比叡山西麓の勝軍《しょうぐん》山城(現在の京都市左京区北白川清沢口町)に入っている。信長は朝廷と将軍足利義昭に仲介を頼み、十二月に浅井・朝倉との和睦にこぎつけた。絶体絶命の危機を脱した信長だったが、延暦寺への恨みは深く、翌元亀二年の比叡山焼き討ちにつながっていく。

さて明智光秀は元亀二年七月以前に、戦死した森可成の後任として宇佐山城に入っている(『元亀二年記』)。おそらく同年正月には入城していたと思われる(『兼見卿記』)。森可成は柴田勝家より早く信長に仕えていた功臣であり、その後任に選ぶぐらいだから、信長の光秀への信任の深さがうかがえる。今や光秀は完全に織田軍の部将として扱われていた。

宇佐山は比叡山から南へ約四キロメートルの位置にある標高三三六メートルの山である。宇佐山城に配置された光秀の任務は延暦寺の監視だったと思われる。けれども信長が比叡山焼き討ちを決意したことで、光秀に課せられるものはより重大なものになった。

本章冒頭で触れたように、一般には明智光秀は比叡山焼き討ちに反対したという印象があるだろう。この逸話の出所は『天台座主記』で、本史料によれば光秀は「それ叡山は王城の鬼門《おうき》を守る鎮護国家の道場として、桓武天皇これを建てらる。故を以て聖代の崇敬尤《ママ》も厚く、累代の武将もまたこれを重んぜられる……」といった調子で長広舌をふるったが、織田信長はこの諫言を受け入れず、焼き討ちを強行したという。

しかし『信長公記』には、光秀を含め、家臣たちが焼き討ちに反対する様子は記されていない。それどころか光秀は、焼き討ちに積極的ですらあったようだ。焼き討ち十日前の九月二日、光秀は比叡山近くの志賀郡雄琴城《おごとじよう》(大津市雄琴)の城主である和田秀純に書状を送っている(「和田家文書」)。その中に次の一節がある。

仰木《おおぎ》之事ハ是非共なてきりニ可仕候、

仰木(大津市仰木町)は坂本の北、雄琴の西隣に当たる地域で、延暦寺に与していた。光秀はこれを撫で切り、すなわち皆殺しにすると宣言している。同書状では、信長が志村城(東近江市新宮町)を「干殺《ひごろ》し」(兵粮攻めにして飢え死にさせる)にしたとも伝えている。こうした比叡山周辺地域への徹底した攻撃は、叡山焼き討ちの下準備であるから、光秀が焼き討ちに反対したとは考えられない。かえって、手段を選ばぬ残酷さが見てとれる。

比叡山焼き討ち後、織田信長は明智光秀に近江国志賀郡を与え、坂本(大津市下阪本)に城を築くよう命じた。郡規模の支配者となれば、もはや「大名」である。これは積極的に焼き討ちを行った光秀への論功行賞に他ならない。むろん、光秀が残虐なだけの粗暴な人間であれば、このような破格の恩賞はあり得ない。比叡山周辺の有力武士である和田氏や八木氏を味方につけるといった調略も評価されたと思われる。とはいえ、目的のためには撫で切りも辞さない果断さ、信長のためなら泥をかぶることも厭わない忠実さが信長の心を打ったのも、また事実であろう。

明智光秀は元亀二年十二月には坂本城の築城に着手し（『年代記抄節』）、元亀四年（天正元・一五七三）六月までには概ね完成していたようである（『兼見卿記』）。ルイス・フロイスは著書『日本史』の中で光秀を築城の名手と賞賛し、坂本城は安土城に次いで立派な城だと記している。

なお、明智光秀は織田家中の「一国一城の主」第一号と呼ばれることが多いが、乃至政彦氏が指摘するように、元亀二年時点では足利義昭にも仕えており、純粋な織田家臣ではなかった。「一国一城の主」にするという厚遇は、光秀を義昭から切り離し、織田家中に取り込むことを目的にしていたとも解される。

細川藤孝と立場が逆転

明智光秀は織田信長から重用されたが、それゆえに足利義昭と信長の関係が悪化するにつれて、難しい立場に置かれた。この時期、光秀は義昭側近の曽我《そが》助乗《すけのり》に書状を認めている。暇乞いをして出家したいので義昭様にお取り次ぎ願いたい、というものである（ＭＯＡ美術館所蔵）。

この書状には年月日が記されていないが、これとは別に曾我助乗に二一貫二〇〇文を贈り「公儀（義昭）」への取りなしを頼んでいる元亀二年十二月二十日付の書状が残っているので（国立公文書館所蔵『古簡雑纂』十二）、暇乞いの書状も元亀二年十二月のものと考えられている。

では何故、この時期に明智光秀は足利義昭に暇乞いをしたのか。義昭の元から離れようとしていたのだろうか。高柳光壽は、この時点で光秀は義昭に仕えていても未来がないと見限ったと解釈したが、果たしてそう言えるか。

最近、同時期に発生した延暦寺旧領問題との関連を乃至政彦氏や戦国期朝廷研究者の神田裕理氏が指摘しており、興味深い。志賀郡を与えられた光秀は信長の命令に基づき、延暦寺領荘園の没収を開始した。しかし、延暦寺の末寺ではない廬山寺《ろざんじ》の荘園まで没収してしまい、元亀二年十月に朝廷から抗議を受けた（「廬山寺文書」）。

しかし、その後も光秀は諸門跡《もんぜき》の荘園を没収して、朝廷と軋轢を起こす。曼殊院《まんしゆいん》・青蓮院《しようれんいん》・妙法院などの門跡は確かに延暦寺の一部であり、門跡領も広義の延暦寺領ではある。しかし、これらの門跡寺院には出家した皇族が入寺するので、これらが没収されることは朝廷にとっても大打撃である。十二月、正親町天皇は山科言継を通じて足利義昭に対して強硬に抗議した。その後、義昭では埒が明かないと思ったのか、織田信長にも抗議している（『言継卿記』）。義昭の面子は丸つぶれである。乃至氏が推測するように、光秀はこの件で義昭に叱責されたのだろう。

ただ光秀が本当に出家する気だったかどうかは疑わしい。平身低頭、反省の姿勢をアピールすることで窮地を切り抜けようとしたのだろう。その後、光秀は何事もなかったかのように義昭に仕えている。

もっとも、光秀が自分の立場の危うさに気づいたことも事実だろう。延暦寺領の没収は、信長による戦後処理の一環である。もちろん光秀は自らの経済基盤を強化する思惑を有していただろうが、基本的には信長の命令に忠実に従っただけである。没収を大々的にやればやるほど、延暦寺は弱体化するので、光秀がしゃかりきになるのは理に適っている。

けれども光秀が信長の命令を最優先にして懸命に働けば働くほど、義昭は気分を害し、光秀に嫌がらせをするようになる。右の延暦寺領問題は、翌元亀三年の年末に織田信長が足利義昭に突きつけた「異見十七箇条」でも言及されており、かなり長く尾を引いたことがうかがわれる。

畢竟《ひっきょう》、明智光秀は足利義昭と織田信長のどちらかを、唯一の主君として選ぶしかない。そして光秀が信長を選んだことは、周知の通りである。元亀四年（天正元、一五七三）二月に義昭が挙兵した時（64頁を参照）、光秀はただちに義昭方の鎮圧に動いた。義昭と信長の争いであれば信長が有利であり、信長に属した方が立身出世の可能性が拓けている、そうした冷静な判断が働いたのだろう。そこから浮かび上がるのは、穏和な常識人ではなく、進取の気性に富んだ野心家としての光秀の姿だ。なお細川藤孝も、義昭の動向を密かに信長に報告しており、反信長派の側近たちに焚き付けられた義昭を既に見放していた。

右に見たように、明智光秀が正親町天皇や将軍足利義昭、延暦寺といった伝統的権威よりも織田信長の評価を重視したことは、厳然たる事実である。

その後の明智光秀の躍進については、多くの書籍で紹介されているので、本章では省略する。ただし、本書の性格上、細川忠興と玉の結婚について言及しておきたい。熊本藩士小野景湛《かげすみ》が編纂した熊本藩細川氏の『綿考輯録』（細川家記）の巻九には、細川忠興の若き日の事績が載っている。それによれば天正六年（一五七八）八月、細川藤孝が安土城に出仕した際、織田信長が忠興と玉の結婚を勧め、光秀にも書状で通達したという。その時の光秀宛て書状なるものが『綿考輯録』に収録されており、同書状で信長は忠興を激賞し、これほどの良縁はないと述べている。

しかし、これは明らかに藩祖である細川忠興を顕彰することを目的とした記事であり、そのまま信じることはできない。医学史研究者の宮本義己氏も右書状が偽文書の可能性を指摘している。確かに忠興は前年の初陣で手柄を立て、信長から直筆の感状（家臣の戦功を褒め称える文書）を賜る栄誉に浴した（『信長公記』・天正五年十月二日織田信長直筆感状、「細川家文書」）。信長は忠興の将来に期待をかけていたのであり、忠興の結婚に関与していても不思議はない。

だが、前後の状況を考えると、この婚姻は、むしろ明智光秀が主導したように感じられる（もちろん織田信長の許可を得た上でのことだが）。この時期、光秀は婚姻政策を盛んに進めていたからである。すなわち光秀は他の娘たちを織田信澄（信長の甥）・荒木村次（村重の嫡男）に嫁がせている。これら一連の政略結婚を多忙な信長が全て差配したとは考えにくい。

フロイスは著書『日本史』で光秀について「殿内にあって彼は余所者《よそもの》であり、外来の身であったので、ほとんどすべての者から快く思われていなかった」と評す。外様でありながら大抜擢された光秀は織田家中で嫉妬の対象となった。そこで一門衆の織田（津田）信澄、自分と同じく外様の細川藤孝・荒木村重を自分の与党に引き入れて、家中での孤立を回避しようとしたのだろう。当時、信澄は近江大溝城《おおみぞじょう》、藤孝は山城勝龍寺城、村重は摂津有岡城《ありおかじょう》を居城としており、光秀が畿内に人脈を張り巡らせようとしていたことが分かる。藤孝の国替えや村重の謀反でこの計画は修正を迫られるが、ともあれ光秀が藤孝との関係を重視していたことは間違いない。

さて、玉が幼少の頃、細川藤孝は明智光秀より遥かに格上だった。しかし細川忠興と玉が結婚した時点では、細川藤孝と明智光秀の立場はほぼ対等だったと考えられる。その後、両者の立場はついに逆転する。

天正七年十月二十四日、明智光秀は安土城に出仕し、丹波・丹後平定（細川藤孝との共同作戦）を信長に報告した（『信長公記』）。翌年、光秀が丹波を、藤孝が丹後を信長から与えられた。藤孝は宮津（京都府宮津市）に居城を築くことにしたが、その報告を受けた信長は「普請については光秀と相談して進めよ」と命じている（天正八年八月二十一日織田信長黒印状、「細川家文書」）。居城普請という領国経営上の最重要事項についても光秀が口を出せるということは、光秀が藤孝の領国経営に対する指導・監督権を有していたことを意味する。

この時期の明智光秀は、佐久間信盛の失脚（59頁を参照）を受けて、大和の筒井順慶も与力大名として指揮下に入れている。そうした光秀の立場は「近畿管領」「畿内方面軍司令官」などと評される。藤孝はこの畿内方面軍に組み込まれ、完全に光秀の麾下《きか》となったのである。

自分よりもずっと身分が低かった明智光秀に追い抜かれ、あまつさえ光秀の指示を仰ぐ身となった細川藤孝は内心複雑だっただろう。この辺りの葛藤が、本能寺の変の後、光秀に協力しなかったことに影響していると思われる。

第三節　本能寺の変の動機を再考する

四国政策転換説

冒頭で触れたように、明智光秀の人物像と本能寺の変の動機は、これまで関連づけて論じられてきた。明智光秀の人物像に関しても、本能寺の変の動機に関しても、情報が決定的に不足している。ゆえに、これまでの光秀研究は、互いに互いを補う形で議論を進めてきた。本能寺の変の動機を、明智光秀の人物像に基づいて推測したり、その逆を行ったりしてきた。その典型が、「明智光秀は名門土岐一族出身で保守的な常識人だから、織田信長の過激な改革路線に耐えきれなくなり謀反を起こした」という、小説やドラマで好んで採用される図式である。各種のいわゆる「黒幕説」も、右の人物像に沿ったものが多い。

筆者は『陰謀の日本中世史』(KADOKAWA、二〇一八年)で、明智光秀が謀反を起こした背景は、織田信長の四国政策の転換である、と指摘した。拙著と内容が重複してしまうが、四国政策転換説の概要を説明しよう。

天正三年(一五七五)、織田信長は土佐を統一した長宗我部《ちょうそかべ》元親《もとちか》に対し、四国を「手柄次第に切り取」ることを認めた。信長に敵対する四国の三好一族を牽制するための措置である。この際、明智光秀は長宗我部氏の取次(担当外交官、信長と元親の仲介役)に任命された。

ところが同年、三好康長が一族を裏切り、信長に降伏し、河内半国守護に任命された。その後、信長は長宗我部元親と三好康長を両天秤にかけるようになったが(天正六年に信長は元親嫡男に「信」の一字を与え、「信親」と名乗らせている)、長宗我部氏の急速な勢力拡大に脅威を感じ、次第に康長の肩を持つようになった。

天正九年二月、三好康長が織田信長の許可を得て阿波に入国し、勝瑞城《しょうずい》を占拠した。康長は阿波北半国を制圧し、讃岐東部にも進出した。これを受けて信長は、長宗我部元親に対し土佐と阿波南半国の領有のみを認め、伊予・讃岐を返還するよう命じた。

長宗我部元親は織田信長の約束違反に激怒し、「四国は私が実力で征服した地であり、信長殿からいただいたものではないので、返す理由はない」と反発した（『元親記』）。信長と元親の対立を懸念した光秀は家老である斎藤利三《としみつ》の兄で元親の義兄である石谷頼辰《いしがいよりとき》（斎藤家から石谷光政の養子になった）を元親のもとに派遣したが（天正十年正月十一日石谷光政宛て斎藤利三書状、「石谷家文書」）、元親は説得に応じなかった。

そして天正十年二月、信長が新たな四国分割案を示した。すなわち、讃岐を織田信孝（信長の三男、信長の命令で康長の養子に）、阿波を三好康長に与え、伊予・土佐の帰属は追って決定する、というものであった。長宗我部氏の処遇については全く言及されていない。長宗我部氏は全ての領土を奪われる恐れすらあったのである。

織田信長と長宗我部元親が断交したことで、取次だった光秀は面目を失うことになった。光秀が信長の信頼を回復するには、四国攻めの司令官になって長宗我部氏を屈服させるしかない。

これはあり得ないことではない。長年、毛利氏の取次を務めていた羽柴秀吉は、織田氏と毛利氏が断交すると毛利氏討伐の司令官になっている。織田家中において最も毛利氏に関する情報と人脈を持っていたのが秀吉だったからである。明智光秀が四国攻めを担当することは十分にあり得たのである。

しかし織田信長は天正十年五月、三男信孝を四国攻めの司令官に任命した。随行するのも丹羽長秀であり、明智光秀は四国攻めから排除された。恐らく信長は明智氏と長宗我部氏との親密な関係を問題視し、光秀に任せると手を抜く可能性があると判断したのだろう。

織田氏と長宗我部氏の関係が悪化した天正十年以降、光秀に大きな任務は与えられていない。

天正十年三月の武田攻めに従軍するものの、先鋒の織田信忠軍が武田氏を滅ぼしてしまい、戦功を立てることはできなかった。その後も徳川家康の饗応、羽柴秀吉の援護など、脇役に甘んじた。かくして前途を悲観していた明智光秀が、千載一遇の好機が訪れたために謀反に踏みきった、というのが、四国政策転換説である。

言うまでもなく、この説は筆者の独創ではない。二〇一四年に「石谷家文書」（林原美術館所蔵）が発見されたこともあり、四国政策転換説は学界の通説となりつつある。

勢力の拡大に伴って傲慢になり、朝廷を蔑ろにするようになった織田信長の暴走を止めるべく明智光秀が挙兵したとする小和田哲男氏の「非道阻止説」にしても、信長の毛利氏討伐によって絶体絶命の窮地に陥ろうとしていた将軍足利義昭の救援要請を受けて光秀が決起したと唱える藤田達生氏の「足利義昭黒幕（関与）説」にしても、信長が光秀に暴力をふるったという記述が、江戸前期の性格の異なる史料複数に見えることに注目し、怨恨説を再評価する東京大学史料編纂所の金子拓氏にしても、四国問題が謀反の背景にあることを否定しているわけではない。明智光秀の末裔を自称する歴史研究家の明智憲三郎氏も「四国問題が光秀謀反の直接の動機ではない」

と批判するものの、間接的に影響していることは認めている。
この点を踏まえた上で、改めて本能寺の変に関する諸説を検討してみよう。

織田信長は急進的改革者だったのか

四国問題を本能寺の変の主因としない諸説は、基本的に織田信長と明智光秀を対照的な人物と捉え、両者の政治路線の違いが謀反につながった、と論じている。たとえば前出の藤田達生氏は次のように説く。

本能寺の変は、日本の中世から近世への転換期に起こった事件であった。そうした転換期は、伝統的な支配体制と価値観を守ろうとするいわゆる「守旧派」と、それを打ち壊して新たな体制と価値観を創ろうとするいわゆる「改革派」との激烈な争いとなるのが常である。織田信長は、天下人を頂点とする専制支配体制と中世武士の意識変革を目指していた。明智光秀の背後には、室町時代を支えてきた足利幕府や朝廷に連なる広範な人々の連携があった。本能寺の変は、これら新旧二つの勢力のせめぎ合いのなかから起こった政治的事件なのである。

けれども近年の研究は、信長を革新者とする見方を修正しつつある。かえって信長は、中世的秩序を温存した政治家であったという。
成蹊大学名誉教授の池上裕子氏は、信長は所領の大きさを貫高《かんだか》で表示するか石高《こくだか》で表示するかを統一せず、現地の慣行を踏襲したと指摘する。尾張・美濃・伊勢では貫高表示、五畿内や近江、越前、西国などでは石高表示という具合に、両方式を併存させたのである。

加えて池上氏は、信長が土地に対する旧来の権利関係を否定せず、そのまま温存していたと説く。中世の土地には様々な人間が重層的に権利を持っていた。このような錯綜した権利関係を検地によって整理し、原則として一つの土地には一人の領主と一人の耕作者だけがいる（中間搾取を排除する）形に持って行くのが近世的な知行制であるが、信長はそれを志向しなかった。敵の知行を奪って味方や家臣に恩賞として配るだけで、検地によって石高を把握・確定しようとは考えなかったのである。一方、後北条氏は検地に基づいて家臣に知行を給付し、百姓の年貢高を定める方式を七〇年前から導入していた。

織田信長は後北条氏などと比べて、郷村に宛てた文書が非常に少ない。池上氏は「百姓と直接向き合い、百姓の生産や暮らしをみつめて百姓支配の政策を生み出そうとすることのなかった信長」と述べる。民政軽視なのである。この点で近世の大名とは大きく異なる。

信長が内政に関心が薄いのは、相次ぐ戦いに追われていたからである。四方を敵に囲まれた信長にとって最も大事なことは合戦に勝つことであり、織田政権は軍事最優先の政権になった。侵略戦争の勝利によって織田領は急速に拡大していったので、土地領有秩序の改変といった面倒な「構造改革」をしなくても、増えたパイを配るだけで事足りたのである。

信長が検地に関心を寄せるようになるのは、長篠の戦いで武田勝頼を破るなど、軍事的に余裕ができてからである。その嚆矢《こうし》となったのは天正五年（一五七七）の越前検地である。織田政権の検地は越前（朝倉義景の旧領）・播磨（別所長治らの旧領）・摂津（荒木村重らの旧領）など、新征服地での検地が多いのが特徴である。GHQの五大改革が典型的だが、占領者であるならば、しがらみ無く大胆な改革が実行できるからだろう。山城・近江など早い段階から織田領になった国でも検地は行われているが、これらは実際に竿を入れて測量する丈量検地《じょうりょうけんち》ではなく、自己申告制の指出検地《さしだしけんち》である。この点で信長の検地は太閤検地と大きく異なる。

越前や播磨では丈量検地が行われたが、それぞれ越前を領する柴田勝家、播磨を領する羽柴秀吉に実施方法は委任され、信長は細かい指示を出していない。もっとも、信長のこうした態度は検地に限ったものではなく、信長は重臣に領国を与える際に領国支配に関する大まかな方針（「国掟」）を与えるだけで、徴税や裁判などは概ね重臣の裁量に委ねていた。光秀や秀吉、勝家ら重臣の立場は、代官というよりは独立大名に近かったのである。しかし、やり方は委任されているものの、結果が出せなければ信長から責任を追及される。こうした光秀や秀吉、勝家のような立場を学界では「織田大名」と呼ぶことがある。

こうした織田政権の検地の完成型と言えるのが、天正九年八月の丹後検地である。丹後は細川藤孝領だが、『兼見卿記』や『綿考輯録』によれば、光秀も丹後検地に関与している。藤孝は光秀の与力大名なので、丹後検地の最高責任者は光秀だったのだろう。検地終了後、信長は丹後の所領配分について藤孝だけでなく光秀にも通達している（「細川家文書」）。

従来の織田政権の検地は必ずしも一国全域にわたるものではなかったが、丹後検地は一国全体で実施し、国内武士の現在の知行高を把握した上で改めて知行宛行《あてがい》をした。なお谷口研語氏が指摘するように、既に光秀の領国である丹波では指出検地が一部地域で実施されていたと思われる。丹波でもいずれは一国規模の丈量検地を行う予定だったのではないだろうか。

光秀は前年の天正八年に行われた大和検地で、滝川一益と共に奉行を務めている（『多聞院日記』）。大和検地は指出検地だが、大和国全域を対象にした大規模なものだった。光秀はこの時の経験を丹後検地に活かしたのだろう。

しかし天正八年になっても指出検地を行っていることからも分かるように、信長は現地の反発を受けやすい検地には慎重だった。谷口克広氏は「検地に関してはかなり遅れていたと認めざるをえない。これは、時期的な遅れではなく、信長があまり関心を払わなかったところに原因があるのだろう。荘園領主と妥協して重層的権利関係を認めたり、安治《あわじ》村（筆者注：現在の滋賀県野洲市安治）のような複雑な領有形態をそのままにしているのを見ると、とても近世的権力と評価するのは無理であろう」と結論づけている。

軍事面でも革新性に乏しい

前述のように織田政権は内政より戦争に力を入れる軍事政権だが、それでは信長は軍事面では革新者と言えるのだろうか。実はそれも疑わしい。

一般に織田信長の軍隊は、兵農分離によって農村から切り離された専業の兵士によって構成されていたと思われている。だが、この通説には明確な史料的根拠がない。

上洛当初の織田信長は単独で足利義昭を支えていたわけではない。三好義継・松永久秀らは基本的には信長の同盟者であった。池田勝正・伊丹親興《ちかおき》・和田惟政《これまさ》・細川藤孝なども信長からの自立性が強く、同盟者に準ずる存在と言える。第一次信長包囲網の段階では、織田信長の軍事行動は徳川家康をはじめとする同盟軍に大きく依存しており、指揮権が信長に一元化されていなかった。

加えて、上洛後の織田氏は畿内の武士たちを広範に取り込み急激に膨張するが、これは臣従した者たちの既得権をそのまま認めたからである。悪く言えば織田軍は寄せ集めの軍団であり、専業兵士のみによって構成される常備軍など存在しなかった。

織田信長は休む間もなく各地を転戦しており、信長の馬廻衆（親衛隊）は農村から遊離した専業兵士の部隊だったかもしれない。事実、安土城築城後ではあるが、馬廻衆は妻子と共に安土の城下町に住むこと（尾張からの移住）を信長から強制されている（『信長公記』）。けれども一橋大学名誉教授の池享氏は、馬廻衆が城下町に集住することは他の戦国大名においても見られ、信長の画期的な施策とは言えない、と指摘している。長篠合戦で活躍した織田軍の鉄砲隊も、藤本正行氏が指摘するように、あちこちの部隊から銃兵を引き抜いて編制した寄せ集め部隊であった。

もちろん信長の覇権が確立するにつれ、外様である現地武士は織田譜代家臣の下に編成されていき、混成部隊ではなく統率の取れた軍隊へと次第に成長していったはずである。だが問題は、その困難な仕事を担ったのは信長本人ではなく、光秀や秀吉ら「織田大名」だったことにある。信長は直臣である「織田大名」たちに丸投げしてしまうからだ。

天正八年八月、本願寺を降伏させた織田信長は、筆頭家老で本願寺攻めの最高責任者であった佐久間信盛を追放した。この時、信盛に送り他の家臣たちにも公開した弾劾状で信長は、光秀・秀吉・勝家らに比べて信盛の戦果が乏しいことを指摘し、その原因として、知行が増えても信盛が新たに家臣を召し抱えたり家臣に加増したりせず、軍事力強化に不熱心だったことを挙げている（『信長公記』）。

信盛に対する信長の非難を「裏返せば、信長が直臣の所領高の把握をせず、それにみあう軍役量を規定していなかったことに原因があるともいえる。そうした規定があれば、信盛もそれに応じた家臣を抱えたはずである」と池上氏は読み解いた。正鵠《せいこく》を射《い》たものだろう。藤本氏も「武田家や北条家は軍役に関して細かい規定を定め、家臣たちに発給したのに対し、織田家ではドンブリ勘定で軍勢を集めたのだろうか」と訝しんでいる。そもそも信長は、検地によって家臣たちの知行を正確に把握しようとしていないので、知行高に対応した軍役を決定することなど不可能だったろう。

何万石の知行なら何人の家臣を抱えよという客観的な基準がなく、軍功は信長の主観で事後的に評価される。最低限のノルマが示されていない以上、光秀ら重臣は限界以上の大軍を動員して、ライバルの重臣たちに見劣りしない成果を必死で出すしかない。この極端な成果主義、競争を煽る仕組みが織田軍の強さを生み出していた。

けれども、そのような際限ない軍役負担を課せられた「織田大名」の家臣たちは不満を鬱積させていき、また領国も確実に疲弊するが、家臣団編成や領国経営の結果責任は全て光秀ら「織田大名」に帰せられる。信長の判断一つで、彼らはたちどころに失脚するかもしれないのだ。「織田大名」の信長への信頼と感謝、そして畏怖だけが、この体制を担保していた。

こうしたドンブリ勘定の織田政権にあって異彩を放ったのが、明智光秀である。天正九年六月二日、本能寺の変のちょうど一年前に、光秀は「家中軍法」を定めた（「御霊神社文書」「尊経閣文庫所蔵文書」）。文章が難解で構成も散漫なので偽文書と疑う声もあるが、そもそも織田政権では、武田・上杉・後北条氏などと異なり、これまで軍法や軍役規定を定めたことがない。光秀は一から作らなければならなかったわけで、荒削りな内容であることを理由に偽文書と言い切るべきではない。

光秀はこの家中軍法で軍役の定量化を図った。京枡で石高を把握し、知行高一〇〇石につき六人を兵士として提供するよう定めた。騎馬武者一人は歩兵二人と同等と換算した。

この一〇〇石当たり六人という軍役規定は豊臣政権の基準軍役数としても見え、妥当な基準である。知行高に比例して軍役人数を決定する方法は、後北条氏ではずっと前から導入されているので決して斬新なものではない。だが信長と直臣との絆、すなわち人格的な結びつきに依拠して軍事動員を行う室町幕府的なあり方から一歩踏み出したという意味で、織田政権の中では画期的な試みだった。

織田信長の極度に軍事に偏重した政治体制は、即効性があり短期的には極めて有効ではあるが、早晩行き詰まることは目に見えていた。明智光秀は持続可能な軍役賦課体制、さらには石高制領国支配の構築を模索していたのであり、それは近世的封建制の萌芽であった。

むろん明智光秀の施策は現場の人間として必要に迫られて行ったものであり、それだけを以て

「明智光秀の方が織田信長より先見性があった」とは言えない。しかし光秀が結果として先進的な取り組みを行っていたことは事実である。その光秀が、信長より前の旧体制への回帰を目指すだろうか。

信長に正親町天皇を乗り越える意図はあったか

黒幕説の一つに朝廷黒幕説がある。織田信長は自分に反抗的な正親町天皇を譲位させて皇太子誠仁親王の即位を計画した。最終的には猶子にした五の宮を即位させ、自らは太上天皇（上皇）になろうとしていた。このことを察知した朝廷内の反信長勢力が勤王家の明智光秀を動かして信長を討った、というものである。

この朝廷黒幕説の前提は、朝廷と武家政権が権力闘争を行ったという「公武対立史観」がある。ところが、朝廷と武家政権の関係を分析する研究が進展した結果、「公武対立史観」は成り立たないことが明らかになってきた。

現在の主流学説は共立女子大学教授である堀新氏の「公武結合王権論」であり、信長と朝廷の相互依存的関係が強調されている。信長の経済的援助により、危機に瀕していた朝廷の財政状況は劇的に改善された。朝廷が信長を敵視していたとは考えられず、むしろスポンサーである信長の歓心を買うことに必死だったのである。公武結合王権説の提唱により、公武対立史観に根ざした朝廷黒幕説は説得力を失ってしまった。

天皇が終身在位する近代天皇制になじんだ現代人は誤解しがちだが、中世において天皇は高齢になる前に譲位するのが一般的であり、正親町天皇も譲位を望んでいた。譲位がなかなか実現しなかったのは儀式費用の調達が困難だった（四方に敵を持つ信長は朝廷再興に専念できなかった）からにすぎない。

朝廷黒幕説に関連して、三職推任問題にも触れておこう。三職推任とは、本能寺の変の直前、織田信長を「太政大臣か関白か将軍」に任命するという動きがあったことを指す。岩沢愿彦氏が一九六四年に、『日々記』の記主を公家の勧修寺《かじゆうじ》晴豊と確定し、本能寺の変前後の政治動向が記された重要史料と位置づけたことにより、織田信長が征夷大将軍に就任する可能性があったことが明らかになった。

もう少し詳しく説明すると、武田氏滅亡を受けて、天正十年四月二十五日、勧修寺晴豊が信長家臣で京都所司代の村井貞勝を訪れた。ふたりは「安土へ女房衆御下し候て、太政大臣か関白か将軍か、御推任候て然るべく候由申され候、その由申し入れ候」という話をしたのである。貞勝との面談を踏まえ、晴豊は五月四日に勅使として安土城に赴き、「関東平定（武田氏討伐）の功績の賞として征夷大将軍に任命したい」という朝廷の意向を信長に伝えた。信長は朝廷に明確な返事を示さないまま、本能寺の変で斃れたため、信長の真意は今も分かっていない。

ここで問題になるのが、信長を「太政大臣か関白か将軍」に任命すべし、と発言したのは誰か、ということである。中世の日記においては主語が省略されることがままあり、右の一節もご多分に漏れず、主語がない。

歴史研究家の立花京子は、主君信長の意を受けた貞勝が、信長を「太政大臣か関白か将軍」に任命するよう朝廷に強要した、と解釈した。そして、この信長の強硬な姿勢が朝廷側の反発を呼び、本能寺の変につながった、というのである。このように、立花は三職推任問題を朝廷黒幕説の根拠に据えたのである。

しかし拙著で論じたように、この件を主導したのは信長側ではなく朝廷側と見るのが妥当である。朝廷は信長の歓心を買うために、高い官職を与えようとしたのである。

そもそも太政大臣であれ、関白であれ、将軍であれ、天皇の臣下であることには変わりなく、これらの官職の要求を「天皇を乗り越えようとする行為」と解釈する朝廷黒幕説は論理的に破綻している。

あるいは逆に、朝廷の顕官に就こうとしない信長の態度は、朝廷には不気味に映ったかもしれない。それこそ、天皇の臣下になることを拒否し、天皇を乗り越えようとしている、と解釈できなくもない。だが所詮、それは憶測にすぎない。

正親町天皇の安土城行幸計画についても、天皇を見下ろそうとした、安土に遷都させようとしたなどといった説が唱えられているが、これとて実現するまでは憶測でしかない。信長が具体的な行動に移っていない段階で、朝廷が信長抹殺という強硬手段に出ることは考えられない。

もちろん朝廷が光秀に指令を下さなくても、朝廷を軽んじる信長の傲慢に怒った光秀が独自の判断で信長を討つ、ということはあり得る。小和田哲男氏の「非道阻止説」がそれである。だが光秀が伝統や秩序を重んじる保守的な人物であるという理解には、明確な史料的根拠がない。それどころか逆のタイプの人間であることは、本章で縷々指摘した通りである。

織田信長の政権構想を考える

織田信長が将軍就任を即座に承諾しなかったのは、政権構想がまだ固まっていなかったからだろう。東洋大学教授の神田千里氏が推定するように、信長は現将軍である足利義昭に遠慮したのだと思われる。信長の将軍就任は、義昭を将軍の座から引きずり下ろすことと同義であり、下剋上の誹《そし》りを免れ得ない。

一般に織田信長は秩序破壊者と見られているが、近年の研究が明らかにした通り、現実の信長は天皇や将軍、大寺院などを尊重している。信長は世間の評判に敏感で、伝統的権威を軽んじたという非難を受けることを嫌った。

神田千里氏らが指摘するように、織田信長の「天下布武」は具体的には、足利義昭を将軍に推戴して畿内の三好勢力を平定し、幕府政治を再興することを目的としていた。むろん諸国の戦国大名を義昭に服属させることも視野に入れていたが、信長が武田信玄や上杉謙信の上に立つことは想定していなかった。上洛後の信長が副将軍・管領職への就任を固辞し、岐阜城を居城とし続けたのも、そのためである。信長は外側から幕府を支えることを望んでいたのである。

けれども畿内の平和を武力によって担保していた三好三人衆の没落によって、畿内情勢は不安定化する。やむなく織田信長が畿内政治に介入し、足利義昭と織田信長の二重政権が畿内を統治することになる。足利義昭の権威と織田信長の軍事力、互いが互いを補う形で支配が進められた。

その後、足利義昭は織田信長と対立、元亀四年（天正元、一五七三）二月には武田信玄の西上作戦を見て挙兵した（48頁を参照）。織田信長はこれを撃破し、同年七月に足利義昭を降参させる。義昭は実子（後の義尋《ぎじん》）を信長に差し出した。失意の義昭は畿内から去る。

ところが信長は早くも十一月には義昭に帰京を打診する。毛利氏が間に入って義昭と信長の和解交渉が始まるが、義昭が信長からの人質提出を求めるなど強硬姿勢を示したため、十二月に交渉は決裂してしまった。交渉に当たった羽柴秀吉は義昭の態度に呆れて、「どこにでも好きなところにお行きなさい」と述べたという。

将軍と対立してしまった信長には畿内支配の正統性がない。かつて畿内を支配した三好長慶は将軍足利義輝とたびたび対立しているが、最終的には義輝を京都に呼び戻している（75頁を参照）。将軍を擁立しないと、政権が安定しないからである。

信長は新たな政権構想を必要としていたが、四方を敵に囲まれている状況では、考えている暇がない。天正十年になるまで結論は出ていなかっただろう。

信長の選択肢は四つあった。第一は、朝廷の要請を受け入れて将軍になることである。だが前述のように、下剋上を非難される恐れがある。

第二は、関白もしくは太政大臣への就任である。元亀四年の義昭と信長の交渉が頓挫した折、仲介した毛利の外交僧である安国寺恵瓊《あんこくじえけい》は「信長之代、五年、三年者可被持候、明年辺者公家なとに可被成候かと見及申候、左候て後、高ころひにあをのけにころはれ候すると見え申候、藤吉郎さりとてハの者ニて候」と本国に報告している（天正元年十二月十二日安国寺恵瓊書状、「吉川家文書」）。信長が志半ばに倒れること、秀吉が台頭することを予言した言葉として著名だが、ここでは「信長之代、五年、三年は持たるべく候、明年辺は公家などに成らるべく候かと見及び申し候」（書き下し文に改めた）の一節に注目したい。

神田千里氏が指摘するように、将軍足利義昭との和解が実現できない以上、義昭の権威を直接否定しない形で信長が政権を構成するには、「公家」（関白・太政大臣）になるしかない。後に豊臣秀吉が採用した手段である。実は秀吉は朝廷から将軍就任を打診されているが、断っている（『多聞院日記』天正十二年十月十六日条）。そして秀吉は天正十三年七月に関白に就任する。秀吉も義昭の権威を直接否定することは避けたかったものと思われる。義昭が将軍職を辞したのは天正十六年のことである。

信長にとっても関白・太政大臣就任は有力な選択肢だっただろう。ただ、義昭の権威を直接否定するわけではないにせよ、義昭に対して挑戦的であることには変わりない。

第三は、足利義昭の子息である義尋の将軍擁立である。安国寺恵瓊は先述の報告の中で、来春の年賀の挨拶は（義昭ではなく）「若君」に対して行うべきである、と信長から言われたと記している。信長は義尋を次期将軍とみなしていたのである。最近、乃至政彦氏は東洋大学非常勤講師の久野雅司氏の研究を踏まえ、天正九年の安土馬揃《うまぞろえ》は当時十歳の義尋のために挙行された、という説を唱えた。信長はこの時点でも足利将軍を擁立して政権の正統性を確保することを模索していた、と考えられる。けれども、実父義昭の意思を無視して勝手に義尋を将軍に就けるならば大きな軋轢を生むことは明白である。

第四は将軍足利義昭との和睦である。だが義昭の抗戦意志は固く、和睦がまとまる見込みはなかった。いずれの選択肢にも問題があるため、信長は政権構想を棚上げして信長包囲網の打破に専念してきたのである。

ところが天正十年に武田氏を滅ぼし、さらに毛利氏・長宗我部氏を屈服させる見通しが立ってきたことで、展望が拓けてきた。毛利氏・長宗我部氏が滅亡、ないし降伏すれば、もはや義昭が信長に対抗する術はなくなる。これによって信長は義昭との交渉で圧倒的に優位に立つことができる。義昭から平和的に将軍職を譲られるという形がベストだろうが、仮に義昭がこれを拒んだとしても、義尋擁立や信長の関白・太政大臣への就任は拒否しづらいだろう。信長が最大限に譲歩し、義昭を将軍として再擁立する場合でも、義昭は文字通りのお飾りとなり、織田政権は盤石なものになる。

天正十年五月の信長は、あと数ヶ月経てば、政権構想の自由度が飛躍的に高まることを知っていた。三職推任に対して急いで返事をせず、結論を先延ばしにしたのは当然と言えよう。

足利義昭黒幕（関与）説の説得力

さて、朝廷（具体的には近衛前久）が本能寺の変に関与した可能性を認めつつも、陰謀を主導したのは毛利氏のもとに身を寄せていた将軍足利義昭である、と主張したのが三重大学教授で織豊期研究者の藤田達生氏である。藤田氏は一九九六年に「織田政権から豊臣政権へ——本能寺の変の歴史的背景」という論文を発表し、以後、機会あるごとに自説の補強に努めてきた。藤田氏の一連の本能寺の変研究の集大成が『謎とき本能寺の変』（二〇〇三年）である。その概略を以下に示す。

織田信長によって京都から追放された将軍足利義昭は、備後国鞆《とも》に移った後、「鞆幕府」というべき陣容を持ち、毛利輝元を副将軍に任命することで、信長に対抗した。だが、信長による毛利氏討伐が進展していくと、義昭は追い詰められていった。そこで義昭は起死回生の策として、旧臣の明智光秀に命じて信長を討たせた、というものである。

さらに最近、藤田氏は、天正十年二月に足利義昭の仲介で、毛利輝元と長宗我部元親が対信長同盟（芸土同盟）を結んだと主張し、自説をさらに拡張している。

なお一般に藤田説は「足利義昭黒幕説」と呼ばれ、拙著『陰謀の日本中世史』でもこれを踏襲した。ところが先日、藤田氏から「私は義昭が「黒幕」だと言ったことはない」と抗議を受けた。藤田氏は「光秀の謀反は、義昭からの働きかけによって起こったとしか考えられない」と述べ、義昭を「変を企てた首謀者」と呼んでいる。「黒幕」という表現と大差ないように思えるが、ご本人の意思を尊重して、本章では「足利義昭黒幕（関与）説」と表記する。

朝廷黒幕説に比べて足利義昭黒幕（関与）説の方が説得力を持つのは、スポンサーである信長に感謝していた朝廷と異なり、義昭が自分を追放した信長を恨んでいたことは史料から明白だからである。

しかも、義昭には対信長包囲網を築いた実績がある。明智光秀が義昭を奉じて全国の大名を反織田で結束させるという図式は想像しやすい。朝廷を味方につけても大義名分は確保できても軍事的なメリットは得られないが、義昭の支持を得られれば毛利氏らとの提携が期待できる。

藤田氏は以下のように論じている。「軍事的にみれば、光秀の率いる軍勢で可能なのは、信長を急襲して権力を奪取することまでであって、その後の政権を維持していく軍事力は明らかに不足していた。したがって事を起こそうとすれば、毛利氏・長宗我部氏・上杉氏など強力な軍事力をもつ戦国大名が反信長で結束していることを、光秀が確信できなければならない」と。

右の藤田氏の見解は、様々な黒幕説が誕生した理由を端的に示している。後世の我々から見ると、光秀の謀反はかなり無謀なものに感じられる。なるほど、信長は討てるかもしれないが、その後、クーデター政権をどのように維持するつもりだったのか。実際に光秀の天下は十日ほどで崩壊してしまった。光秀が精神錯乱状態だったというノイローゼ説もあるが、織田信長・信忠父子を首尾良く仕留めているのだから、正常な判断力を有していたと見るべきだろう。であるならば、信長打倒後の戦略も考えていてしかるべきであり、光秀単独で織田家の反撃に対抗することが難しい以上、他勢力と事前に連携していたはずだ、という発想に至る。

そして、もし光秀が誰かと提携するとしたら、かつての主君である将軍足利義昭が最もふさわしい相手であることは疑いない。トンデモ説と言っても過言ではない他の黒幕説に比べれば妥当性は高い。

毛利氏が動かなかったことの説明は？

とはいえ、義昭黒幕（関与）説にも大きな疑問が残る。拙著『陰謀の日本中世史』で詳説したので、本章では簡単に論じる。

最大の問題点は、毛利氏が光秀を支援する動きを全く見せなかった点である。光秀が義昭と事前に提携していたとしたら、その提携の最大の目的は、義昭を通じて毛利氏を動かし、羽柴秀吉を中国地方に釘付けにすることだろう。逆に言えば、毛利氏を対秀吉に活用できないとしたら、わざわざ義昭を担ぐメリットはない。

藤田氏も認めるように、毛利氏が光秀の謀反計画を事前に把握していた形跡はない。毛利氏は秀吉との講和交渉を進めており、織田家との決戦を何とか回避しようとしていた。仮に義昭と光秀が共謀していたのだとしたら、毛利氏にも伝えただろう。毛利氏が知らなかったということは、義昭も知らなかったということである。

この点に関して藤田氏は新著『本能寺の変』(二〇一九年)では次のように反論する。

なお、本能寺の変が成功したにもかかわらず、なぜ芸土同盟が機を見て帰洛戦を開始しなかったのか、との質問をしばしば受ける。これについては、毛利・長宗我部両氏にとって、芸土同盟の本質は攻守同盟だったことが大きい。義昭を盟主として、協力して信長の攻撃に対処することに主眼が置かれていたのだ。

彼らにとって、本能寺の変によってひとまず自家滅亡の危機は去ったのだから、義昭の帰洛戦に応じるには、光秀側の戦況が有利に展開していることと、新政権が成立した場合の地位や恩賞などの条件如何によっていたと考えられる。

要するに、足利義昭は毛利輝元・長宗我部元親に織田軍（毛利は羽柴秀吉、長宗我部は織田信孝・丹羽長秀）の足止めを依頼していなかったと藤田氏は主張するのである。しかし、これでは明智光秀が一方的に毛利輝元・長宗我部元親に利益を与える形になる。ギブ・アンド・テイクになっていない。これで光秀が納得するだろうか。足利義昭の方から光秀に挙兵を持ちかけたという藤田氏の推測が正しいと仮定した場合、光秀は少なくとも毛利氏による羽柴秀吉の牽制を条件として提示しただろう。

また義昭にとっても、毛利・長宗我部による織田領への侵攻が約束されなければ、両者の同盟を斡旋するメリットがない。藤田氏は「義昭にとっての芸土同盟は、帰洛戦のための軍事的な基盤だった」とも主張しているが、現実には毛利氏も長宗我部氏も義昭の帰洛に一切協力しようとしなかった。「石谷家文書」の発見によって、義昭が本能寺の変の前に芸土同盟実現に向けて奔走した可能性が出てきた。この芸土同盟説についても史料解釈をめぐって論争があるが、仮に藤田氏が説くように義昭が打倒信長のために毛利と長宗我部の連携を図っていたとしても、それは義昭の〝片想い〟にすぎなかったのである。

拙著でも述べたが、事前同盟に意味があるのは共同作戦を行う時だけであって、諸勢力が一斉に織田領に侵攻する計画でもない限り、わざわざ協議する必要はないのだ。

足利義昭を擁立する気はなかった

藤田達生氏は「政治的にみれば、信長殺しを正当化し政権の正統性を主張するには、将軍・義昭の支持が必要不可欠である。彼の確約がなければ、光秀は信長に替わる政権の展望をもつことはできない」と説く。

しかし、明智光秀が主体的・積極的に足利義昭と接触した徴証は、本能寺の変の後ですら見られない。天正十年六月九日に光秀が細川藤孝・忠興父子に宛てた書状（六月九日明智光秀自筆覚書、「細川家文書」）では足利義昭の名前は一切出てこない。光秀は自分と親しい藤孝が馳せ参じてくれると期待していたが、案に相違して、藤孝は剃髪して信長の死を悼み、光秀の勧誘を拒絶したのである。慌てた光秀は自筆書状を送って藤孝を説得しようとした。ここで光秀は本能寺の変を起こした理由について、「我等不慮の儀存じ立て候事、忠興など取り立て申すべきとての儀に候。更に別条なく候」と語っている。光秀の娘婿であり藤孝の嫡男である細川忠興を取り立てるために謀反を起こしたというのである。本心とは思えないが、確実な史料（偽文書の可能性がないもの）の中で、光秀が謀反の動機を語った唯一のものである。

ところが、この書状に義昭の名前は出てこない。もし明智光秀が足利義昭の命令を受けて織田信長を討ったのだとしたら、義昭の側近だった藤孝を説得する最大の材料だろう。にもかかわらず義昭の話を出していないという事実は、そもそも光秀は義昭の命令を受けていないし、信長を討った後も義昭を擁立する気はなかったことを示唆する。

藤田氏は新著『本能寺の変』で「管領家に連なる細川家や幕府衆である明智家を中心とした国家を構想しているのだから、やはり義昭の帰洛による幕府再興のための軍事行動だったと理解するべきであろう」と説明するが、いかにも苦しい。右の書状は、窮地に陥った光秀が藤孝を勧誘するために送ったものであり、多分にリップサービスが含まれていると見るのが普通である。また細川藤孝の家と代々管領を務めた細川京兆《けいちょう》家は血筋の上ではつながっておらず、明智光秀の家もこれまで縷々述べてきたように、幕府直臣とは考えられない。

藤孝が既に光秀の同志になっているのであれば、確かにわざわざ義昭の名前を出さなくても〝阿吽の呼吸〟で通じるだろう。だが現実の藤孝は光秀への協力を拒否したのであり、意思疎通できていない相手に義昭の関与を伝えないのは不自然である。

事実として、六月九日時点で明智光秀は信長殺しの正当化に足利義昭の名前を利用していない。大正大学専任講師の木下昌規氏も、当時の公家衆の日記などに、光秀が義昭を帰洛させる、といった風聞が一切記されていないことを指摘している。したがって、光秀の政権構想において義昭は不可欠な存在ではなかったことになる。

藤田氏は光秀の政権構想には現職将軍である義昭の存在が不可欠であると説くが、義昭を推戴した方がかえって政権構想をまとめにくい。利害調整が困難になるからである。

藤田氏は鞆幕府の構成を、将軍足利義昭―副将軍毛利輝元と説明するが、明智光秀が鞆幕府と提携して新政権を築いた場合、光秀の処遇はどうなるのか。信長殺害という最重要任務を遂行した光秀が、副将軍の毛利輝元より下の地位で満足できるだろうか。逆に明智光秀を毛利輝元より上位に置けば、軍事力・経済力・官位で光秀を上回り、長年義昭を庇護してきた輝元が反発するだろう。

これは藤田説に限らず、黒幕・共謀系の諸説に共通する問題である。たとえば明智憲三郎氏は明智光秀と徳川家康が共謀して織田信長を討ったと説くが、光秀と家康の利害調整はどのように行うのだろうか。信長の家臣にすぎない光秀が畿内を制圧して新政権の中枢を担うことを、光秀より格上の家康が受け入れるだろうか。

関ヶ原合戦で西軍が敗れた一因は、西軍の統率者を誰にするかという点で合意が形成できず、主導権争いが起こったからである。大名としての家格・実力から言えば毛利輝元であるが、対徳川家康クーデターを立案し口火を切ったのは石田三成だったから、三成の発言権も無視できなかった。「最大の実力者が最大の責任を負い、最大の発言権を持つ」という形をとらなかったので、意見がまとまらず空中分解してしまったのだ。

これまでの信長包囲網もその辺りの調整が曖昧だったので各個撃破されてしまったが、それでも武田信玄が、そして信玄死後は毛利輝元が主導的な役割を果たしてきた。これに比べると、光秀を軸にした反織田勢力の糾合は、光秀に過度の負担がかかり、現実的でない。危ない橋を渡るのが光秀一人である以上、光秀は信長殺しによって得られる果実を自分より格上の大名たちと分け合わず、独占しようとするだろう。よって筆者は、本能寺の変は明智光秀の単独犯行と考える。

明智光秀の政権構想を考える

ところで明智光秀は信長打倒後の見通しをどの程度立てていたのだろうか。一次史料で確認できるのは、前出の光秀自筆覚書に見える「五十日・百日の内には、近国の儀相堅《かた》むべく候間、それ以後は十五郎・与一郎殿など引き渡し申し候て、何事も存ず間敷《まじく》候」という一節だけである。

十五郎は光秀嫡男の光慶、与一郎は細川忠興のことである。結局、五〇日から一〇〇日の間に畿内を軍事制圧するという計画しか語られていない。このため、「光秀は変後のビジョンをもっていなかった」（小和田哲男氏）とみなすのが一般的である。

これに対し藤田氏ら黒幕系の論者は、謀反を起こす以上、政権構想があったはずだ、と主張する。しかし長期的な政権構想がなくても、短期的なプランがあれば謀反は実行可能である。前例があるからだ。

一つは三好政権である。先述したように三好長慶は将軍足利義輝と最終的には和解したが（65頁を参照）、対立していた時期も長かった。天文十八年（一五四九）に江口の戦いで、三好長慶は三好政長を撃破した。三好長慶は細川氏綱を擁立し、京都を掌握した。政長を支援していた足利義晴（前将軍）・義輝（現将軍）親子と細川晴元は近江国坂本に逃れた。一般にはこれを以て三好政権の成立と評している。翌天文十九年に足利義晴が死去すると、二十一年に足利義輝はいったん三好長慶と和睦して京都に戻った。しかし翌二十二年、義輝と長慶は決裂した。義輝は再び細川晴元と手を結び長慶と戦うが敗北、近江国朽木谷《くつき》（現在の滋賀県高島市）に逃れた。

以後、三好長慶は将軍不在の京都を治めるが、とりたてて大きな問題は生じていない。弘治四年（一五五八）二月、朝廷と三好長慶は義輝を無視して永禄への改元を実施している。「将軍など不要」と宣言したのも同然である。この後、結局、長慶は義輝と和解するが、短期的には将軍不在でも畿内政権の運営は可能であることが示された。

長慶死後、将軍義輝と三好氏の関係は悪化し、永禄八年五月十九日、三好義継（長慶の養子）、三好三人衆と松永久通（松永久秀の嫡男）らの軍勢が京都一条御所を襲撃し、義輝を殺害した（永禄の変、25頁を参照）。現職将軍が家臣に殺害されたのだから、当時の人々にとっては本能寺の変以上の衝撃だっただろう。しかし二十一日に三好長逸が参内し、正親町天皇から小御所の庭で酒を下賜されると、天皇が将軍殺害を容認したとみなされ、京都の騒動は鎮静化していった。幕臣たちも三好長逸らの屋敷に挨拶に赴き、将軍殺害に対する批判は広がらなかった。

この後、三好三人衆らが義輝の従兄弟である義栄を将軍に擁立するため、永禄の変の目的は義栄擁立にあったと従来考えられてきた。しかし天理大学准教授の天野忠幸氏は、義輝殺害から義栄の畿内への渡海まで一年半近くかかっており、義栄擁立は当初からの方針ではない、と通説を批判した。天野氏は、三好義継や三好三人衆は、三好氏が足利氏に代わり得る権威を備えたという自意識を持っており、足利将軍の擁立は不要と考えていたと主張している。

反三好勢力の活発化、松永久秀の離反によって、三好三人衆は義栄の擁立に舵を切るが、〈将軍不在の畿内政権〉の可能性を示したと言える。永禄の変は若き日の光秀にとって印象深い事件だったはずで、光秀は「謀反後、速やかに畿内を平定すれば将軍不在でも畿内政権を構成できる」という認識を持っただろう。

もう一つは、言うまでもなく織田政権である。義昭の追放後、一〇年近くにわたって、信長は将軍不在のまま畿内政権を運営してきた。信長も政権の正統性を確保することを考えていなかったわけではないが、この難問の解決は後回しにされた。そして、それで特に問題はなかったのである。

なるほど藤田氏が述べるように、将軍不在状況では畿内政権は安定しない。三好長慶や織田信長は圧倒的な実力を有しながら将軍との和解を模索したし、三好三人衆も結局は足利義栄を将軍に擁立した。けれども逆に言えば、将軍不在でも畿内政権の運営は短期的には可能なのである。将軍擁立による政権の正統性確保と畿内の軍事制圧の二つのうち、優先されるべきは後者である。後者を達成できれば、前者は後からどうとでもなる。

明智光秀は、将軍足利義昭と織田信長の対立によって畿内政権が混乱した様子を間近で見てきた。将軍擁立のメリットだけでなくデメリットも深く認識していたのである。最初から義昭を頼れば、義昭に主導権を握られ、光秀の行動は義昭に拘束されることになる。であるならば、当面は義昭なしで乗り切り、畿内を制圧してから義昭と交渉する方が得策であろう。明智光秀が足利義昭あるいは義尋を擁立することを視野に入れていた可能性はあるが、そうした政権構想は畿内を掌握してから考えれば良い、というのが光秀の方針だったと思われる。

拙著でも指摘したが、光秀の計画は必ずしも全国の大名との事前同盟を必要としない。羽柴秀吉・柴田勝家・丹羽長秀・滝川一益はそれぞれ背後に毛利氏・上杉氏・長宗我部氏・後北条氏という敵を抱えており、容易には畿内に反攻できない（はずだ）。彼らが前線に釘付けになっている数ヶ月の間に明智軍が畿内を軍事制圧すれば、明智政権の成立が既成事実化する。信長を討った後の政治的・軍事的情勢は事前に予測できない部分が大きいので、諸大名との合従連衡はその場その場で臨機応変に対処する。これが光秀のプランであろう。

ところが羽柴秀吉の中国大返しによって明智光秀は軍事的に孤立した。光秀は膝を屈してでも義昭と連携せざるを得なくなった。歴史研究家の桐野作人氏が喝破したように、「光秀にとっては義昭との連携は大きな政治的後退であり、不本意な妥協策だった」のである。

秀吉は本能寺の変を知っていたか

羽柴秀吉が出てきたついでに秀吉黒幕説も紹介しておこう。これは羽柴秀吉が明智光秀と共謀、もしくは光秀をそそのかしたという説である。

さすがに秀吉が光秀と共謀したと大まじめに主張する人は少ないが、秀吉が何らかの方法で光秀の謀反を事前に知っていたという見方は根強い。藤田達生氏は「秀吉が事前に光秀のクーデターを、ある程度予測していたとも考えられる」と述べている。また、山崎の戦いに参加しなかった細川藤孝が秀吉から厚遇を約束されていること（「細川家文書」）を根拠に、秀吉が変後まもなく藤孝から本能寺の変に関する重要な情報を得たと推測している。

これに触発されてか、明智憲三郎氏は、細川藤孝経由で秀吉が光秀の謀反を事前に知ったという説を唱えた。藤孝は明智光秀から事前に謀反の計画を打ち明けられたが、光秀を裏切って羽柴秀吉に通報したというのだ。

なぜ、右のように羽柴秀吉が疑われるのか。本能寺の変勃発で最も利益を得た人物が秀吉だからである。そして、事前に準備していなければ中国大返しは不可能だと感じられることも一因である。

本能寺の変後、羽柴秀吉は毛利方と迅速に講和を結んでいる。本能寺の変が六月二日、講和成立が六月四日だから、確かに異様に早い。秀吉黒幕説論者は、信長が討たれることを事前に知っていたため、秀吉が小早川隆景・安国寺恵瓊などへ根回しを行っていたからだと主張する。

しかし羽柴秀吉の水攻めにより備中高松城救援が事実上不可能になった毛利側は、秀吉に和睦を申し入れていた。信長から出馬の連絡を受けた秀吉は、備中・備後・美作・伯耆・出雲の五ヶ国割譲という強気の要求をしたため交渉は難航したが、本能寺の変を知った秀吉は備後・出雲を除く備中・美作・伯耆の三ヶ国の割譲と備中高松城主清水宗治の切腹に譲歩した。本能寺の変を知らない毛利氏がこれをあっさり呑むのは当たり前だろう。

中国大返しに関しても、六月六日に備中高松城を発し夜に備前沼城に到着、七日に播磨姫路城まで駆け抜けるという驚異の強行軍（七〇キロメートルの距離をわずか一日で移動）は秀吉が後に広めた政治的宣伝であって、実際の高松出発はもっと早かったとする異論が存在する。

羽柴秀吉の情報入手の速度を問題視する人も多い。六月二日の早朝に発生した本能寺の変を秀吉が知ったのは天正十年十月十八日岡本良勝・斎藤利堯《としたか》宛て秀吉書状（「金井文書」）や天正十八年五月二十日付浅野長吉・木村常陸介《ひたちのすけ》宛て秀吉朱印状（「浅野家文書」）などから、六月三日の深夜か四日の未明と考えられている。遠方の秀吉が知るには早すぎると良く言われるが、六月三日の夕刻には三河にも不正確ながら本能寺の変の情報は伝わっており（『家忠日記』）、異常に早いとまでは言えない。

藤田氏は、秀吉の弟・羽柴秀長が丹波の夜久《やく》主計頭《かずえのかみ》に送った天正十年六月五日付の書状（「夜久家文書」）を読み解き、但馬を領有していた秀長が、夜久氏の協力を得て、近江までの情報ルートをいち早く開設していたことを明らかにした。氏の推測通り、秀長の使者は、備中から秀吉の居城である播磨の姫路城を経て北上し、但馬から丹波を通って京都に至り、そこから秀吉のもう一つの城である近江の長浜城までたどり着いたのだろう。

藤田氏は「緊急時に、京と備中を結ぶ西国街道という正規のルートとは異なる、三百キロ以上に及ぶ情報ルートを確保するという離れ業は、あらかじめ準備しておかなければ不可能である」と主張する。だが夜久氏の本拠地である夜久野《やくの》は但馬と丹波の国境地域である。秀長は光秀の丹波平定戦において援軍として西丹波に進出したことがあり、西丹波の武士たちと日頃から交流があったとしても不思議はない。

仮に羽柴秀吉・秀長が本能寺の変前に、丹波方面で情報ルート開設の準備を進めていたとしたら、それは援軍として山陰道を進軍してくる予定の明智光秀軍の動静をいち早く把握するためだろう。光秀軍の進軍経路や到着時期によって、秀吉軍の作戦も変わってくるからである。

細川藤孝情報提供説については、勘ぐりすぎと言わざるを得ない。七月十一日の起請文で秀吉が藤孝に厚遇を約束したのは、清洲会議（六月二十七日）後の多数派工作であろう。この時期の秀吉発給の起請文は藤孝宛ての起請文しか残っていないから目立つだけで、柴田勝家との派閥抗争に勝利するために、秀吉は織田家中の諸将に空手形を乱発していたと思われる。

中国大返しの最中、確かに秀吉は細川藤孝と連絡を取っているが（六月八日松井康之宛て杉若無心書状写、『松井家譜』）、細川氏が近世以降も大名家、そして華族として存続し、史料が豊富に残ったという固有の事情も無視できない。秀吉は織田家中の諸将に手当たり次第に書状を送っていたはずで、藤孝を最重視していたかどうかは断定できない。

とはいえ、もし細川藤孝が明智光秀の謀反に呼応していたら、畿内の織田諸将が光秀に雪崩込んだ可能性は否定できない。実際、藤孝の娘婿である丹後の一色義定は光秀に味方している。藤孝の行動が秀吉の勝利に貢献したことは事実であり、秀吉が藤孝に感謝したことを殊更に不審に思わなくても良いだろう。

イエズス会黒幕説は成り立たない

最後に、細川ガラシャが後に深い関わりを持つことになるイエズス会が明智光秀を使嗾《しそう》したというイエズス会黒幕説について触れておこう。これは歴史研究家の立花京子氏が提唱したもので、最近では作家の安部龍太郎氏も賛意を示している。

拙著『陰謀の日本中世史』でも紹介したが、この説は、イエズス会は織田信長の全国統一事業を軍事的・経済的に支援したが、全国統一間近となった信長は自己神格化を図るなど、イエズス会からの自立を図るようになったため、イエズス会が明智光秀を動かして信長を討たせた、というものである。

立花氏が自説の根拠に挙げた史料の一つに、ルイス・フロイスの『日本史』がある。フロイスは晩年の信長が傲慢になり、自己神格化を図るようになったと述べ、次のように語った。

しかるに信長は、創造主にして世の贖《あがな》い主であられるデウスにのみ捧げられるべき祭祀と礼拝を横領するほどの途方もなく狂気じみた言行と暴挙に及んだので、我らの主なるデウスは、彼があの群衆と衆人の参拝を見て味わっていた歓喜が十九日以上継続することを許し給うことがなかった。

立花氏は「デウスが信長の命の終了日を決定した」という趣旨の右の文章を、イエズス会が信長の死を決定した、と解釈した。だが本書所収のクレインス氏の論考も指摘するように、これは信長が非業の死を遂げたのは天罰だ、という意味にすぎない。

イエズス会黒幕説の最大の問題は、イエズス会が織田信長に多額の資金を援助したことを裏付ける史料が全く存在しない点にある。日本側の史料はもちろん、イエズス会側の史料にも一切記載がない。また、イエズス会が軍艦や鉄砲を信長に提供したとも立花氏は主張するが、これにも史料的根拠がない。史料上確認できるのは、九州のキリシタン大名たちへの軍事的・経済的援助だけである。キリシタンでない信長には援助しなかったと考えられる。

近年のイエズス会研究が明らかにしているように、イエズス会日本支部の財政は逼迫しており、とても信長の天下統一事業に資金を援助するような余裕はなかった。客観的に見て、イエズス会が信長を支援していたのではなく、信長がイエズス会を保護していたと言えよう。イエズス会が信長を排除しなければならない理由などない。

織田信長が晩年に自己を神格化したという話はフロイスの書簡および『日本史』にしか見えない。日本人の記録には全く言及されていないのである。信長は一貫して伊勢神宮・石清水八幡宮・善光寺など大寺社を保護しており、自己神格化の傾向は看取されない。

フロイスの書簡および『日本史』は信長の死後に書かれたものである。信長はイエズス会にとって極めて価値の高い大名であり、彼の突然の死は大打撃であった。なぜ信長が死んだのか、フロイスはイエズス会本部に対して、それなりに筋の通った説明を行わなければならなかった。そこで、信長が驕り高ぶり自己神格化を図ったがゆえに全知全能の神デウスの怒りを買い非業の死を遂げた、というストーリーを作り上げたのだろう（124頁参照）。

明智光秀が起こした本能寺の変は、織田信長という有力な庇護者を失ったという意味で、イエズス会にとって災厄であった。その光秀の娘が、やがてイエズス会にとって希望の女神になることは、この時はまだ誰も知らなかったのである。

参考文献

明智憲三郎『本能寺の変　431年目の真実』文芸社文庫、二〇一三年
明智憲三郎『織田信長　四三三年目の真実　信長脳を歴史捜査せよ！』幻冬舎、二〇一五年
明智憲三郎『「本能寺の変」は変だ！　435年目の再審請求』文芸社文庫、二〇一八年
安部龍太郎『信長はなぜ葬られたのか　世界史の中の本能寺の変』幻冬舎新書、二〇一八年
天野忠幸「織田信長の上洛と三好氏の動向」『日本歴史』八一五、二〇一六年
池享「天下統一と朝鮮侵略」同編『日本の時代史13　天下統一と朝鮮侵略』吉川弘文館、二〇〇三年
池上裕子『織田信長』吉川弘文館、二〇一二年
今谷明『信長と天皇　中世的権威に挑む覇王』講談社学術文庫、二〇〇二年
岩沢愿彦「本能寺の変拾遺――『日々記』所収天正十年夏記について」『歴史地理』九一―四、一九六八年

奥野高広・岩沢愿彦校注『信長公記』角川文庫、一九八四年
小和田哲男『明智光秀と本能寺の変』PHP文庫、二〇一四年
小和田哲男『明智光秀・秀満　ときハ今　あめが下しる　五月哉』ミネルヴァ書房、二〇一九年
金子拓『『信長記』と信長・秀吉の時代』勉誠出版、二〇一二年
金子拓『織田信長〈天下人〉の実像』講談社現代新書、二〇一四年
金子拓『織田信長　不器用すぎた天下人』河出書房新社、二〇一七年
金子拓『信長家臣明智光秀』平凡社、二〇一九年
神田千里『織田信長』ちくま新書、二〇一四年
神田裕理「光秀と朝廷」『現代思想』二〇二〇年一月臨時増刊号
木下聡『室町幕府の外様衆と奉公衆』同成社、二〇一八年
木下聡「明智光秀と美濃国」『現代思想』二〇二〇年一月臨時増刊号
木下昌規「本能寺の変の黒幕説〈朝廷・足利義昭〉は成り立つのか」、渡邊大門編『戦国史の俗説を覆す』柏書房、二〇一六年
桐野作人『真説 本能寺』学研M文庫、二〇〇一年
桐野作人『だれが信長を殺したのか』PHP新書、二〇〇七年
黒嶋敏「足利義昭の政権構想――「光源院殿御代当参衆幷足軽以下衆覚」を読む」同『中世の権力と列島』高志書院、二〇一二年、初出二〇〇四年
桑田忠親『明智光秀』講談社文庫、一九八三年
柴裕之「足利義昭政権と武田信玄 元亀争乱の展開再考」『日本歴史』八一七、二〇一六年
渋谷慈鎧編『天台座主記　復刻版』第一書房、一九九九年
鈴木眞哉・藤本正行『信長は謀略で殺されたのか　本能寺の変・謀略説を嗤う』洋泉社新書y、二〇〇六年
高橋裕史『イエズス会の世界戦略』講談社、二〇〇六年
高柳光壽『明智光秀』吉川弘文館、一九五八年
立花京子『信長権力と朝廷　第二版』岩田書院、二〇〇二年
立花京子『信長と十字架』集英社新書、二〇〇四年

橘俊道校注「遊行三十一祖 京畿御修行記」『大谷学報』五二―一、一九七二年
谷口克広『信長の親衛隊 戦国覇者の多彩な人材』中公新書、一九九八年
谷口克広『信長軍の司令官 部将たちの出世競争』中公新書、二〇〇五年
谷口克広『検証本能寺の変』吉川弘文館、二〇〇七年
谷口克広『信長の政略 信長は中世をどこまで破壊したか』学研パブリッシング、二〇一三年
谷口研語『明智光秀 浪人出身の外様大名の実像』洋泉社新書y、二〇一四年
田端泰子『細川ガラシャ』ミネルヴァ書房、二〇一〇年
徳富蘇峰『近世日本国民史 織田氏時代』民友社、一九一八―一九一九年
乃至政彦『信長を操り、見限った男 光秀』河出書房新社、二〇一九年
中脇聖「明智光秀の出自は土岐氏なのか」、渡邊大門編『戦国史の俗説を覆す』柏書房、二〇一六年
橋場日月『明智光秀 残虐と謀略』祥伝社新書、二〇一八年
服部英雄「ほらの達人 秀吉・「中国大返し」考」『九州大学学術情報リポジトリ』二〇一五年
早島大祐「「戒和上昔今禄」と織田政権の寺社訴訟制度」『史窓』七四、二〇一七年
早島大祐『明智光秀 牢人医師はなぜ謀反人となったか』NHK出版新書、二〇一九年
久野雅司『足利義昭と織田信長』戎光祥出版、二〇一七年
平井上総「長宗我部元親と明智光秀」『現代思想』二〇二〇年一月臨時増刊号
藤田達生『本能寺の変の群像：中世と近世の相剋』雄山閣出版、二〇〇一年
藤田達生『証言 本能寺の変 史料で読む戦国史』八木書店、二〇一〇年
藤田達生『本能寺の変』講談社学術文庫、二〇一九年
藤田達生『明智光秀伝 本能寺の変に至る派閥力学』小学館、二〇一九年
藤田達生・福島克彦編『明智光秀 史料で読む戦国史』八木書店古書出版部、二〇一五年
藤本正行『本能寺の変 信長の油断・光秀の殺意』洋泉社新書y、二〇一〇年
二木謙一校注『明智軍記』KADOKAWA、二〇一九年
堀新『織豊期王権論』校倉書房、二〇一一年
松田毅一・川崎桃太訳『完訳フロイス日本史〈3〉安土城と本能寺の変』中公文庫、二〇〇〇年

三鬼清一郎『織豊期の国家と秩序』青史出版、二〇一二年
村井祐樹「幻の信長上洛作戦」『古文書研究』七八、二〇一四年
村上直次郎訳・柳谷武夫編輯『イエズス会日本年報』上・下、雄松堂書店、一九六九年
盛本昌広『本能寺の変　史実の再検証』東京堂出版、二〇一六年
山田康弘「将軍足利義輝殺害事件に関する一考察」『戦国史研究』四三、二〇〇二年
山田康弘『戦国時代の足利将軍』吉川弘文館、二〇一一年
米原正義編『細川幽斎・忠興のすべて』新人物往来社、二〇〇〇年
和田裕弘『織田信長の家臣団　派閥と人間関係』中公新書、二〇一七年
熊本県立美術館『細川ガラシャ』二〇一八年
洋泉社編集部編『ここまでわかった　本能寺の変と明智光秀』洋泉社新書y、二〇一六年

第二章　イエズス会士が作り上げた光秀・ガラシャ像

フレデリック・クレインス

明智光秀と娘の細川ガラシャが活躍した時期は、イエズス会士が日本で布教活動を行っていた最盛期と重なる。イエズス会士は日本で起きた主な出来事を記録し、書簡の形で定期的にヨーロッパのイエズス会本部に報告していた。それらの書簡の内容はヨーロッパ各地で様々な言語に翻訳され、刊行されたので、広くヨーロッパの読者の間で普及した。

光秀とガラシャについての情報もイエズス会士の書簡を通じてヨーロッパに伝わった。本章では、光秀とガラシャに関する情報がどのようにヨーロッパに伝えられ、ヨーロッパでどのように変容していったかを検証する。光秀・ガラシャに纏わる謎は多い。しかし、本章はそのような謎を解明し、真偽について論じるものではない。イエズス会士が光秀とガラシャをどのように受け止め、どのようにイメージ形成が行われ、また、変容していったのかを追求することに意を注ぐのみである。

ヨーロッパ人による光秀・ガラシャ像の形成過程を理解するための背景知識として、まずイエズス会にとって日本がどのような位置づけだったのか、そしてイエズス会士による日本の報道はどのような意味をもっていたのかを検証する。その後、イエズス会士がヨーロッパに伝えた光秀・ガラシャ像を分析した上で、その情報がヨーロッパでどのように変容していったかを辿ってみる。

第一節　イエズス会士による日本についての報道

イエズス会の創設と日本

フランシスコ・ザビエルが一五四九年八月十五日に日本に足を踏み入れた時、イエズス会創設からまだ九年しか経っていなかった。当時のヨーロッパでは、中世において絶対的な存在だったカトリック教会の権威が衰退し始めていた。北ヨーロッパでプロテスタントが台頭し、次々と信者をカトリック教会から遠ざけていた。

この状況を重くみていたスペイン人のイグナティウス・デ・ロヨラはザビエルを含む六人の同志と共に、一五四〇年にローマ教皇の許可の下でイエズス会を創設した。ロヨラは創設の会憲でイエズス会士を「十字架の旗下の神の兵士」と準えて、彼らの任務として信仰の守護と宣伝を掲げた。創立後すぐに、イエズス会士はプロテスタントに対抗する反宗教改革に乗り出した。

イエズス会士の活躍は目覚ましかった。彼らはまず教育をもってカトリック教会の衰退を食い止めようとした。創設直後に、ヨーロッパ各地でイエズス会の学校が設立された。それらの教育機関では、中世のスコラ学と並行してルネッサンスの人文主義的教育が行われた。イエズス会の学校に通う人々はエリート教育を受けていた。このような教育政策によって、プロテスタント化していたいくつかの地域を再びカトリック側に引き寄せる勢いを見せていた。

教育政策と同時に、ポルトガル人が当時渡航するようになったアフリカやアジアの国々への布教活動も開始された。北ヨーロッパで失った信者を世界各地で取り戻すのが狙いだった。アジア方面に出発していたイエズス会の宣教師たちは、前述のイエズス会の学校で徹底したエリート教育を受けた精鋭たちだった。彼らの知能と情熱をもって、アジア諸国の人々に福音を伝え、カトリック教会に加入させることが期待されていた。

その任務を最初に遂行したのがザビエルである。元々は、カトリック教の伝播に熱心なポルトガル王ジョアン三世の要請に応じて、イエズス会の同志の一人であったスペイン人のニコラス・ボバディリヤがアジアへ派遣される予定だった。ところが、ボバディリヤはローマからリスボンに向けて出発する直前に病気にかかったため、アジアに渡航できる体力がなかった。そこで、ボバディリヤの代わりにザビエルがアジアへ赴くことになった。土壇場で決まったため、準備する暇もなく、ザビエルはローマから出発した。慌ただしい出立にもかかわらず、ザビエルはアジアでの布教への期待で非常に興奮していた。渡航直前にリスボンで書かれた一五四一年三月十八日付ザビエルからローマのイエズス会本部宛書簡には、アジア派遣にともなう大収穫への大きな期待が表明されている。ザビエルはポルトガル人のアジア進出を世界の人々に福音を伝える好機と捉えていた。

一五四二年にポルトガル人のアジア本部が置かれていたインドのゴアに到着したザビエルは、ただちに熱心な布教活動を開始し、インド各地、マラッカ、モルッカ諸島で数年間、布教活動に努めた。しかし、期待していたほどの成果は挙げられなかった。

マラッカに滞在していた一五四七年に、ザビエルはジョルジョ・アルヴァーレスというポルトガル商人と出会った。その商人から、日本という遠く離れた島々の話を聞いた。日本人は知識欲が盛んな民族であり、インドなどよりも布教活動がうまくいくのではないかとザビエルに語ってくれた。この商人が連れて来たアンジロウという日本人もキリスト教に大いに興味をもっていた。ザビエルはこのアンジロウの熱意に感激し、日本での布教への期待を膨らませた（ザビエルよりイエズス会本部宛書簡、一五四八年一月二十日付）。

ザビエルは、いったんインドのゴアへ戻った後、一五四九年に日本に向けて出発し、同年の夏に鹿児島に到着した。その後、二年間、鹿児島や平戸、山口、京都で布教活動を行った。ザビエルの書簡からは、ほかのアジア諸国よりも手応えが得られたことが窺える。ザビエルは一五五一年に日本を去るにあたって、日本での布教を、コスメ・デ・トーレスをはじめとしたほかのイエズス会士に任せた。

ザビエルがボバディィリャの代わりにアジアへ派遣されることに急遽決まったこと、インドでの布教が振るわなかったこと、マラッカでアンジロウという日本人に出会ったことなどの偶然が重なり、イエズス会創設後、間もなくして、イエズス会は日本での足場を築いた。このように偶然にたどり着いた日本は、十六世紀のヨーロッパにおけるイエズス会の成長への大きな原動力として発展していく。

日本での布教活動をヨーロッパに伝える書物

ザビエルは、アジア各地における経験および布教の成果について、ほかのイエズス会士やローマにあるイエズス会本部宛に定期的に書簡を送っていた。日本から送付された最初の書簡は、ゴアのイエズス会士に宛てた一五四九年十一月五日付のものである。鹿児島に到着して間もない時だった。その内容から日本人について非常に良い第一印象を持ったことが伝わる。日本人について、戦争を好み、邪悪な宗教に加担しているという批判をしながらも、全般的に質素な生活を送り、勤勉で正直、善良な民族であると高く評価している。日本人は合理的な民族であるから、キリスト教の優れた教理を理解し、いずれ皆が改宗してくれるだろうという希望がザビエルの書簡から読み取れる。

この書簡を受信したゴアのイエズス会士は写しを作成し、ヨーロッパのイエズス会本部に転送していた。当時アジアやアフリカ、アメリカ各地からヨーロッパに送付されていたイエズス会士の書簡には、それまでヨーロッパでほとんど知られていなかった各地の住民の風習やイエズス会士が遭遇した出来事などについての詳細な記述が見られる。これらの記述は未知の世界への関心が高かったヨーロッパ読者の知識欲を満たすと共に、アジアでのイエズス会の活動の宣伝にも寄与することから、各地から届いた書簡の刊行が企画された。

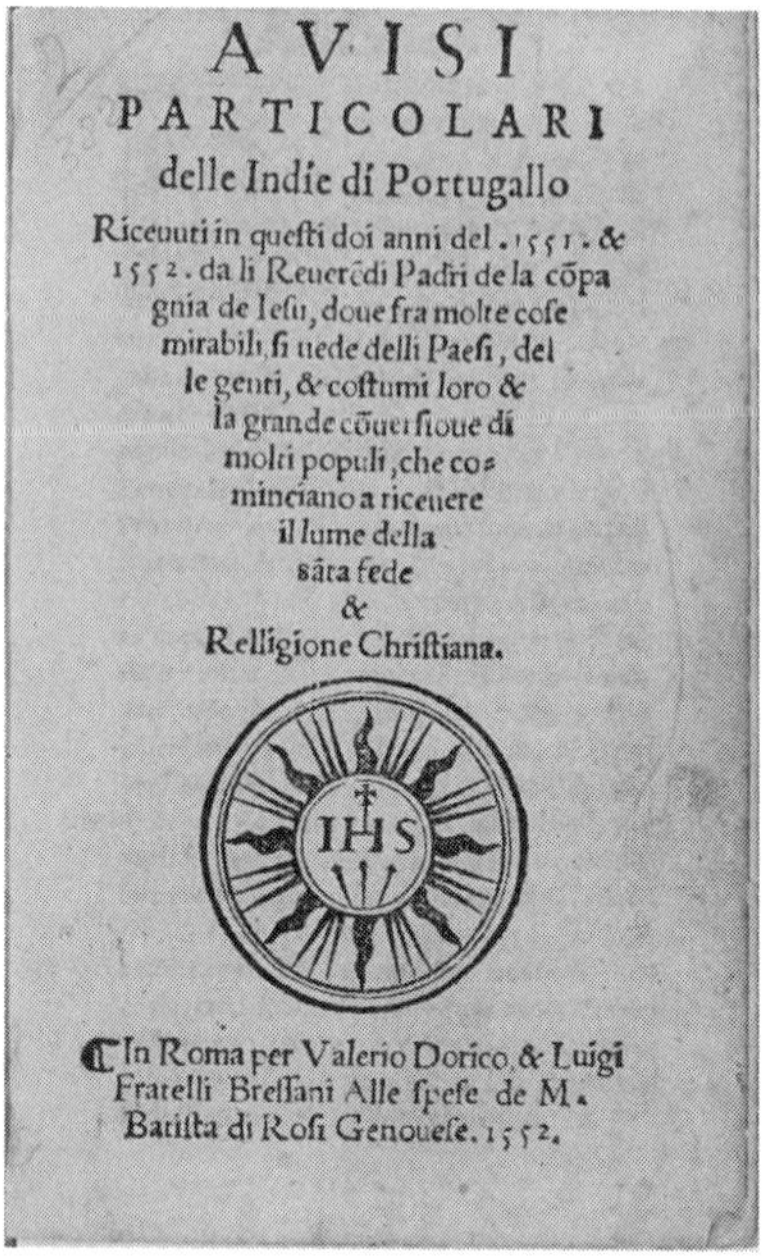
AVISI
PARTICOLARI
delle Indie di Portugallo
Riceuuti in questi doi anni del .1551. &
1552. da li Reuerẽdi Padri de la cõpa
gnia de Iesu, doue fra molte cose
mirabili si uede delli Paesi, del
le genti, & costumi loro &
la grande cõuersione di
molti populi, che co=
minciano a riceuere
il lume della
sãta fede
&
Relligione Christiana.

IHS

In Roma per Valerio Dorico, & Luigi
Fratelli Bressani Alle spese de M.
Batista di Rosi Genouese. 1552.

『ポルトガル領インド特別報告集』標題紙（ローマ、1552年刊、上智大学キリシタン文庫所蔵）

管見の限り、イエズス会士が手がけた最初の報告集は、一五五二年にローマで刊行された『ポルトガル領インド特別報告集』である。現代の日本の新書くらいの大きさの手頃なサイズであり、一般読者にとって入手しやすいものだった。この本に上述のザビエルの書簡も付録として掲載された。

ザビエルの書簡が刊行されるまでは、ヨーロッパに伝わった日本についての情報は皆無だった。唯一、マルコ・ポーロの『東方見聞録』における黄金の国ジパングについての記述は参照されていたが、具体的なことはほとんど記されていなかった。日本は謎に包まれていた国であった。ザビエルの書簡を通じて、日本というまったく新しい世界がヨーロッパ人の目の前に浮かび上がった。

以後、日本に続々と来航したイエズス会士たちもまた毎年のように日本での布教活動に関する報告書を書簡の形で上司やイエズス会本部へ送った。これらの報告書はローマでイタリア語に訳された上で、報告集として編纂された形で、ほぼ毎年イタリア各地の出版社によって刊行されるようになった。

報告集のなかには、日本のみを単独で扱ったものもあれば、イエズス会士が活動していたアジアやアメリカ、アフリカの各地からの報告書を一冊にまとめて編纂されたものも多く見られる。これらの報告集の中で、十六世紀に刊行されたものは、日本についての記述に割り当てられた分量が常に群を抜いていた。イタリアで刊行された報告集はフランス語、ドイツ語、スペイン語、オランダ語などに訳され、新しい日本情報が僅か二、三年の時間差でヨーロッパ各地の読者に届いた。当時は帆船による運搬手段しかなかったという状況を勘案すると、驚くべき情報伝達の速さである。

これらのイエズス会士の報告集の内容は布教活動に関するものが中心であったが、その間に盛り込まれた、織田信長や豊臣秀吉の事蹟をはじめとする日本の政治状況や社会の変化についての情報が即時にヨーロッパ読者に提供された結果、ヨーロッパにおいて認識される日本は、まったく知られていない神秘的な存在から非常に身近な存在へと短期間で変貌した。

ただ、それらの報告はあくまでもイエズス会の観点から行われたものである。時の為政者やその時々に起こる様々な出来事がイエズス会にとって良いことなのか悪いことなのか、イエズス会士の書簡では常に判断が下されている。そして、日本におけるイエズス会の布教の進捗状況は彼らにとって何よりも重要な関心事だった。キリスト教への改宗がどれくらい進んでいるのかについては逐一詳細に報告される。日本における一人一人の改宗に対する喜びや、為政者が加えるキリスト教布教への迫害から受ける苦しみが一進一退する様子は、まるでサッカーの試合を実況中継するかのように詳細に報道される。なかでも、キリシタンとしての徳の高い行いや、災難を乗り越える努力については、誇張して報道される。

日本でのイエズス会の布教活動における喜怒哀楽は、すべて神の加護の下で行われる。新たな改宗に成功した時、それは神の恩寵《おんちょう》のお陰であった。試練がある度に最終的に神が助けてくれる。日本の報告書を書くイエズス会士はそのように信じていた。まるで、サッカーの試合で切羽詰まった局面を迎えた時に、チームの応援団が神頼みするような態度である。信仰を広めるために神は日本でイエズス会士と共に戦っているのだ。

このようなイエズス会士の日本での奮闘を知ったヨーロッパのカトリック信者たちが事態の成り行きを見守りたいという熱狂の渦に巻き込まれたことは想像に難くない。日本で戦っているイエズス会士は勝っているのか。この一年間で日本人の改宗はどれほど進んだのか。カトリック信者たちは神頼みをして、日本の領主たちや仏教の僧侶たちから成るチームを相手に戦うイエズス会チームの勝利を祈った。

この構図を創出することがまさにイエズス会士の狙いだった。日本の布教活動を維持し、拡大するためには、背後にいるカトリック教会や信者たちの支援が必要だった。これは資金面での援助でもあったし、人手も必要だった。日本での布教を開始した最初の二十年間の一五五〇年代から一五六〇年代にかけて、日本で活動していたイエズス会士は十人前後しかいなかった。しかし、ヨーロッパでの宣伝は徐々に功を奏し始めて、一五七〇年代に日本で活動するイエズス会士の数は急速に増加した。一五七九年にその数は一気に五十五人に増え、一五八三年には八十二人となった。

イエズス会チームは日本での試合を有利に進めていた。一五八三年十二月十七日付の東インド（アジア）巡察師アレッサンドゥロ・ヴァリニャーノからエヴォラの大司教に宛てた書簡では、「我々はすでに諸国諸地方に二百近い教会と十五万人以上のキリスト教徒を擁し、我々の教えは今や大いに信用を得ているので、その数は日ごとに増加している」と日本での活動の進展について誇らしく書かれている。

フロイスの日本年報

一五三二年にリスボンで生まれたルイス・フロイスは、イエズス会の宣伝にとって有望な戦力として成長していく。フロイスは十四歳の時にリスボンの王立事務局で書記として働くようになった。リスボンは当時、アジアから戻る船が次々と寄港し、貿易港として栄えていた。イエズス会がリスボンで布教拠点を設立したのは一五四〇年である。このような環境が、若かりし日のフロイスのアジアへの好奇心を掻き立てたのかもしれない。フロイスは、王立事務局に就職した二年後の一五四八年にイエズス会に入会した。

フロイスはすぐにインドのゴアへ派遣され、そこでザビエルが創設した聖パオロ学院でイエズス会士としての資質を満たすための徹底した教育を受けた。一五五四年にマラッカへ派遣されたフロイスは、その地で三年間布教活動に従事したが、一五五七年にゴアに戻った。ゴアでは、文筆の才能が見出され、アジアの報告集作成を担当するようになった。

アジアからの報告集は、初期には、各地から届いた書簡が未分類の状態で手当たり次第に一冊に集められて刊行されていたが、早い段階で各地域ごとの年報が毎年作成されるようになった。フロイスはゴアでアジア各地から届いた書簡を整理し、編集する作業を担当していた。その仕事の一環として日本から届いた書簡も扱い、日本に来航する前に日本についてすでに初歩的な知識を得ていた。

一五六二年にフロイスはマラッカを経由して自らも日本に向かい、一五六三年に佐世保湾内の横瀬浦に到着した。ガラシャが生まれたのと同じ年である。日本に到着してからの最初の二年間、九州で日本語の勉強に励んだ後、フロイスは一五六五年に京都に派遣された。そこで数年前から京都に滞在していたガスパル・ヴィレラと共に布教活動を開始した。ヴィレラは非常に有能な宣教師であり、畿内で多くの有力者の改宗に成功した人物である。フロイスが日本へ派遣されたのも、ヴィレラの要請に応じたものであった。

しかし、フロイスが京都に到着したすぐ後に、将軍足利義輝が暗殺される永禄の変が勃発したので、フロイスたちは京都から堺へ避難した。ヴィレラは九州に戻り、フロイスは堺で布教活動を行う傍ら、布教の手引書として用いる教義問答の和訳に努めた。

キリシタン大名の高山友照の仲介により、フロイスは一五六九年に再び京都へ赴き、同年、信長との面会を果たした。その後も畿内や九州で活躍し、前述のヴァリニャーノが日本各地を訪問した時に通訳者として随行した。その折の一五八一年に安土城で再び信長と面会している。

日本滞在中、イエズス会士の日本年報の作成を担当したのは主にフロイスである。フロイスは日本各地にいるイエズス会士から送られた書簡の内容を整理して、報告書の形で毎年ゴア経由でイエズス会総長宛に送付している。ヴァリニャーノの判断を受けて、フロイスは一五八三年に布教活動から退いて、日本年報のほかに、イエズス会の日本での活動を記録した『日本史』の執筆に従事した。

一五八七年に秀吉がパードレ追放令を発布した後、フロイスは畿内を後にして、長崎に留まったが、一五九二年に聚楽第で秀吉との面会も果たしている。一五九二年にはヴァリニャーノに従い、マカオへ渡航したが、一五九五年に日本に戻り、その二年後に長崎で没した。

フロイスがリーダーになれなかった理由

このように、日本で長いキャリアを積み、日本語・日本文化に精通し、信長とも秀吉とも面会したほどのフロイスがなぜ日本でイエズス会のトップである日本準管区長に上り詰めることができなかったのか。日本の人事決定権をもっていたヴァリニャーノは、フロイスについて次のように書いている。

「フロイスには、我々の直面する苦労と危険を切り抜けて前に進むための勇気が欠けている。また、必要に応じてしっかりと踏ん張り、我々が彼を恐れて、彼に従うというような態度も欠けている」（一五七九年十二月付ヴァリニャーノ著イエズス会会員名簿）。

このようにフロイスは文筆に長けていた反面、統率・指揮する才能にあまり恵まれていなかったようである。協調的な性格ゆえに、ほかの人を動かすような強いリーダーシップを持ち合わせていなかった。

また、ヴァリニャーノのほかの書簡でも、フロイスについて「歴史家のフロイスは勤勉ではあるが、話していることにおいて常に慎重というわけではないし、きっぱりした行動が必要な時に気が小さすぎる」と批判している（一五八四年十二月十二日付ヴァリニャーノよりイエズス会総長宛書簡）。

ここでヴァリニャーノが使っている「歴史家のフロイス」という表現に、ある種の皮肉を感じるのは筆者だけだろうか。フロイスには宣教師の素質がなく、唯一、彼が向いている仕事は歴史家のみだとの評価をヴァリニャーノが下しているように読み取れてしまう。

また、リーダーとしての資質はさておき、フロイスの日本年報についても、ヴァリニャーノは不満をもっていたようだ。イエズス会総長に宛てた書簡で、ヴァリニャーノはフロイスについて、「彼は物事を完全にかつ詳細に書くことを好み、自分が言っていることすべてが真実かどうかを確認することを怠っている」と記している（一五八八年十月三十日付ヴァリニャーノよりイエズス会総長宛書簡）。ここで用いられている「真実」というのは、「イエズス会の立場から認められる真実」のことを意味するのだろう。何でも書き留めるフロイスの著述方法は、現代の我々にとって、当時の出来事を知る上でこそ有効であるが、日本におけるイエズス会のサッカー試合ならぬ信者争奪戦の実況中継としては脱線が多すぎたようである。

ちなみに、ヴァリニャーノは、イエズス会本部へ送付される報告書について、フロイスの書簡に基づきながらも、必要に応じて削除や加筆修正が行われていると、同書簡で打ち明けている。ローマで刊行される際には執筆者としてフロイスの名前がそのまま用いられたが、少なくとも一五八七年以降のフロイスの報告書はゴアで検閲を受けていたことになる。フロイスが報告書の控えなどを基に書いた『日本史』の方が年次報告書よりもはるかに詳しいのは、その検閲がなかったことに起因している。

このような事情により、フロイスの報告書は加筆修正されている。どの部分がフロイスの原文通りの内容であるのかを判別することは難しい。なお、先行研究における史料としては、検閲を受けていないフロイスの『日本史』が報告書よりも一般的に用いられている。しかしながら、本章はヨーロッパにおけるガラシャとその周辺の人々のイメージ形成とその変容を題材にしているので、当時普及していなかった『日本史』ではなく、検閲された上で刊行に至った報告書を基本史料として扱う。『日本史』は写本の形で伝存されたが、ヨーロッパまでは届かず、その存在はほとんど知られていなかったからである。

ただ、フロイスなどのイエズス会士の書簡が各言語に翻訳されるにあたって、さらに多くの省略や齟齬がみられるので、本章では基本的に当時ポルトガル語原語で刊行されたエヴォラ版『日本書簡集』(一五九八年刊)を底本とした。同書に掲載されている書簡の多くは松田毅一監訳『十六・七世紀イエズス会日本報告集』にて和訳されているので、より詳しく一次史料にあたりたい読者はそちらを参照されたい。

第二節　フロイスがみた明智光秀

光秀の第一印象

フロイスの報告書にみられる光秀の第一印象はあまり良いものではなかった。時は一五七三年の春であった。足利義昭と対立していた信長は、七人の武将と七、八千人の兵を派遣して、京都の周囲にある町や村を焼き討ちした。武将については、「総司令官の柴田殿、坂本城主の明智、勝龍寺城主の細川兵部大輔、茨木〔城〕主の荒木信濃、蜂屋、中川および佐久間」であるとフロイスは明記している（一五七三年五月二十七日付フロイスより日本準管区長フランシスコ・カブラル宛書簡）。

フロイスが十五ないし二十人のキリシタンと一緒に滞在していた東寺村に「敵」が三度訪れた。この村には各地から多数の人々が逃げ込んでいる状態だった。東寺村に多くの財貨が隠されていると知っていた敵は、何度か村に侵入しようとした。これは皆に少なからず恐怖を与えた。村に危険が差し迫っているのを察知した村人と僧侶たちは、銀の棒八十本を差し出し、それにより苦しみから逃れたという。

フロイスがこの報告書の中で織田勢を「敵」と表現していることは興味深い。その「敵」の中にはガラシャの父の坂本城主・明智光秀と、後にガラシャの義理の父になる勝龍寺城主細川藤孝が含まれていた。もちろん、この時点でガラシャの存在はイエズス会士にはまだ知られていなかった。防御のできない村人に恐怖を与え、財貨を奪いに来る武将たちの行動を見て、フロイスはあまりよい印象を持たなかった。

このフロイスの報告書は、ヨーロッパで一五九八年に刊行されたが、それほど流布しなかった。その上、ヨーロッパのイエズス会士が日本布教通史の中で、この京都周辺の焼き討ちについて引用する際には、「七人の武将」の名前は省略されていた。そのため、この時点で光秀の名前はヨーロッパでほとんど知られていなかった。

信長への期待

京都周辺の焼き討ちの際には身に危険が迫ったものの、その後に信長の厚遇に恵まれたフロイスたちは、畿内での布教活動を自由に営むことができた。安土城が完成すると、イエズス会士には安土山の城下町に土地が割り当てられ、フロイスの後輩であるイタリアのイエズス会士ニェッキ・ソルド・オルガンティーノ神父がそこに配属された。さらに、京都に設置する予定だった神学校も安土山に建てることになった。この神学校で、オルガンティーノは二、三十人の日本の少年をイエズス会士として養成し始めた。

この時期のイエズス会士の報告は希望に満ちている。信長による厚遇が大きく誇示されるようになった。信長自身はまだ改宗していないが、イエズス会士が彼に福音を説き続ければ、改宗するかもしれない。もしそうであれば、イエズス会は日本で勝利を収めることができる。現に信長

織田信長（マクラウド『日本古代史概説』長崎、1878 年刊、国際日本文化研究センター所蔵）

の次男である信孝はパードレやキリスト教の教えに対して好意を示している。また、「彼はキリシタンになることを望み、すでにパードレたちを自分の師と見なしていると公に述べている」（一五八二年二月十五日付ガスパル・コエリョの日本年報）。もしも、信孝が改宗すれば、信長も後に続くかもしれない。そのような期待をイエズス会士は抱いていた。

一五八一、八二年の日本年報の記述では、日本での勝利の夢がどんどん膨らんでいる。ところが、現実はまったく異なっていた。九州では有力大名がキリスト教を積極的に推進したため、信者もみるみる増えていた。一方、畿内における信者は数百人に留まっていた。まして、そのほとんどの信者は高槻という、キリシタン大名の高山友照・右近父子の領地に集中していた。日本での布教が成功するには君主の後押しが必要であるとイエズス会士は考えていた。

そのことは日本準管区長フランシスコ・カブラルも確信していた。彼は一五七一年九月五日付イエズス会総長宛の書簡で次の通りに書いている。

「〔日本における〕最も良い使徒は領主たち、つまり殿たちである。というのは、人々は一般的に農業あるいは領主からもらう収入で生計を立てている。彼らは土地を耕す時に得られるものしか持っておらず、領主にあまりにも依存しているので、ほかの神を知らない。その結果、何かしらの宗教に改宗するように領主が彼らに命ずれば、彼らはすぐにそれに従い、それまで信仰していた宗教をたやすく捨てる。また、ほかの宗教への改宗を領主が許可しなければ、彼らはどんなに改宗したくても、それをしない。そして、私自身はこのことを、訪問した様々な場所で経験している。それらは我々の神が改宗において多くの成果を出している場所である。というのも、多くの場所をキリスト教化するには、領主が彼らに説教を聞くように命令しさえすれば、彼らは皆ただちにキリシタンになるからである」。

さらに、カブラルは力説を続ける。

「一方、神のことを聞き、啓蒙され、キリシタンになることを切望していたほかの人々は、領主から許可を得てほしいと私に頼んでいた。領主の許可なしでは不可能であると彼らは私に説明した。そして、それは本当の許可でなければならない。そのようになるのを領主が喜ぶことが明白でなければならない。それゆえに、領主の命令に従って、彼らはキリシタンになる。そして、キリシタンになってはいけないと領主が命令すれば、ほとんどはキリシタンをやめる。とはいえ、彼らのうち、神に選ばれた何人かは、棄教するよりもむしろ財産や命を失う方を選ぶ」。

カブラルはこのような考え方をおそらくフロイスから教わった。カブラルよりも七年前に日本に来航したフロイスは、信長との面会の経験について詳細にカブラルに報告したはずである。

この時、イエズス会の日本での成功の鍵を握っていたのは信長であった。期待が高かっただけに、信長については、イエズス会士の日本年報で次々と肯定的なことが書き連ねられていた。手短かにまとめると、信長は合理的で素晴らしい君主であるから、きっと改宗してくれるだろう。そのような内容である。イエズス会士にとっては神への冒瀆とも捉えられる信長の無神論的発言や傲慢さに愚痴をこぼしながらも、目をつぶる。そして、キリスト教擁護への期待感が高まるにつれて、信長の良い面だけに焦点が当てられた。イエズス会士はひたすら信長のご機嫌を伺い、ごまをするのであった。

光秀の評判

フロイスによる一五八二年十一月五日付日本年報は不思議な内容のものだ。すでに同年十月三十一日付の日本年報が完成していたので、あまり日を隔てず書かれたこの新たな年報は慌てて加筆されたようにも見受けられる。通常、年報の冒頭にはイエズス会士の日本各地での活動に関する報告が掲載されるが、この年報では、いきなり信長の事跡を振り返る内容が書かれている。

その途中で話が急に、中国地方へ遠征中の秀吉からの援軍要請および信長の京都入りに移る。そこでフロイスは「信長の政庁に明智という生まれの卑しい人物がいた」と書き、唐突に光秀を登場させている。ほとんどのヨーロッパの読者はこの記述で初めて光秀のことを知る。

フロイスは光秀について次の通りに記している。「信長の治世の初期には、ある貴族に仕えていたが、勤勉さ、慎重さ、そして鋭敏さが高く評価されるようになった。彼は皆から嫌われ、裏切りを好み、残虐な処罰を行い、独裁的である。人々をだます戦術に巧みであり、抜け目がない。気質は勇猛で、築城術に精通していた」。

フロイスはここで光秀の性格について初めて詳細に書き記している。この年報が書かれる時点まで、光秀はイエズス会士の注目をまったく浴びていなかった。彼らが目を向けていたのはもっぱら信長とその子息たちに対してだった。また、高山友照・右近父子などのようなキリシタン大名の動向についても注視していた。光秀はイエズス会士にとって信長の武将の一人にすぎなかった。この光秀が急に台頭してきたので、イエズス会士は慌てて情報収集を開始した。

フロイスは本能寺の変が起こった時に京都にいなかった。彼は京都から遠く離れた口之津《くちのつ》に滞在していた。島原半島に位置している口之津は、ポルトガル船が寄港する国際的な港町であり、イエズス会の重要な拠点だった。この時、京都の布教を担当していたのはフランシスコ・カリオンという神父だった。京都の教会は本能寺のすぐ近くに位置していた。本能寺の変が起きた時、カリオンたちはすぐに異変に気付き、日本人の信者たちを通じて情報収集を行った。本能寺の変とそれに続く混乱が収束した後に、カリオンは得られた情報を書簡に書き留め、フロイスに送付した。

このような情報の流れから、この年に年報が二つ作成された経緯は次のようなものだったと推測される。カリオンの書簡がフロイスの手許に届いた時点で、その年の分の年報はすでに完成していた。それゆえ、フロイスはその年の年報とは別に、「信長の死に関する報告書」と題する新たな年報を作成した。冒頭部分はフロイスが独自に加筆したように見受けられるが、京都での出

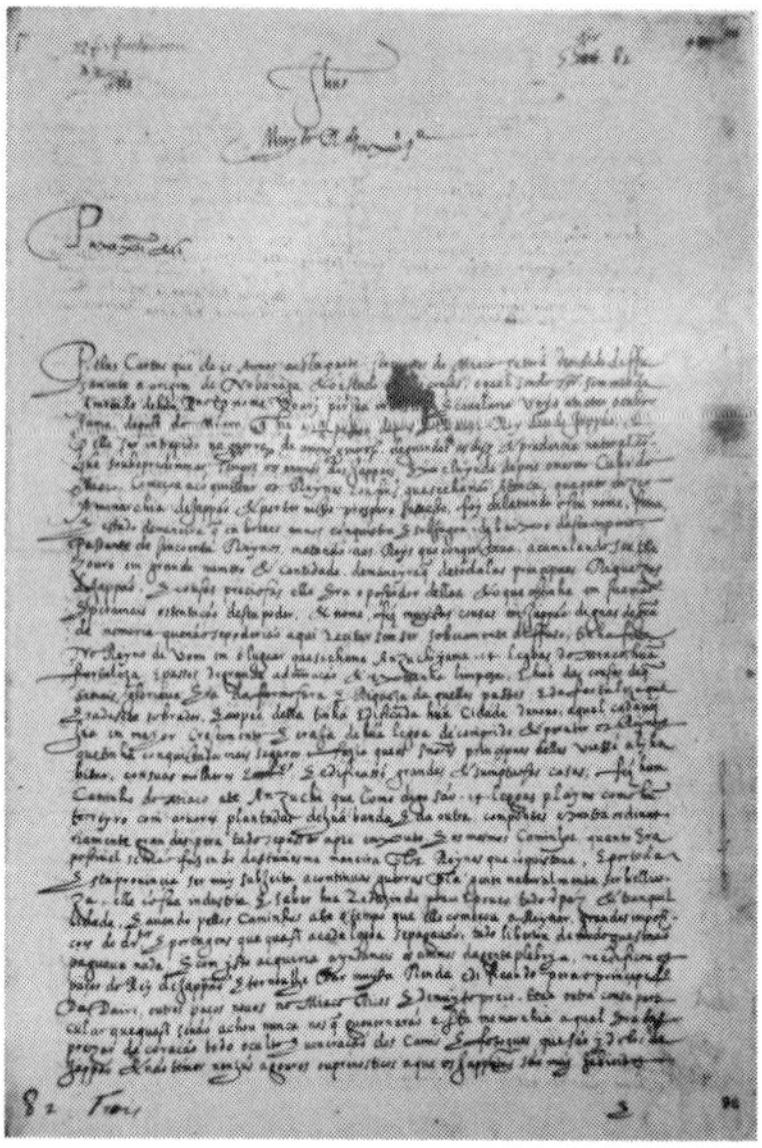

本能寺の変を語るフロイスの年報の原稿（J. F. Schütte, Valignanos Missionsgrundsätze für Japan. Roma, 1951-58 より転載）

来事の部分については、語り手として「私」が用いられていることから、フロイスがカリオンの書簡をそのまま転写して、年報に組み込んだと推測される。

カリオンによる情報収集の第一段階は、本能寺の変の首謀者である光秀がどのような人物なのかを突き止めることだった。カリオンが書き留めたのは、当時の京都で流れていた風聞である。前述の引用によれば、光秀はかなりの悪評だったようである。現代においてこそ、光秀を再評価する著述が多く見受けられるが、当時の京都の人々の間で噂されていた光秀像には良いところがまったくなかった。卑しい生まれである上、「皆から嫌われ、裏切りを好み、残虐な処罰を行い、独裁的である」。そのような評判だった。

とはいえ、カリオンの記した光秀像にどれだけの信憑性があるのかは断定しにくい。あくまで、当時の噂に基づいたものであり、当事者の証言ではない。また、カリオンの記述を読み解くと、この反逆行為自体が評判の出所のようにみえる部分もある。たとえば、「裏切りを好み」という側面は主君に対する反逆行為から必然的に導かれる。「人々をだます戦術に巧みである」という側面もまた本能寺の変が、誰もが予想もしない時に突然に起こったことに起因する記述であろう。さらに、「残虐な処罰を行い、独裁的である」という側面も本能寺の変の後に明智勢が信長の家臣を捜索し殺害したという行為から類推される。つまり、本能寺の変自体が当時の京都の人々の間に影響を与え、光秀の評判が形成されたとも考えられる。

真の光秀像はさておき、カリオンの報告が噂に基づいていたものであるからこそ、光秀が当時の一般の人々に人気がなく、主君への裏切りも支持されていなかったことの証明になるといえる。

本能寺の変の動機

明智光秀（マクラウド『日本古代史概説図解』京都、1878年刊、国際日本文化研究センター所蔵）

次にカリオンは光秀が本能寺の変を起こした動機について触れている。カリオンの情報によると、光秀は元々卑しい足軽でありながらも信長から丹波および丹後を拝領し、さらに比叡山門跡の全収入も与えられたという。それにもかかわらず、光秀はさらに多くを求めて、天下を取ろうと試みた。このようにカリオンは光秀の動機を野望説で説明しようとした。

面白いことに、信長の家臣だった太田牛一も『信長公記』で同じような説を出している。「信長を討ち果たし、天下の主となるべき調義を究めた」と牛一は書いている。光秀の動機についての書きぶりはカリオンの記述と酷似している。カリオンも牛一も本能寺周辺にいた人々に聞き取り調査をしたと思われる。両方とも、本能寺の変が勃発した直後の風聞を書き留めている。

フロイスは『日本史』で、本能寺の変の直前に開催された家康をもてなす宴会の準備に取りかかる場面を記述している箇所で、怨恨説にも言及している。その内容は次の通りである。

「これらの催し事の準備について、信長はある密室において明智と語っていたが、元来、逆上しやすく、自らの命令に対して反対（意見）を言われることに堪えられない性質であったので、人々が語るところによれば、彼の好みに合わぬ要件で、明智が言葉を返すと、信長は立ち上がり、怒りをこめ、一度か二度、明智を足蹴にしたということである。だが、それは密かになされたことであり、二人だけの間での出来事だったので、後々まで民衆の噂に残ることはなかったが、あるいはこのことから明智はなんらかの根拠を作ろうと欲したかもしれぬし、あるいは（おそらくこの方が確実だと思われるが）、その過度の利欲と野心が募りに募り、ついにはそれが天下の主になることを彼に望ませるまでになったのかもしれない」（松田毅一監訳『フロイス日本史』）。

以上の逸話は一五八二年の年報にはみられない。年報よりもずいぶん後に書かれた『日本史』でフロイスが追加したものである。従って、本能寺の変の後に流れた風聞に基づくものであると推測される。光秀は秀吉の援軍として中国遠征を命ぜられる前に、安土城で家康の接待役を務めていた。その直後に中国遠征の準備にかかり、西方面へ進軍し出したところで、引き返し、本能寺に向かった。何においても理由や動機を知りたがるのは人の常である。何が動機であったかを考えるにあたって、まずは前後の状況を検討するだろう。本能寺の変の直前に家康の接待があったという状況から、その接待に何らかの問題があったに違いないと類推してしまいがちである。そのような類推から形成される逸話は、人々の興味を大いにかき立て、あっという間に風聞として出回り、定着したと考えられる。

ただ、フロイスが書き留めた風聞にはすでに大きな矛盾がみられる。「密室における信長・光秀二人だけの間の出来事」だったとすれば、二人以外の人に知られるはずがない。明らかに作り話である。歴史家の渡邊大門氏も指摘しているように、この逸話は後の多くの二次史料に見られるが、一次史料では裏付けられない（『明智光秀と本能寺の変』）。

それにもかかわらず、この逸話はしばしば引き合いに出され、裏付けとして上記のフロイスの記述がよく引用される。ところが、その引用において、フロイスの記述の後半部分が省略されることが多い。この後半部分でフロイス自身はこの逸話をあくまでも後付けの動機・風聞として紹介しており、野望説の方が確実だとしている。なお、ヨーロッパには怨恨説は伝達されていなかった。以後、本能寺の変を語るヨーロッパの著者たちは、光秀の動機に触れる場合、常に野望説を用いた。実は、イエズス会士にとって野望説を取った方が説明しやすかった。なぜなら、イエズス会士は本能寺の変が信長を倒すための神意だと見なしていたからである。これについては後述する。その前に、本能寺の変とその後に起こった混乱の経過についてのイエズス会の記録を検討する。

イエズス会士から見た本能寺の変とその後の混乱

イエズス会士による本能寺の変の記録には、信長に纏わる出来事だけでなく、周辺で起こったことや自らの行動についても詳述されている。前述した通り、イエズス会の教会は本能寺のすぐ近くに建っていた。カリオンによると、一町分しか離れていなかった。カリオンの記録をもとに、イエズス会士が見た光景、そして彼らが取った行動を以下に再現する。

夜明け前に光秀の軍勢が京都に入り、本能寺を取り囲んだ。突然大きな音がしたが、光秀による反逆は思いも寄らないことだったので、京都の住民には何らかの喧嘩が起こったのだと思われた。カリオンは早朝のミサを行うために着替えているところだった。そこに、本能寺の辺りで争う構えであると数人のキリシタンが伝えに来た。一大事なので、カリオンたちは様子を見ることにした。

間もなく銃声が響いた。また、火の手も上がり始めた。すぐ後に伝言が届いた。これはただの喧嘩ではなく、光秀が信長を裏切って、本能寺を包囲したというのである。光秀の兵士は本能寺の門に達すると、ただちに中へ侵入した。彼らはほとんど抵抗に遭わなかったので、すぐに信長のところに辿り着いた。ちょうど顔を洗い終えた信長は長刀をもって勇敢に戦ったが、腕に銃弾を受けたので、自室に退却して死んだという情報がカリオンのもとに届いた。

本能寺の変（マクラウド『日本古代史概説図解』京都、1878年刊、国際日本文化研究センター所蔵）

また、明智軍勢が信長を倒した後の「内裏の御子の邸」〔二条御所〕で起きた嫡男・信忠による明智軍勢との戦いおよび戦死に関する詳細な情報もカリオンは入手した。その後、明智軍勢は京都の街路や町屋を隈なく捜索し、信長の家臣たちを見つけ出し、次々と首を切り、光秀に差し出した。カリオンによると、光秀の面前には首が山と積まれて、死体は街路に放置された。この光景は京都の人々に大きな衝撃を与えた。光秀が信長の家臣たちをより確実に抹殺するために、京都に火をかけるのではないかという恐怖に彼らは襲われた。

その噂を聞いたカリオンたちも恐怖を感じた。その理由は光秀が仏教徒だったからである。「我々も大いに恐怖にとらわれた。なぜなら、明智は悪魔とその偶像に大いに慣れ親しんでいて、我々にはあまり好意的ではなく、我々および神の教えに悪意を抱いているかどうかが分からなかったからである」とカリオンは記している。明智がどのような人物なのかを知らなかったので、もし彼がキリスト教に反感を持っているのであれば、カリオンたちも危険な目に遭うかもしれなかった。

「その上、我々は信長につき従っていたので、明智が我々のところを焼き討ちし、その家臣たちが教会の財産についての噂を聞けば、略奪しに来るかもしれない」とカリオンはフロイス宛書状で不安を吐露している。この記述には、イエズス会士が信長派であり、光秀の敵だという認識が示されている。

このように、町中が恐怖に包まれている中で、光秀は京都のすべての通りに住民に対する布告を出した。カリオンによると、布告の内容は次のようなものだった。京都には焼き討ちをしないので、住民は安心すべきであること。光秀の計画が大成功したので共に歓喜してくれるように呼びかけること。住民に対して不正を働く者があれば、ただちに殺害するように命じること。この布告を見たカリオンたちはようやく気を取り直したという。

光秀に逆らうイエズス会士

次にカリオンの報告は安土城での出来事に移る。前述の通り、この頃、安土山にイエズス会の神学校ができたばかりだった。そこでの担当を務めていたのはオルガンティーノ神父だった。本能寺の変の情報が伝わると、安土山で大混乱が起きた。明智軍勢は猛スピードで安土城を目指し、安土山の町と城を悉く焼き払うのではないかという噂が立ったので、オルガンティーノたちは琵琶湖の真ん中に浮かぶ沖の島に避難した。しかし、そこでは盗賊に遭い、窮地に立たされた。

オルガンティーノたちと一緒に避難したキリシタンの一人が、逃げる前に甥に書状を送り、イエズス会士を助けてくれるように頼んでいた。その甥は光秀から寵愛されていた人物であった。安土山に残っていた日本人の修道士ヴィンセントと共に手を尽くして、沖の島へ迎えに行き、オルガンティーノたちの命を救った。

オルガンティーノ一行は命の恩人の導きで光秀の主城である坂本城に行った。そこでは、高山右近宛に、光秀側の味方になるように説得する書状を認めることを光秀の家臣に頼まれる。この依頼に応じて、オルガンティーノはポルトガル語で右近宛に書状を書いた。ところが、その内容は援軍依頼とは真逆のことが書かれていた。「たとえ我々皆が十字架にかけられても、決してこの暴君と親交をもってはいけない。そうすることが我々の神に奉仕することになるからである」という内容だった。年報には記されていないが、『日本史』によると、オルガンティーノはこの時、二通の書状を書いた。そのうちの一通は上述のポルトガル語の書状であり、もう一通は日本語の書状であった。日本語の書状では、その場を凌ぐためにポルトガル語の書状とは真逆のことを書いたという。

このようにオルガンティーノは恩を仇で返した。その理由は、前述のカリオンによる光秀像にあった。イエズス会士には光秀の宗教的立場が読めなかった。光秀は信長のようにキリスト教の布教を容認してくれるのか。光秀が天下を取れば、キリスト教を弾圧するかもしれない。日本におけるイエズス会士の立場からみれば危険な人物である。

この心配が的確であったかどうかは不明である。カリオンによると、オルガンティーノはその後、坂本城で明智の息子に会っているという。どの息子を指すのかは未詳である。その息子は、京都までの道が占拠されているため、重臣をイエズス会士に同行させようとした。だが、オルガンティーノは書状（通行証）のみを請願し、光秀の息子の方はそれをただちに手配してくれた。この通行証は京都への道中で大いに役立ったようである。このような厚遇を受けていながらも、イエズス会士は明智家から距離をとり続けた。

イエズス会士が期待を寄せたのは、前述した信長の三男・信孝だった。キリスト教に傾倒していた信孝にとっては、父親が殺害されたことから必然的に光秀は敵であった。信孝がキリシタン大名の右近の協力を得て、光秀を倒せば、日本におけるキリスト教の勝利は時間の問題となる。それゆえ、イエズス会士は密かに右近を信孝の側に導いた。

打倒光秀！

本能寺の変のその後の展開について、再びカリオンの書簡に沿ってみてみよう。オルガンティーノの裏工作に気付いていなかった光秀は、その後、右近の本城であった高槻城に人を遣わした。光秀は右近が自分に味方するものと確信していたので、「心配は無用である。高槻城は貴殿のものである」と伝えさせた。この時、右近は秀吉の指揮下で中国遠征に出かけており不在だった。高槻城で留守を預かっていた家臣たちは、オルガンティーノが光秀の家臣に対応した時と同様に、体良《ていよ》くごまかして返答をした。光秀はその返答に満足したので、高槻城に残っていた右近の妻・ジュスタや二人の子供を人質として要求しなかったという。

カリオンによると、高槻などのような、京都の西側に隣接する摂津の国の諸城を占領しなかったことが光秀の命取りになった。それらの城主たちは全員、中国遠征に出かけていたので、無防備だった。光秀はそれらの城を簡単に占領できたはずである。しかし、それをしなかったという。

信長の死が秀吉の陣営に伝わると、彼らは各自、自分の城へ急ぎ戻り、光秀と一戦を交える準備に取り掛かった。右近も急いで高槻城に駆け戻った。高槻に到着したところ、城が占領されていなかったことに大いに驚いたという。また、混乱に乗じて城主のいない間に家臣や農民が略奪を働いた城もあったが、高槻城ではそのようなことは起こらなかった。それは高槻城下が皆キリシタンだったからであるとカリオンは誇らしげに指摘している。

高槻城に帰着した右近は、敵は光秀だと公言し、秀吉側に付いた。彼は早速、戦の準備に取りかかった。その間、光秀は京都の西南に位置する勝龍寺城（現・長岡京市）に入城した。本筋から逸れるが、この勝龍寺城について少し説明を加える。この城は京都と大坂を結ぶ西国街道と久我畷の両街道の間に位置していた。大坂方面から京都に入る交通を管理する重要な地点であった。少なくとも応仁の乱の頃から砦として用いられていた。

光秀の入城以前に勝龍寺城を整備したのは細川藤孝である。藤孝は一五六九年頃より勝龍寺城を本拠地としていた。藤孝は光秀と同様に、もともと足利義昭の家臣でありながら、信長の配下に移ったと思われる。信長の下で藤孝と光秀は密接な協力関係を築いた。信長は二人の能力を高く評価した。本能寺の変よりも四年前の天正六年（一五七八）八月十一日付の信長から光秀宛の書状の写本が残っている（「綿考輯録」所収）。その中で信長は光秀の「軍功」を褒め、藤孝につ

復元された勝龍寺城（長岡京市提供）

いては「文武兼備」であると記している。この書状にみられる光秀への高い評価は、光秀が信長にひどい扱いを受けていたという後世のイメージと大きくかけ離れている。

少々話が逸れたが、同書状には、明智家と細川家との間の縁組についても記されている。二人の家臣の絆をさらに強固なものにするために、信長は、両家が婚姻によって結ばれることを推奨している。そのすぐ後に、藤孝の長男・忠興と光秀の三女・玉（ガラシャ）は婚姻によって結ばれた。この時の輿入れの場所が、勝龍寺城だった。ここで玉は幸せな新婚生活を送り、長女・長と長男・忠隆を生んだ。しかし、一五八〇年に細川氏の新たな領地として丹後が与えられたので、玉は藤孝や忠興に従って宮津城に移る。また、光秀も隣接する丹波の領地を与えられた。その二年後に光秀は本能寺の変を起こした。盟友の城であり、娘がかつて新婚生活を送った勝龍寺城を光秀が秀吉との最終決戦の場に選んだのは、運命の巡り合わせだろうか。

光秀は藤孝・忠興父子に対しても、上洛して味方をするように要請した。しかし、両者ともその要請に応じなかった。

カリオンの記述に戻る。彼は光秀と秀吉の決戦について詳細に記述している。それによると、右近が先に山崎に進軍した。そして、秀吉軍がまだ三里後方にいたにもかかわらず、わずかな軍勢で山崎に進撃してきた明智軍に襲いかかった。この最初の合戦で明智勢から首を二百以上取った。そのため、明智勢の士気が大いに下がったという。また、右近の両側を挟んで進んだ中川瀬兵衛と池田恒興が戦場に到着した時、明智勢の兵士たちが逃げ始めた。そして、敵の勇気を完全に失わせたのは、織田信孝・豊臣秀吉が二万人を越える軍勢で近づいていたことだった。

ところが、この信孝・秀吉の兵士たちは長い道のりを行軍して疲れ果てていたので、合戦終結前に戦場へ到達することはかなわなかった。つまり、明智軍を滅亡させたのは、右近とその兵士だけだったという。「それは神の御摂理によって取り計られたことであり、神はこの勝利をジュスト〔右近〕とその兵士たちに帰せしめ、彼が同地方のすべての武将の中で最も大きな名声を獲得することを望んだと思われる」とカリオンは力説している。

山崎合戦を扱った当時の日本側史料にも、右近の活躍に関する記述が見いだされる。しかし、信孝・秀吉軍が遅れて到着し、合戦に参加しなかったという話は裏付けられない。カリオンの書簡では、もっぱら右近の活躍に焦点が当てられている。それは、山崎合戦の詳細についてカリオンが聞き知ったのは、右近のキリシタン家臣たちからであったことに起因するのだろう。彼らは自分たちの手柄をかなり誇張していたようである。

このようにイエズス会士の報告では、光秀を倒したのは、秀吉ではなく、右近であるかのように記されている。それだけイエズス会士の期待が右近にかかっていた。彼らにとっては、山崎合戦はまさにキリスト教（右近）と異教徒（光秀）との戦いだった。右近の勝利は日本におけるキリスト教の勝利を意味していた。

カリオンは合戦後の光秀の行動についても詳細に記述している。山崎合戦での敗北後、光秀は何人かの兵士と共に勝龍寺城に逃げ込んだ。そこで秀吉軍との戦いが夜まで続いた。京都にも夜通し銃声が聞こえていたらしい。夜明けに城は明け渡された。光秀は城の裏門から脱出し、主城・坂本城に向かった。ほぼ単独での逃走であり、カリオンが聞いたところでは、いくつかの傷を負っていた。農夫たちに坂本城へ連れて行ってくれるように頼んだが、農夫たちは光秀が持っていた刀と金を奪うために槍で彼を殺し、首を斬った。「日本全土を混乱に落とした者はこのように哀れな最期を遂げた」とカリオンは光秀の末路を締めくくる。

本能寺の変は天罰である

一五八二年の日本年報の冒頭部分に戻ろう。この部分を加筆したとみられるフロイスは、その中で本能寺の変を天罰として説明しようとしている。ヨーロッパにおいて光秀像が形成される過程で、この天罰説が大きな影響力を及ぼした。その影響関係を把握するために、フロイスがいう天罰説およびその原因であるとフロイスが考えていた信長の自己神格化について検証する。フロイスは、最初に信長の天下取りについて振り返っている。畿内に平和をもたらしたことや、関所

光秀が脱出したとされる勝龍寺城の北門跡（長岡京市提供）

の廃止、御所の改築など、信長の成果を褒め称えている。また、キリスト教の敵である仏教の寺院を多数破壊したことも高く評価している。さらに、キリスト教への厚遇にも感謝を示している。

しかしながら、信長の戦果については神の働きによって成し遂げられたものとフロイスは位置づけている。フロイスによると、信長はそのことを理解せず、すべて自分の手柄だと誤認していたのだ。数回の説教を受けてキリスト教の教理の正しさを理解したはずなのに、キリスト教に改宗しなかったことは、信長の犯した大罪だったとフロイスは考える。信長は傲慢になって、自らを日本全土の絶対君主と称し、さらに自分が神のように皆から崇められることを望んだという。

次にフロイスは、信長が安土山で建立した摠見寺《そうけんじ》の記述に移る。この寺院の建立はフロイスにとって大きな衝撃だった。それまでの信長との対話や延暦寺の焼き討ちの事実などから、フロイスは信長が無神論者であると断定し、日本年報を通じてそのようにヨーロッパの読者に伝えていた。摠見寺の建立について、フロイスは、「信長の盲目が頂点に達し、悪魔に唆されたようである」と切り捨てている。フロイスによると、信長は摠見寺に設置した祭壇の中に「神体」と呼ばれる石を置かせた。さらに、（和暦の）第五番目の月にその「神体」を崇拝するために同寺院に参拝するように、支配下にあった諸国に布告を出した。遠くから押し寄せた群衆の数があまりにも多く、信じがたい光景だったという。

フロイスは摠見寺の建立と信長の神格化を関連付けている。あくまでも推測の域を出ないが、参拝すべき月として指定されたのが信長の誕生月と同じであることから、「神体」である石が信長自身を表すとの類推がフロイスの頭をよぎったのではないか。信長の自己神格化について、「信長がかつて述べたところでは、彼自身がまさしくその神体にして生きた神仏であり、自分以外に世界の支配者も万物の創造者もないとのことだった」とフロイスは記している。

この記述は、イエズス会本部に届いた一五八二年十一月五日付の日本年報に掲載されているにもかかわらず、ヨーロッパ各地で刊行された同日付の日本年報では削除されている。刊行された方の年報では、信長の傲慢さが原因で神が信長を滅亡させたとしている。日本の君主が自らを神格化したという記述は、カトリック教会の立場としては不適切だと判断されたのだろう。イエズス会士が信長に数回にわたって教義について説教を行っているにもかかわらず、信長が神への冒瀆を犯した。そのようなことが知られたら、日本におけるイエズス会の教化が適切に行われていないのではないかという批判に繋がるかもしれない。しかしながら、この削除箇所、すなわち信長の自己神格化に言及した部分を読まずとも、摠見寺の建立に関する記述から、フロイスと同様の関連付けをしたヨーロッパの読者は少なくなかったはずである。

とはいえ、信長の滅亡が天罰だったとの記述は、フロイスがイエズス会本部に送付した年報にも、また、ヨーロッパで刊行された日本年報にも明記されている。神の怒りの前兆として様々な怪奇現象が起こったという。たとえば、三月八日の夜十時頃に空が非常に明るくなり、信長の城の天守閣の上空が赤く炎上しているようにみえ、次の日の朝まで続いた。この怪奇現象は豊後からも観察されたという。このようにフロイスは本能寺の変が天罰であったことを超自然的な現象と関連付けて巧みに立証しようとしている。

フロイスが主張しているように、信長は本当に自己を神と見なしたのか。信長の自己神格化についていては、フロイスの記述を典拠とした多くの研究が存在する。しかし、当時の史料で神格化への言及がみられるのはフロイスの著述のみである。管見の限り、日本側史料のどこにもそのような事実があったとの言及はない。それゆえ、このフロイスの主張は裏付けが取れない。そもそも、フロイスは摠見寺建立の時期に畿内にいなかったので、自分の目で信長の神格化を確めたわけでもない。摠見寺の建立について伝え聞いた情報から、自分なりの推論を立てて、神格化と結び付けているように見受けられる。

フロイスが記した信長の自己神格化説は、彼の想像の産物であると筆者は考えている。フロイスは、信長の人物像を描く際に、自分が見たいものを信長に見出そうとした。信長のキリスト教改宗への期待を抱いていたフロイスは、信長による仏教の僧侶に対する批判や延暦寺の焼き討ちから、信長が仏教を嫌っていると思い込んでいた。しかし、日本側史料を辿ってみると、信長の宗教観はそのような単純なものではなかったように見受けられる。信長が嫌っていたのは、神仏そのものではなく、仏教徒による政治への介入や懈怠だったことが窺える。

言い換えれば、フロイスの描く信長像には偏見や先入観が顕著に表れているといえる。信長が仏教の敵だという表象は、フロイスの願望的思考の産物にすぎなかった。フロイスの中で信長の人物像が作り上げられていく過程において、仏教を滅ぼした後にキリスト教を広めてくれるのではないかという願いが、フロイスの描いた信長の人物像に投影されている。

前述の『信長公記』には、摠見寺について次のように書かれている。「七月十五日、安土御殿主〔天守閣〕ならびに惣〔摠〕見寺に数多くの提灯が釣り飾られ、御馬廻の人々を新道に〔配し〕、江の中に舟を浮かべ、手に手に松明を灯すように命令された。山の下が輝き、〔その光が〕水に映って、言語に絶する美しい光景が広がった。見物の人々が群がり集まったのである」（筆者による現代語訳）。

信長は安土城でこのような祭りを開催し、見物客を大いに楽しませたようである。この祭りこそがフロイスが記述している怪奇現象の正体だったのかもしれない。同じような記述がほかのイエズス会士の報告書でも出てくる。『信長公記』の記述とほぼ同じ時期に書かれた、当時の日本準管区長ガスパル・コエリョの一五八二年二月十五日付報告書には、コエリョと共に安土山に滞在していたヴァリニャーノがそこから出発しようとした時に、数日後に行われる祭りを見物していくようにと信長に要請されたので、出発を延期したという話が掲載されている。コエリョは祭りの様子を次のように伝えている。

通常、安土山ではそれぞれの屋敷や家屋で各自が火を焚き、提灯を灯していた。しかし、この時は各自で灯りを付けないように信長が命じた。代わりに天守閣を色鮮やかに提灯で飾った。非常に美しい眺めだった。また、イエズス会の修道院から城までの大手道に松明を手に持たせた大勢の人々を配置した。松明が一斉に灯されたので、白昼であるかのように明るくなった。花火の灯りも加わり、祭りは夜中まで続いた。その後、信長がイエズス会の修道院を訪れ、祭りの感想を尋ねた。

この記述にみられるように、信長は祭りが好きだったようである。とりわけ、ライトアップの演出を大変楽しんでいた様子だった。信長が尾張国津島の牛頭天王信仰と深い関わりを持ち、『信長公記』における祭りの描写が「津島祭り」に酷似していることは以前から指摘されている（赤木妙子「織田信長の自己神格化と津嶋牛頭天王」）。従って、摠見寺の建立や祭りの開催は信長の自己神格化を意味しているのではなく、単に菩提寺の創設として捉えた方が自然であると筆者は感じる。

しかし、信長のこのような日本的な宗教心は、フロイスが作り上げた無神論者の信長像と真逆のものである。それゆえ、フロイスとしては、信長が仏教寺を建立したことについて説明の付く理由を探し当てる必要があった。彼が思いついたのは信長の自己神格化であった。この解釈に至るのにはもう一つの出来事があった。それは絶対的と見られていた信長の統治が一瞬のうちに消え去ったことである。これについてもフロイスにとってはイエズス会の思考の枠組で把握可能な理由付けが必要だった。

その理由をフロイスは神という観点から探し求めた。当時の聖職者が考えるには、すべての出来事に神の思し召しが働いている。信長が滅亡したのは、神を冒瀆するようなことをしたはずだからにちがいない。信長の傲慢な性格、キリスト教への改宗に応じないこと、挙げ句の果てに安土城に仏教の寺院を建立したことなど。これらを考え合わせたフロイスは、寺院建立の目的が自己を崇拝させるためであったにちがいないと類推した。信長が自分を神として見なしたのだとすれば、信長に天罰が下ることが十分説明できるとフロイスは考えたのではないか。

主君殺しも徳のある行為ではない。従って、信長に天罰を下すには、彼と同様の野望のある「悪党」が相応しい。このような関連付けから、フロイスは光秀の謀反の動機について野望説を持ち出した。その上で、異教徒でもある光秀を悪党扱いした。そして、最終的にキリシタンの英雄である高山右近が主君殺しの悪党を倒し、日本におけるキリスト教が勝利を収める。このような筋書きをフロイスは作り上げたのだ。

ヨーロッパで普及した光秀像

これまで見てきた、信長および光秀の滅亡についての記述を掲載したフロイスの日本年報は、一五八二年の秋にマカオおよびゴア経由でローマのイエズス会本部に送付された。ローマではフロイスのポルトガル語原稿から翻訳されたイタリア語版が一五八六年に刊行された。その直後にヴェネツィアとミラノの別の出版社からも同内容のものが刊行された。

扇情的な内容だったからか、同じ年にフランスのパリとドールでフランス語版、ドイツのディリンゲンでドイツ語版、スペインのセビリヤでスペイン語版が出て、本能寺の変の情報が瞬く間に全ヨーロッパに普及した。

また、十七世紀の終わりから十八世紀の初めまでの間に、フランスでイエズス会日本年報の情報をもとに日本におけるキリスト教の通史が刊行されるようになった。フランスのイエズス会士ジャン・クラッセが一六八九年にパリで刊行した『日本教会史』はその代表的な著作である。同書は英語版やイタリア語版、ドイツ語版も出て、ヨーロッパで広く読まれた。十八世紀において、ケンペルの『日本史』と共にヨーロッパの知識人に大きな影響を与えた書物である。

AVVISI DEL GIAPONE
DE GLI ANNI M. D. LXXXII.
LXXXIII. ET LXXXIV.
Con alcuni altri della Cina dell'
LXXXIII. ET LXXXIV.
Cauati dalle lettere della Compa-
gnia di Giesù.
Riceuute il mese di Dicembre.
M. D. LXXXV.
IN ROMA, Per Francesco Zanetti.
M. D. LXXXVI.
CON LICENTIA DE' SVPERIORI.

フロイス『1582年～1584年度日本年報』標題紙（ローマ、1586年刊、国際日本文化研究センター所蔵）

クラッセは本能寺の変について詳細に記述している。フロイスの日本年報に沿って、まず信長の自己神格化について論じている。フロイスの日本年報に対する検閲が行われたことは前述の通りである。それにもかかわらず、クラッセはフロイスの書こうとした意図をよく理解し、「信長は

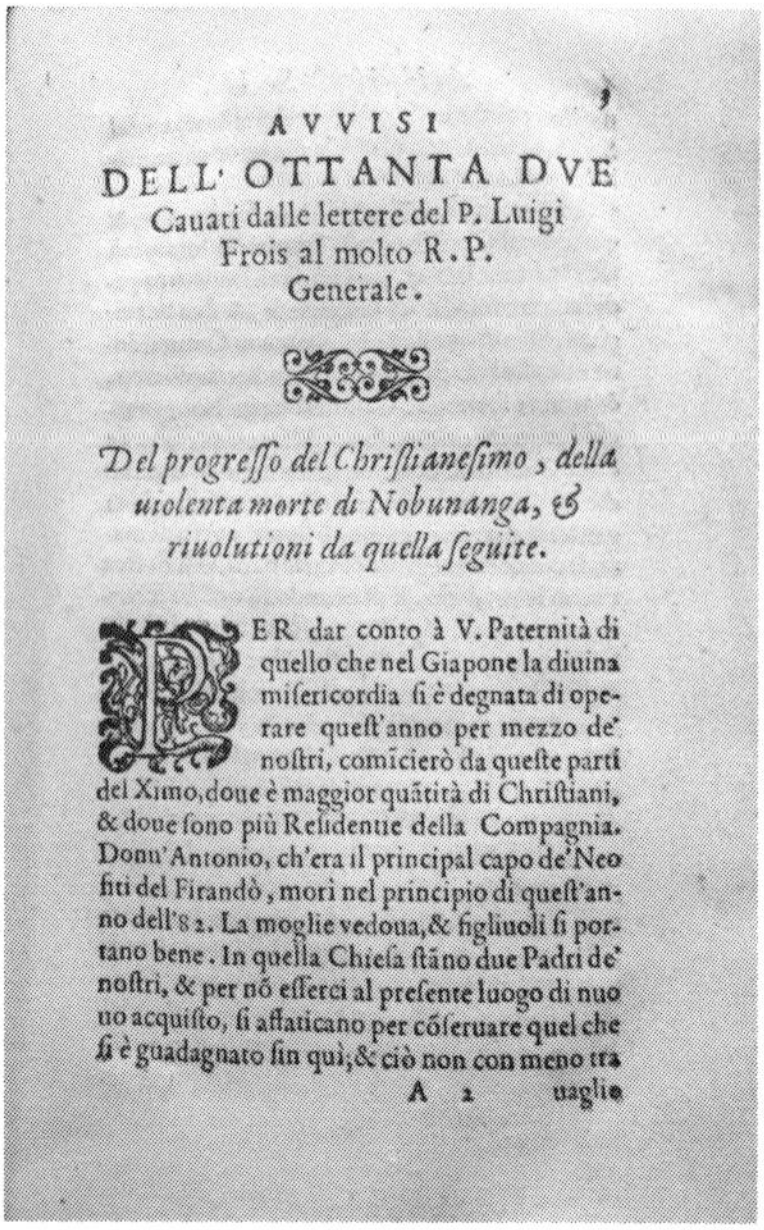
AVVISI
DELL' OTTANTA DVE
Cauati dalle lettere del P. Luigi
Frois al molto R.P.
Generale.

Del progresso del Christianesimo, della uiolenta morte di Nobunanga, & riuolutioni da quella seguite.

PER dar conto à V. Paternità di quello che nel Giapone la diuina misericordia si è degnata di operare quest'anno per mezzo de' nostri, comīcierò da queste parti del Ximo, doue è maggior quãtità di Christiani, & doue sono più Residentie della Compagnia. Donn' Antonio, ch'era il principal capo de' Neofiti del Firandò, morì nel principio di quest'anno dell'82. La moglie vedoua, & figliuoli si portano bene. In quella Chiesa stãno due Padri de' nostri, & per nõ esserci al presente luogo di nuouo acquisto, si affaticano per cõseruare quel che si è guadagnato sin quì; & ciò non con meno tra

A 2 uaglio

フロイス『1582年～1584年度日本年報』冒頭（ローマ、1586年刊、国際日本文化研究センター所蔵）

神のように崇められることを望んでいた」と明言している。

次にクラッセは光秀を紹介する。光秀に対する評価はフロイスよりも肯定的である。光秀について「出世した人であり、勇猛果敢、大胆、巧み、そして教養のある宮廷人であった」と讃えている。クラッセの評価には、フロイスの年報でみられたような否定的な要素は含まれない。クラッセによると、光秀は本能寺の変の直前に重臣たちを集め、「信長の耐えがたい傲慢さ、度を越した野望、極端な暴力、不正など」を訴えた。信長さえ滅亡させれば、彼を憎む多くの領主たちはその行為を快く受け入れるだろう。一般民衆のためにもなり、延暦寺の僧侶たちや仏の復讐にもなるので、この独裁者を倒す時期がきた。このように力説したという。

一方、フロイスの年報には、このような場面が描写されている箇所も、そのような内容を示す文章も見当たらない。従って、クラッセが紹介している、この光秀の演説は、彼の想像から生み出されたものとしか考えられない。現在の日本でも、光秀の謀反の動機について、信長の行き過ぎた独裁政治を食い止めなければならないという正義感が働いたためであるとする説をよく目にする。しかしながら、そのような説はあくまでも憶測に基づいており、一次史料に裏付けられたものではない。とはいえ、本能寺の変の推定的情況だけを頼りに、このような説が現代の日本でも、十七世紀のフランスでも、互いに関係なく作り上げられたことは興味深い。

続いて、クラッセは本能寺の変が起こる場面を劇的に描き、最終的に信長の滅亡を摠見寺の建立と自己神格化に結びつけている。そして、フロイスよりも一歩進んで、信長が頂点に上り詰めることができたのは、彼が延暦寺などの仏教寺を壊滅したことに対する神の恩寵であったと位置づけている。ところが、信長はこの恩寵が神からきていることを忘れたために、神によって滅されたのだと結論づけている。

その後の京都および安土山での混乱についてもクラッセは詳細に記述している。それによると、光秀はキリシタン大名からの援助を期待していたので、イエズス会士を保護したとしている。オルガンティーノが沖の島で危険な目に遭っていることを知った時に救援を派遣するほど、光秀の方が信長よりもイエズス会士に好意的だったと主張している。なお、高山右近への書状でオルガンティーノが示した非協力的な対応についての言及は避けている。このように、クラッセの記述は、フロイスの年報を典拠にしているにもかかわらず、フロイスの光秀評と大きな隔たりを示している。光秀をキリシタンの敵と捉えていたフロイスに対して、クラッセは、神を冒瀆した信長を滅亡させた功労者として共感を覚えているようにも捉えられる。

十七世紀において、ヨーロッパのカトリック界だけでなく、プロテスタント界でも本能寺の変について論じられた。当時、日本文化についての著作として空前のベストセラーとなった『東インド会社遣日使節紀行』（一六六九年刊）のオランダ人著述家アルノルデゥス・モンターヌスも本能寺の変について記している。モンターヌスもまたフロイスを典拠としている。しかし、内容は大幅に変わっている。モンターヌスによると、信長が建立した寺院には大きな石が置かれ、その上に信長自らの姿に酷似した偶像が設置された。

このモンターヌスの著述内容に着想を得た挿図として、信長の偶像を群衆が礼拝している様子を描写した図版が作成された（次頁の図「信長の偶像」参照）。偶像は高い位置に設置された大きな丸い板の上に置かれている。あぐらをかいた姿である。偶像の前に一人の高貴な人物が礼拝しているが、図版のもとになっている本文の文脈から、嫡男の信忠を描いていると推測される。ほかにも供え物を捧げにくる複数の武士らしき人物が描かれている。

モンターヌスの語るところによると、この偶像の建立の目的は、自己を神として崇拝させるためだった。しかし、この傲慢さに多くの人々が反感をもっていた。その中に「明智〔光秀〕王子」という狡賢い武士」がいた。光秀は信長に寵愛されていたが、信長の自己神格化は彼にとって耐え難い行為だった。一五八二年七月二十二日に光秀が大軍を率いて、信長が滞在していた京都に突撃した。抵抗するのが無用だと悟った信長は京都から逃げたが、京都近くの藪で追いつかれ、そこで勇敢に戦った後に討ち死にした。それゆえに、この竹藪は「君主の血の藪」と名付けられるようになったという。

以上がモンターヌスによる本能寺の変の「物語」である。この記述からはモンターヌスが相当

「信長の偶像」（モンターヌス『東インド会社遣日使節紀行』アムステルダム、1669年刊、国際日本文化研究センター所蔵）

想像力に富んだ作家だったことが分かる。
モンターヌスの見解では、光秀の謀反の動機は信長の自己神格化を食い止めることだった。現代でも、光秀が天皇の権威を守るために信長の自己神格化を食い止めようとしたという説が根強く存在する。しかし、モンターヌスの説と同様に根拠のない推測にすぎない。

ここでモンターヌスが用いている「一五八二年七月二十二日」の日付は誤りである。正しくは西暦一五八二年六月二十一日である。フロイスの年報には七月二十日とされている。両者ともにひと月ずれている。信長の死のことを日本からヨーロッパに伝えた情報源としてはフロイス以外にないので、モンターヌスがフロイスを典拠にしていることは確実である。ところが、モンターヌスの記述とフロイスの報告とのあいだには歴然とした違いがある。とりわけ顕著なのは、モンターヌスの記述では信長と光秀のその後の運命が入れ替わっている点だ。実際には、京都近くの藪で殺されたのは信長ではなく、光秀の方である。確かに、京都市伏見区小栗栖《おぐるす》にある、光秀が殺害されたとされる場所は今でも「明智藪」と呼ばれている。このように、信長と光秀を取り違えるぐらいに、モンターヌスはフロイスを読み誤っている。フロイスを典拠としながらも、これだけの隔たりがある。いかに二次史料が信頼できないかを示す良い例である。

モンターヌスは、本能寺の変についての記述において、信長に焦点を当てて、光秀を脇役として登場させている。このような傾向はモンターヌス『東インド会社遣日使節紀行』の後に刊行された日本関係欧文図書でも継続する。

イエズス会士の日本戦略と秀吉

山崎合戦の直後、イエズス会士たちの胸は希望に満ちていた。高山右近の勝利がキリスト教の優越性を日本中に見せつけたと彼らは信じていた。また、光秀討伐軍を名目上率いていた信長の三男・信孝は、もとよりキリスト教に対して興味を示していた。信孝が日本の次期統治者になれば、全国民にキリスト教改宗を命じるかもしれない。これほどまでに有利な状況は信長の時には考えられなかった。信長による仏教寺院への弾圧と、信長自身の滅亡、キリシタン大名・高山右近の躍進はフロイスにとって望ましい展開だった。次の段階として、信孝による日本のキリスト教化が実現することを望んだにちがいない。しかし、日本中が混乱に陥っている状況で、不安な要素もあった。「右の事件〔本能寺の変以後の一連の出来事〕が終わった今も毎日新たなことが多数生じており、この度の一件に劣らない大事件が起こるかもしれない」とフロイスは一五八二年の日本年報の末尾に綴っている。

フロイスの不安は的中した。岐阜城主となっていた信孝は翌年に秀吉に逆らったため、自害に追い込まれた。これにより天下は秀吉のものとなり、上からの日本キリスト教化構想を実現するために、イエズス会士は日本の新たな君主を一から説得する必要があった。

フロイスはキリスト教の布教において秀吉にあまり期待していなかった。一五八四年一月二日付の日本年報では、秀吉が信長にも劣らないほど傲慢であると記している。また、その傲慢さを

豊臣秀吉（マクラウド『日本古代史概説』長崎、1878 年刊、国際日本文化研究センター所蔵）

誇示するために大坂で新しい城と都市を建設していることにも言及している。

イエズス会士はその希望を高山右近に向けていた。焼失した安土山の神学校が高槻に移転された。イエズス会士は右近の手厚い保護の下で布教活動に力を入れ、その地で大きな成果を上げた。しかし、

イエズス会士の本当の狙いは秀吉だった。

大坂城の築城に伴って、城の南にある玉造周辺が開発され、そこに有力武将の屋敷が建ち並ぶようになった。いざという時に人質にできるように、秀吉は武将たちの妻子をそこに住まわせた。右近もまた大坂で屋敷を構えた。彼は大変な骨折りをして、大坂の武家屋敷街という好立地の場所で教会を建設する許可を秀吉から取り付けた。フロイスはこの教会に大いに期待した。全国の武将たちの屋敷が集合している地域で布教活動を行うことが可能となる。「右近やほかのキリシタン大名がその教会を訪れれば、彼らの友人たちも訪れ、説教を聞くことで心を動かす」にちがいないと彼は考えていた。

教会は一五八三年のクリスマス直前に完成した。クリスマスにミサを行ったところ、珍しいものを見物しようと大勢の高貴な人々が押し寄せた。一般民衆と違うことを好むのが上流階級の特徴の一つである。教会が武家屋敷街地区に建てられたことは、キリスト教ブームを起こす最高の環境を提供することになった。異国風の雰囲気に魅了されて、身分の高い人々も多く教会を訪れたという。

洗礼を受けると、西洋の名前が洗礼名として授けられるのも魅力のひとつだった。この時期にキリシタン信者として活躍していた京極マリア、内藤ジュリア、小西マグダレナなどが挙げられるが、このような名前は当時の人々にとっては格好良く聞こえたのだろう。上流階級に属する人が誰か一人でもそのような洗礼名を受ければ、その周りの人々も興味を持つようになり、挙って改宗した。キリスト教は特に身分の高い女性たちの間で流行となった。大坂城で仕えていた侍女

南蛮寺と呼ばれるイエズス会教会（「南蛮屏風〔右隻〕」重要文化財、南蛮文化館所蔵）

たちも数多く洗礼を受け、友人たちに対して熱心に布教活動を行っていた。キリスト教ブームがあまりにも盛んになったため、一五八六年に秀吉自らが教会を訪ねるほどだった。

また、ジュスト右近の熱意により、この時期、複数の武将も改宗した。右近は茶道を通じてほかの武将たちに改宗を勧めた。この時期、右近の説得によって改宗した有力武将としては、小西行長（アウグスティヌス）や黒田官兵衛（シメオン）、伊勢松ヶ島城主・蒲生氏郷（レオ）、秀吉の馬廻衆の頭・牧村政治（洗礼名不明）などが挙げられる。

改宗者の数が激増していき、キリスト教ブームが頂点を迎える最中、九州出兵が秀吉の勝利で終わった直後の一五八七年七月二十四日に、まだ博多にいた秀吉は突然バテレン追放令を布告した。イエズス会士は皆平戸へ集合し、二十日間以内に日本から出国すべきであるという内

武士や女性が教会でお祈りする場面（「南蛮屏風〔右隻〕」重要文化財、南蛮文化館所蔵）

容だった。この追放令に関する秀吉の動機についての詳細な分析は本筋から逸れるので割愛する。表向きの理由としては、日本の神社仏閣を破壊しようとしていることが布告の文言として掲げられた。確かにフロイスの年報において、日本の神や仏を悪魔と見なし、信長や右近による神社仏閣の破壊を褒め讃え、それを公然と喜ぶ姿勢が見受けられる。このイエズス会士の態度に秀吉が立腹していたことは十分に考えられる。一方、九州平定に成功したため、秀吉にとっては、西国についての情報源としてのイエズス会士の役目が終わった。その上、有力武将の改宗ブームは秀吉の目に危険なものとして映ったことは想像に難くない。

バテレン追放令布告後の棄教者の数の多さから、この時期の上流階級におけるキリスト教への憧れは単なるブーム的なものに過ぎなかったことが分かる。しかし、その中で右近は棄教しようとしなかった。それゆえ、その二年前に移封されていた明石の領地が没収され、右近は追放された。こうして、一瞬のうちにイエズス会士は日本戦で敗北を喫した。その上、高山右近という大活躍していたスター選手も失った。

秀吉の出した布告に従って、百二十人のイエズス会士が平戸に集合した。京都にいたオルガンティーノだけは小豆島に潜伏し、平戸へ赴かなかった。彼らは平戸で停泊していたポルトガル船に乗船し、日本を去るはずだったが、最終的に数人しか乗船しなかった。ほかのイエズス会士は、有馬や大村のキリシタン大名の保護を受けて、それらの各領地に潜伏した。

第三節　細川ガラシャへの期待

大坂から届いた朗報

平戸で窮地に立たされていたイエズス会士たちに朗報が届いた。それは、バテレン追放令が布告された直後に大坂で「丹後の国の大名夫人」がキリシタンになったという知らせであった。この「目覚ましい」出来事についてフロイスは一五八八年二月二十日付の日本年報に極めて詳細に報告している。

「この夫人は、以前に記述したように、信長を殺した明智〔光秀〕の娘であり、丹後の国の領

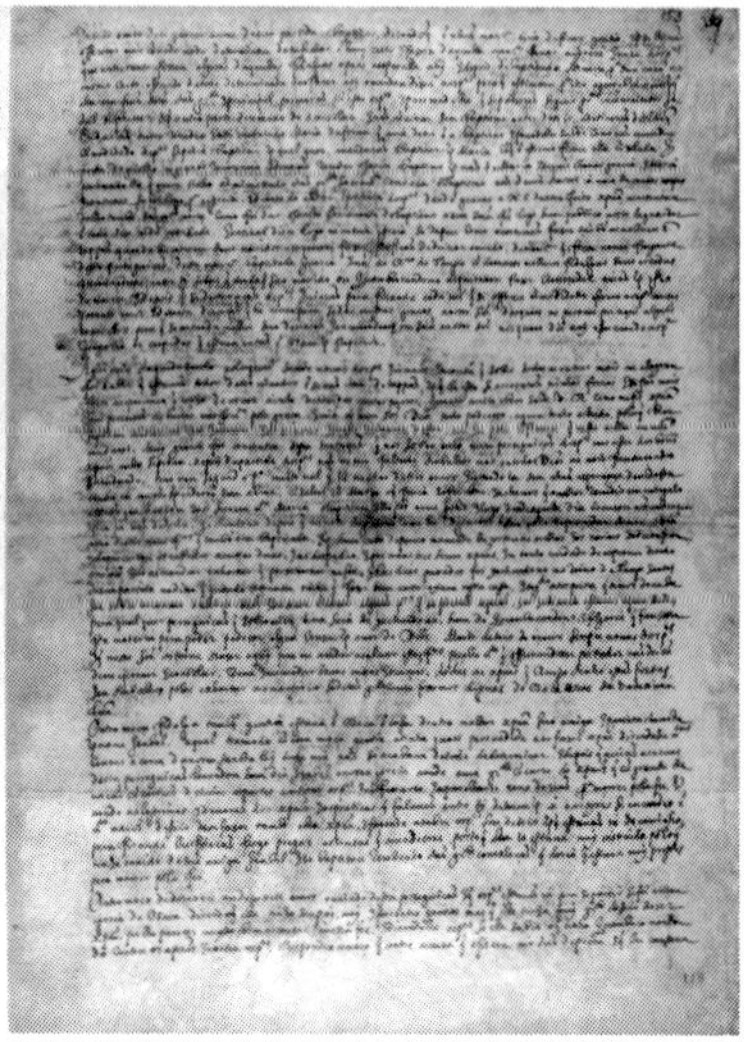

1588年2月20日付フロイスの日本年報に含まれるガラシャについて書かれた頁（イエズス会文書館蔵）

主・越中殿〔細川忠興〕という異教徒に嫁いでいた」とフロイスは説明する。ここでフロイスが言及している夫人とは、本能寺の変を起こした光秀の娘、明智玉（受洗後、ガラシャ）のことである。山崎合戦で勝利した秀吉はすぐに明智の主城・坂本城に向かい、城を包囲した。勝ち目がないと悟った光秀一族や重臣たちは天守閣にいた妻子を悉く殺害し、天守閣に火を放ってから切腹した。これにより玉は明智一族のうち、たった一人の生き残りとなった。

明智家との関係を絶つために、忠興は玉を離縁し、当時の細川家の主城・宮津城からさほど遠くない味土野《みどの》という辺境地に幽閉させた。玉はそこで二年間過ごしたが、一五八四年に秀吉から復縁が許され、細川家に戻り、大坂・玉造の細川邸に住むようになった。以上のことは日本側史料（『綿考輯録』巻九）から分かることであり、フロイスは玉の過去についてそこまでの詳細な情報を入手していなかったと思われる。唯一、忠興夫人が「信長を殺した明智の娘である」ということだけは認識していた。その後も、フロイスの年報において、ガラシャが「明智の娘」と称される例がしばしばみられる。それだけ、「主君殺しの娘」としての印象が当時の日本社会に流布していたことが窺える。

忠興については「生まれつき気性が非常に荒く、過剰に嫉妬深く、屋敷内の従者に対して厳格な人物である」とフロイスは記述している。「忠興は、秀吉に従って九州平定に出かけていた。出発前に、奥方〔玉〕に、彼が帰るまで決して外出しないようにと厳重に命令していた。さらに、忠興は信頼のおける二人の老家臣に奥方を託した。彼らは異教徒であり、その妻たちと一緒に大坂にある忠興の屋敷に住んでいた。その屋敷は非常に豪華で広大である。忠興はこの家臣たちに奥方を厳重に監視し、また、どんな口実であっても、外出させないように命じていた」。

この文章からは、フロイスが、玉に対する外出禁止命令を忠興の嫉妬深さに関連づけているように読める。玉についてより詳細に記録している『日本史』の方では、細川邸での玉の軟禁を忠興の嫉妬深さに起因するものであるとする傾向がいっそう顕著にみられる。しかし、夫人を外界から隠すという行為自体は何も忠興だけに限ったものではなく、この時代に広く行われていた。「この国の習慣に従って、夫のいない時に夫人たちは〔家臣に〕監視されて、外出できないことになっている」とイタリア人のイエズス会士アントニオ・プレネスティーノは一五八七年十月十日付の書簡で綴っている。また、同様のことを平戸オランダ商館長フランスワ・カロンも『日本大王国志』（一六四八年刊）の中で証言している。しかも、玉は「信長を殺した明智の娘」でもあったので、玉を人目に触れないようにすることは細川家にとって死活問題だったと思われる。

当時大坂の教会にいたスペイン人イエズス会士グレゴリオ・デ・セスペデス神父からフロイスが得た情報によると、玉は忠興を通じてキリスト教の存在について知ったという。なぜなら、忠興はキリシタン大名として名高い右近の知人だったからである。右近は、ほかの武将の知人たちに対して常にキリスト教について説教していた。忠興に対しても同様だった。その結果、忠興は興味を覚え、大坂の教会に説教を聴きに行くところまで進んでいたようである。一方、玉は仏教の様々な宗派の勉学に励んでいた。特に禅宗についての知識が豊富だったとフロイスは記録している。「彼女は生まれつき好奇心が強く、知性に優れた人だったので、キリスト教の教理はどのようなものであるのかを知りたいと思うようになった。しかし、夫は秀吉と共に戦さに行き、玉は夫の命令により屋敷内に閉じ込められていたので、望み通りに司祭たちと話し合う機会がなかった。それにもかかわらず、キリスト教の教えについて学ぼうという希望は非常に強まっていったので、神父たちと話す方法を探し求めていた」。

フロイスが指摘しているように、玉は禅宗の知識修得に熱心だったようである。『日本史』においてフロイスは玉を「勉学の怪物」と評している。玉が勉学に励んでいたという情報は、それほどまでのものとしてフロイスのところに伝わったのである。勉学に励む玉にとって、夫が時々話に出し、さらに大坂の婦人たちの間でブームとなっていた異国のキリスト教の教理は、かなり興味をそそるものだったにちがいない。夫に外出を厳禁されていたにもかかわらず、キリスト教に対する好奇心を抑えきれなかった。

秘密裡で教会を訪れるガラシャの姿

玉は忠興が九州出兵に出かけた直後に外出する機会を見つけた。ちょうど彼岸の時だった。フ

説教するイエズス会士（「南蛮屛風〔右隻〕」南蛮文化館所蔵）

ロイスは玉の行動を次の通りに記述している。
「彼女はこの機会をとらえて、寺院に行くことを口実に侍女たちの間に紛れ、我々の教会に来る決心をした。彼女は侍女の姿に身をやつし、六、七人の侍女に混じって、うまくその計画を実行してのけた。そのように我々の教会に到着し、（この時はちょうど我々の復活祭でもあったので）教会がとても清潔で美しく飾られているのを見て、祭壇の上の立派な装飾や、その上にあった我々の救世主の非常に美しい画像を見て、我々のものを非常に気に入っていた」。

キリスト教会が常に清潔な状態に保たれていたことは、前年に教会を訪問した秀吉にも指摘されていて、日本人に好印象を与えていた。教会を見物し終えた玉は、続いてキリスト教の教理の内容を知りたかったので、知識のある神父を来させるよう、教会にいる聖職者に頼んだ。聖職者たちは玉の身元について尋ねたが、玉たちは自分の正体を明かさなかった。その態度から、この婦人は有力者の奥方で、秘密裡に教会を訪れたにちがいないとセスペデスは思った。彼は高井コスメを彼女のところに行かせて、教理について説明させた。コスメは日本人の修道士で、教理について豊かな知識を有していた。玉が注意深く耳を傾けるなか、説明は非常に長く続いたようである。玉はコスメに対して激しく論争をしかけ、日本の宗派の説く道理を持ち出し、キリスト教について様々な質問をしたので、コスメは大いに驚いた。「日本でこれほどの理解力を持ち、また各宗派についてこれほどの博識をもっている婦人を見たことがない」と彼は後にセスペデスに打ち明けた。

コスメは玉にキリスト教の優越性を確信させるのに成功したようである。というのも、コスメの説教を聞いた玉はキリシタンになることを決心したからである。しかし、夜が近づいていたので、玉は教会を去って、屋敷に戻った。

以上は、フロイスの日本年報に記された内容である。玉の教会訪問について、フロイスの日本年報以外に、もう一通のイエズス会総長宛書簡がローマのイエズス会文書館に現存している。著者は前述のイタリア人のイエズス会士アントニオ・プレネスティーノである。プレネスティーノの書簡は同時代には出版されてはいないが、その後にガラシャについて書かれた複数の日本関係図書において典拠として用いられている。

プレネスティーノは当時京都の教会にいた。前述の通り、大坂の教会で玉の応対に当たったのは、修道士コスメのほかにセスペデスだった。セスペデスから玉の教会訪問について聞き知ったプレネスティーノは、バテレン追放令に伴って平戸に移った後の一五八七年十月十日にイエズス会総長宛に書簡を送り、その中で玉の教会訪問について詳細に報告している。

教会を訪れた高貴な婦人が忠興の正室だったことを突き止めた経緯は、フロイスの日本年報には書かれていないが、プレネスティーノの書簡に記載されているので、ここで引用する。

「彼女は非常に満足して、洗礼を求めた。しかし、その時に彼の地に滞在していたグレゴリオ〔・デ・セスペデス〕は彼女に洗礼を授けるのは適当でないと思った。それは、彼女が関白の側室の一人であると思ったからである。しかし、その後、（彼が一人の使用人に彼女を尾行させて、彼女がどの屋敷へ入って行ったかを確認させたので）彼女が越中殿〔忠興〕の夫人であることを知った時、我々は非常に喜んだ」。

このように、玉は即時の受洗を希望したが、セスペデスはそれを見合わせた。それはなぜか。『日本史』によると、玉の美しい身ごしらえや品位などから、秀吉の側室の一人であるかもしれないと疑っていたからである。この時はバテレン追放令はまだ布告されていなかったが、側室が洗礼を受けたと知った秀吉がどのような反応を示すか分からない。怒って、イエズス会士を弾圧することもあり得るので、セスペデスは慎重に行動した。

ところが、玉を尾行させて、一行が丹後の藩主・細川忠興の屋敷に入ったことを見届けたので、彼女が忠興の奥方であると知った。この知らせは平戸に集合していたイエズス会士にとって非常に喜ばしいものだった。右近を失った今、イエズス会士には秀吉へ影響を及ぼすことのできる仲介者がいなくなっていた。小西行長はイエズス会士をかくまい、秀吉に対して右近のための弁明もしていたが、バテレン追放令に応じて名目上棄教した。

忠興は本能寺の変の時に明智側に付かなかったことで秀吉の信頼を得た。その後、彼は秀吉の側近として活躍していた。右近の影響により忠興がキリスト教に興味を示していたことをイエズス会士は知っていた。もしも、玉を通じて忠興が改宗し、秀吉に助言をしてくれれば、秀吉は日本での布教を再び許し、窮地からの逆転を果たせるかもしれない。

プレネスティーノの書簡で「我々に最も勇気および慰めを与えたのは、丹後の国の越中殿の奥方の改宗であった」と書かれているように、この時点で潜伏を強いられていたイエズス会士の日本での運命は、玉という一人の女性にかかっていた。

ガラシャの受洗

玉の外出は、屋敷に残っていた家臣たちに知られてしまったため、その後、監視がさらに厳しくなって、外出はまったく不可能となった。それでも、玉のキリシタンになる決心は強まる一方だった。セスペデスたちとの連絡を続けるために、侍女たちの中で身分が高く、信頼のおける清原いとという女性に仲介をさせた。いとは彼岸の時に玉と共に教会に行った侍女の一人だった。彼女も説教に感動し、キリスト教の教えに魅了された。

玉はもう外出できなくなったので、いとが再び教会を訪れ、玉に代って、説教の続きを聞いて、様々な質問をした。彼女は教会で聞いたことに納得し、引き込まれていったので、キリシタンになる決心をした。洗礼を受けて、マリアという洗礼名を授けられた。マリアは侍女頭だったため、細川邸において影響力をもち、玉に対してだけでなく、屋敷内のほかの婦人たちにも語りかけて皆の心を動かした。玉に仕えていた十七人の主な侍女たちは次々と教会を訪れ、キリシタンとなった。残るは玉ただ一人だったとフロイスは語っている。

年報では、清原マリアやそのほかの細川邸の侍女たちの受洗、玉が侍女たちを仲介者として使ってキリスト教について熱心に勉学したことやそれにまつわる逸話が長々と書かれている。カトリックの読者にとってはおとぎ話のように映っただろう。

一方、プレネスティーノの書簡の方はさらに一歩進んでいる。プレネスティーノは、玉が以前は憂鬱な気性だったのに、キリスト教と出会ってから明るく快活になったという様子を描いている。「これには屋敷全員がすっかり驚いていた。時々、彼女は右近の奥方〔ジュスタ〕が羨ましいと言っていた。なぜなら、〔右近の〕奥方は立派なキリシタンの夫がいて、望むままに神に関する説教を聞くことができるからである」。

これらの逸話からは、数ヶ月にわたる侍女たちとの会話の中で玉に関する様々な情報がイエズス会士側に伝えられたことが窺える。その中でも、プレネスティーノの書簡に記された玉に関するさほど長くない報告において、右近とその正室ジュスタと関連づけた形で玉のことが語られているのは興味深い。この記述から、ガラシャそして忠興が、ジュスタと右近のような存在になってほしい、というプレネスティーノの願望も見え隠れしている。

プレネスティーノはさらに侍女たちの言葉を次の通りに引用している。「越中殿が戦場から戻られて、奥方のこのような著しい変化をご覧になれば、殿みずからもおそらくキリシタンに改宗されるだろう」。正にこの一文にイエズス会士が玉に期待していた役割が集約されている。

フロイスの日本年報に戻る。勉学に熱心な玉に関する逸話を語り、読者の希望を膨らませたところで、フロイスは秀吉のバテレン追放令に触れている。「この熱意に燃えている間に、関白殿の発した布告と大迫害、そして神父たちが全員追放されるとの便りが〔大坂に〕届いた。この便りは彼女を大いに悲しませたにもかかわらず、彼女の熱意は冷めるどころか、むしろ以前よりも強固なものになり、神父たちが〔大坂から〕出なければならないと知った彼女は、彼らの出発前に何としてでも洗礼を受けようと決心し、決して異教徒のままでいることはないと言っていた」。

洗礼は通常、神父から直接授けられるものである。それゆえ、侍女たちが一斉にキリシタンになったのに、外出を許されなかった玉だけは洗礼を受ける手段がないまま、数ヶ月の間侍女たちを仲介者としてキリスト教の教理についての修養に励んだ。しかし、神父たちが日本から追放されれば、洗礼を受ける機会を失う。切羽詰まった玉は、駕籠に乗って姿を隠して教会に向かおうとしたが、問題が起こることを懸念したイエズス会士たちに反対され、断念した。

これを受けて、セスペデスたちはほかの方法を講ずることにした。彼らは、マリアに洗礼を授ける方法を教え、マリアを介して玉に間接的に洗礼を受けさせた。また、洗礼名として「ガラシャ」を与えた。

洗礼名「ガラシャ」の意味

この「ガラシャ」の洗礼名についてはすでに多くの議論がなされてきた。日本人女性が受洗すると、マリアやマグダレナ、カタリナ、アグネス、ジュリアなどのような聖女の名前（いわゆるクリスチャンネーム）を授けるのが一般的であった。「ガラシャ」は英語で**Grace**（グレース）に当たり、決して珍しい名前ではない。しかし、当時の日本において、「ガラシャ」という洗礼名を授かったキリシタンはほんの数人しか確認できない。

十七人の侍女たちはすでに洗礼名を与えられていたので、選択肢がほとんどなくなっていたという事情も推察されうる。そのため、聖女の名前に限定せず、選択肢の範囲を広げる必要があったのかもしれない。

「ガラシャ」の語源はギリシャ神話の「カリス」に求めることができる。「カリス」は美と優雅を司る三美神の総称である。ラテン語では「カリス」を**gratia**（グラティア）と呼んでいた。この「グラティア」は次第に「運命から与えられる幸運・寵愛」の意味で用いられるようになった。キリスト教世界では「神が無償の賜り物として与えてくれるもの」、つまり「神の恩寵」という意味をもつようになった。この用語は、イエズス会士の書簡の中で、ポルトガル語の**graça**（グラッサ）やスペイン語の**gracia**（グラシア）、イタリア語の**grazia**（グラーツィア）として頻出している。

ガラシャの遺品と伝えられている秋草・竹に鶴図十字架（南蛮文化館所蔵）

東アジアのキリスト教史を専門とする安廷苑氏は、ガラシャの本名「玉（珠）」は「賜物」を意味し、オルガンティーノが、彼女の本名に因んで、「ガラシャ」にしたとの仮説を提示している（『細川ガラシャ――キリシタン史料から見た生涯』）。しかし、オルガンティーノがガラシャの本名を知っていた可能性は低い。というのも、当時の位の高い夫人は本名で呼ばれないからである。「玉」と呼ぶのは失礼に当たるので、ガラシャについて侍女たちが語る場合、「上様」や「奥方」などを用いるはずである。イエズス会文書の中でも、ガラシャは、洗礼名を受けるまでは「越中殿の奥方」や「丹後の女王」と称されている。

また、「ガラシャ」というカタカナの表記自体はスペイン語の発音（グラシア）からくるものである。フロイスのポルトガル語で書かれた日本年報においても、「ガラシャ」はポルトガル語表記 **Graça** ではなく、また、イタリア語表記 **Grazia** でもなく、スペイン語の **Gracia** という綴りになっている。このことは、玉の洗礼名を選んだのが、イタリア人のオルガンティーノではなく、この時期にガラシャのことを担当していたスペイン人のセスペデスだった可能性を示唆している。

ガラシャの名前がもつ意味について、筆者は新たな仮説を提示したい。バテレン追放令の布告後に窮地に立たされたイエズス会士にとって「越中殿の奥方」は非常に重要な人物であった。右近を失ったところで、彼女の改宗は、日本のキリスト教化の将来を切り開く、神からの賜り物のように、イエズス会士の目に映っていたのではないかと考えられる。

ガラシャを通じて、秀吉の側近である夫の細川忠興がキリスト教に改宗し、秀吉に助言してくれれば、イエズス会士の日本での運命が大きく変わるはずである。従って、「越中殿の奥方」に「ガラシャ」という洗礼名を与えたことには、彼女の改宗がイエズス会士にとって神から授けられた恩寵であるという意味が込められているのではないかと思われる。ただ、これが推測の域を出ないことは付言しておく。

離婚騒動

イエズス会士たちが畿内から退去し、平戸で待機していた間にも、ガラシャからの書状がイエズス会士のもとに次々と届いたという。しかし、ガラシャからの書状で、イエズス会士が待ち望んでいた忠興の改宗に言及されることはなかった。むしろ、その逆の内容であった。九州出兵から戻った忠興は、屋敷内にキリシタンがいることに気付くと、暴力的になり、侍女たちを追い出したりした。ガラシャにも棄教を迫った。

秀吉がバテレン追放令を布告したので、秀吉の側近である忠興の屋敷にキリシタンがいることが知られたら、細川家が取り潰しの対象になりかねない。家の存続に関わることに敏感な忠興は御法度に背くことを許さなかった。それでもガラシャは信仰を守った。イエズス会士は九州の潜伏先から細川邸での出来事を見守るしかなかった。

バテレン追放令の施行は厳格なものではなかった。しばらくすると、オルガンティーノは畿内に戻り、京都に潜伏しながら、密かに布教活動を再開した。そして、京都からガラシャと連絡を取り合っていた。オルガンティーノが危険を冒して京都に戻った最も重要な理由は、ガラシャへの対応だった。

ところが、一五八九年二月頃にガラシャから、オルガンティーノにとって恐怖を感じさせる書状が寄せられた。その書状で、ガラシャは、ほかの方法では自分を救えないと確信し、夫から逃げて九州へ赴く決意をしたと伝えていた。

オルガンティーノは慌ててガラシャに次のような伝言を送った。「そのようなことは、あなた自身や神父たち、さらにはほかのすべてのキリシタンたちを破滅に追いこもうとする悪魔の仕業と介入である。なぜなら、あなたは身分の高い方だからである。あなたの夫を寵愛している関白殿が〔日本における〕キリスト教と神父たちを完全に破滅させるのにはそれだけで十分である」と。

もしも、ガラシャが神父たちの助けで夫から逃げて九州に潜伏し、それを嫉妬深い忠興が知ったら、どうなるのか。厳格に守られてはいないない追放令どころの話では済まないとオルガンティーノは認識していた。彼の頭にはギリシャ神話に出てくるトロイの話が浮かんでいたかもしれない。妻・ヘレナがトロイのパリスと共にトロイへ逃げたことを知ったスパルタ王アガメムノンがギリシャ軍を率いて、トロイを完全に滅亡させた話である。古典教養のあるオルガンティーノはこの話を熟知していたはずである。ガラシャがもしも逃亡したら、日本にいるイエズス会士はトロイの住民と同じ運命を辿るのではないか。

このような危惧の念を抱いていたオルガンティーノは、ガラシャに逃亡をやめるように説得した。しかし、ガラシャは離婚に固執していた。これが悪魔の誘惑であることをガラシャに理解してもらうのにオルガンティーノは大いに苦労した。ガラシャを説得するために数多くの書状や伝言を送る必要があった。最終的に逃亡計画を諦めさせることに成功して、オルガンティーノや九州で潜伏していたイエズス会士はひと安心した。この騒動が秀吉の耳に入っていたら、日本におけるキリスト教は壊滅したにちがいない。

このようにガラシャはイエズス会士の日本での存続にかかわる非常に重要な人物だった。彼女の行動によって、イエズス会士にとって事態が大きく改善される可能性もあったが、逆に破滅へ繫がる危険性も秘めていた。イエズス会士の日本年報を通じて伝わってくる、このガラシャの行動をヨーロッパの読者はハラハラドキドキしながら見守ることになった。

ヨーロッパにおけるガラシャ情報の普及

ガラシャの教会訪問や受洗の経緯、九州出兵から戻った忠興からの弾圧について語る一五八八年二月二十日付のフロイスの日本年報は、瞬く間にヨーロッパ各国で普及し、広く読まれた。ポルトガル語版は早くも一五八九年にリスボンで刊行された。翌年にコインブラでも別のポルトガル語版が出た。一五九〇年にローマ、ミラノ、ブレシアでイタリア語版が、ディリンゲンでドイツ語版が刊行された。続く一五九一年にアントワープでフランス語版、マドリードでスペイン語版も出た。さらに、スコットランドのイエズス会士ジョン・ヘイは一六〇五年にアントワープで刊行した『イエズス会書簡集』にもフロイスの年報を掲載している。同書は当時のヨーロッパの知識人の間で共通言語として用いられていたラテン語で編纂されている。このようにして、ガラシャは、その活躍時期とほぼ時を同じくしてヨーロッパ中で有名になっていた。

オルガンティーノの書簡に記されたガラシャの離婚騒動に関する情報もヨーロッパに伝わった。

フロイス『1588 年度日本年報』標題紙（ローマ、1590 年刊、国際日本文化研究センター所蔵）

この書簡の内容は一五八九年二月二十四日付のガスパル・コエリョによる日本年報に転載された形で、ヨーロッパ各地においてイタリア語、フランス語、ドイツ語、スペイン語、ラテン語などで刊行された。

　ヨーロッパの読者にはその後も定期的にガラシャに関する情報が届けられた。一五九二年度のフロイスの日本年報にはガラシャの信仰が健全であることが伝えられている。この時期、ガラシャは平戸にいたイエズス会士から送付された宗教書を頼りにキリスト教の教理についての独学を継続していた。また、一五九〇年以降に忠興からの弾圧についての言及がなくなるので、忠興の否定的な態度に変化があったように思われる。ガラシャはある程度自由にイエズス会士たちと交流を保ち、信仰を深めることができたようである。

　さらに、オルガンティーノは一五九五年二月十四日付の書簡でガラシャのことに言及し、夫・忠興の弟・興元《おきもと》がキリシタンとなったことを報告している。オルガンティーノによると、興元は永らくキリスト教の教理について熟考したのち、重臣五名と共に洗礼を受けた。この興元はその前年に忠興とガラシャの次男である興秋《おきあき》を養子にしていた。ガラシャが受洗した当初、幼い興秋は病気を患っていたため、ガラシャの依頼を受け、清原マリアが興秋に密かに洗礼を授けたという経緯があった。しかし、そのことを興元は当時知らなかった。後に、養子の興秋も受洗していたことを知った興元は大変喜んだという。また、興元の改宗にはガラシャも非常に喜んでいたようである。

興元は京丹後の吉原山城主であっただけに、イエズス会士の希望が再び膨らんだ。「彼は優れた資質の持ち主であるので、やがて日本におけるキリスト教会の堅固な礎石となることは我々の期待するところである」とオルガンティーノは綴っている。このオルガンティーノの書簡は、一五九七年にローマやミラノでイタリア語版が、アントワープでフランス語版が刊行されたほか、前述のへイ『イエズス会書簡集』にもラテン語で掲載された。

続くフロイスによる一五九五年度の日本年報もガラシャの状況について詳細に報告している。同年報は一五九八年にヨーロッパ各地においてイタリア語、ドイツ語、ラテン語で刊行され、当時のヨーロッパで広く読まれた。この年報には、ガラシャについて、夫の知らないうちに密かに長男と三男に洗礼を授けた上、夫に対しても福音を説いていると記述されている。また、忠興が豊臣秀吉を恐れてキリスト教への改宗を躊躇しているとも書かれている。フロイスは「時勢が変わったら、彼はすぐに教えを受けるようになるだろう。精霊の恩寵により、前述のように、彼の弟の改宗および彼の妻であるガラシャの祈りが少なからず役立つことを期待する」と記し、ここで本音を吐露している。

しかし、翌年にイエズス会士に再び不安を与える事件が起こった。いわゆる豊臣秀次事件のことである。フロイスは一五九六年十二月十三日付の日本年報で次のように語る。「太閤が、自らに対する陰謀を図ったとの口実で、自分の甥である関白殿〔秀次〕をほかの数多くの殿たちと共に殺害することを命じた時、ガラシャにも夫にも同じく殺害の危険が迫った。なぜなら、日本人の間の風習では、異教徒の貴人たちは自害する前に妻子や侍女が敵の手中に陥らないように、まず彼女らを殺害することになっているからである。ガラシャは夫が死ぬなら、自分もまた家のすべての侍女たちと共に死ぬべきであると考えていた」。

このように、細川家にも危険が迫った時に、いまだにイエズス会士に会えないガラシャは、侍女を通じて懺悔を行った上で、「危険が迫った場合、自身もそのすぐ後に続いて自害するようにと夫が命じた」という自害行為の是非についてイエズス会士に尋ねた。このときガラシャが誰に相談をしたかについて、フロイスは明記していない。オルガンティーノであった可能性は高いが、それを裏付ける史料はない。

周知の通り、キリスト教では、自害を神に対する冒瀆と見なしている。なぜなら、人間は神が創造した存在だからである。日本におけるキリスト教の希望の星であるガラシャが自害することは、イエズス会士の立場としては考えられない行為であった。従って、イエズス会士はガラシャの自害に関する質問について、「それは神の下では大罪であるので、決して許されない行為である」と答えた。ガラシャは「パードレの助言に従う」と答えたという。

イエズス会は危うく重要な信者を失うところだったが、その後、忠興はお咎めなしとなったので、事件は無事に終結した。この秀次事件とそれにつながる細川家の置かれた状況、ガラシャの自害相談について詳細に記述しているフロイスの日本年報も一五九九年から一六〇一年までの間にローマ、リオン、マインツなどでイタリア語版、ラテン語版、フランス語版、ドイツ語版が刊行され、ヨーロッパで広く普及した。

その後、フロイスの一五九七年の日本年報でもう一度ガラシャについて触れられている。その年に秀吉の命令によって処刑された二十六聖人の殉教を受けて、ガラシャが侍女たちと共に殉教する決心をしたとフロイスは書いている。この年に長崎で死去したフロイスが残したガラシャに関する最後の記述である。その後、イエズス会士の著述におけるガラシャへの言及は、関ヶ原合戦が起こる直前までは見られなくなる。

ガラシャの最期

一六〇〇年にガラシャの侍女たちがオルガンティーノのところに急ぎ駆けつけた。秀吉は二年前に死去していたので、オルガンティーノは大坂でいくぶん自由に活動できるようになっていた。彼女たちは泣きながらガラシャの非業の死についてオルガンティーノに語った。以下、ガラシャの最期についてオルガンティーノが記述した内容をまとめる。

秀吉の死後、忠興は家康側に付いていた。忠興は家康に同行して、上杉討伐に出かけていた。忠興の不在中にガラシャはいつもの通り外出が禁止されていた。忠興はガラシャの護衛を小笠原少斎という忠実な家臣に任せた。「もしも、彼の不在中に妻の名誉に何らかの危険が及ぶようなことがあれば、まず彼女を殺害して、そしてその後に切腹し、彼女と共に死ぬべきである」と忠興は少斎に命令していた。これは忠興が不在の時にいつも出していた命令であり、妻子が敵の手中に陥らないようにするための措置であり、当時の武将の間で決して珍しいことではなかった。

家康軍が関東で集合したところ、石田三成が家康に対して反乱を起こした。三成は家康の側に付いていた忠興の動きを統制するためにガラシャを人質に取ろうとした。彼は細川邸に使者を派遣し、ガラシャの身柄を渡すようにとの命令を伝えさせた。細川邸に留守居をしていた家臣たちは、その命令に対して、ガラシャを渡さないと返答した。

三成勢がすぐに屋敷を包囲してガラシャを武力で連れ出そうとするだろうと察知した家臣たちは、忠興の命令に従って、ガラシャを殺害することを決めた。彼らがガラシャにそう伝えたところ、彼女は何も答えず自分の祈禱室に入った。しばらくしてから、彼女は祈禱室から出て来て、彼女のところにいたすべての侍女と婦人を呼び集め、彼女たちに外に出るようにと命じた。侍女たちは皆、ガラシャと共に死ぬつもりであると言って去ることを拒んだが、ガラシャの命令に強制されて、侍女たちは仕方なく外に出たという。

ガラシャの最期の場面について、オルガンティーノは次の通りに記述している。「そうしている間に家老・小笠原殿は、ほかの家臣たちと一緒にすべての部屋に火薬を撒き散らした。すべての侍女たちが外に出てから、ガラシャはただちに跪き、何度もイエズスとマリアの最も聖なる名前を唱えた。彼女が自らの手で首をさらけ出したところ、彼女の首は一撃で切り落とされた。家臣たちはただちに彼女を絹の着物で覆って、その上にさらに多くの火薬を撒き、前方の建屋の方へ立ち去った。というのも、奥方と同じ部屋で死ぬことは無礼だからである。そして、全員が切腹したのであるが、同時に火薬に火を付け、それにより彼らおよび非常に豪華で美しい屋敷は灰燼と化した。ガラシャが外へ出した侍女たち以外は誰も助からなかった」。

以上がオルガンティーノによるガラシャの最期に関する記述である。オルガンティーノによると、ガラシャが三成勢の手中に陥らないように、少斎は忠興の命令に従い、ガラシャの命を絶ち、ほかの家臣と共に切腹したということになっている。ところが、ガラシャの最期について、イエズス会側史料と日本側史料には齟齬がみられる。日本側史料では、ガラシャの死が自害とされる傾向がある。ガラシャの死を自害として位置づけるべきか、忠興の命令に従った家臣の独断だったのかについてはここで深入りしない。ただ、オルガンティーノの記述からは、彼がガラシャの死を自害として捉えず、家臣たちによるものであると位置づけていることは明白である。これらのオルガンティーノの記述は、当時長崎にいたイエズス会士のヴァレンティン・カルヴァーリョによる一六〇〇年十月二十五日の日本年報の中に転記されている。

ガラシャの突然の死はイエズス会士たちに大きな衝撃を与えた。「これによりパードレおよび我らは皆非常に悲しんだ。というのも、この国のキリスト教会は、あれほどの夫人、あれほどの鑑で、あれほど稀に見る徳の模範であった人を失ったからである」とカルヴァーリョは同年報に綴っている。

細川邸の火が消えると、オルガンティーノは、遺体の一部を探させるために、キリシタン侍女たちをガラシャが死去した場所に行かせた。彼女たちは、完全には焼けていなかったいくつかの骨を見つけて、オルガンティーノのところへ持って来た。オルガンティーノは日本人の修道士たちと共にガラシャの葬儀を執り行った。

ガラシャの骨を探しに行く侍女たちの姿はイエス・キリストの墓を訪れるマリア・マグダレナを、骨を集める光景は中世における聖遺骨の収集やそれらの聖人に纏わる逸話を思い起こさせると宗教歴史家ハルコ・ナワタ・ワード氏が指摘している。ガラシャはイエズス会士にとってそれだけ重要な人物であった。彼女の遺骨の収集や葬儀の執行には、ガラシャの死を殉教死と見なしていたオルガンティーノの認識が投影されている。

待ち望まれる忠興の改宗

ガラシャの死は関ヶ原合戦の結果を大きく左右したと言われている。カルヴァーリョの記録と相反して、当時の日本側史料では、ガラシャの死は自害として解釈された。細川家の名誉を守るために自害するという妻の勇気ある行為は、夫の忠興の報復心を強め、東軍の団結を強固なものにした。関ヶ原では忠興は勇敢に戦い、東軍の勝利に貢献した。

その貢献が家康に評価され、忠興は丹後から豊前に転封され、石高の大幅な加増となった。忠興はその後も、家康や秀忠から重用され、幕府においてある程度の影響力をもった。ガラシャの死去にともなって、イエズス会士は忠興の改宗に希望を寄せた。ガラシャの死の直後にカルヴァーリョは次の通りに記している。

「この夫人の死は日本中で大いに悲しまれた。ガラシャはキリシタンである一人の息子〔興秋〕

と二人の娘〔長と多羅〕を残した。そして彼女の夫は、まだ異教徒であるが、神父たちやキリシタン教団ときわめて親しく、我々に対して多大な熱意と愛を表明してくれている」。

ガラシャの信仰の堅持、そして死が、日本の権力者の一人である夫・忠興の心を動かし、改宗へ導くという期待をイエズス会士は抱いていた。ガラシャの死は忠興の改宗に繋がるものであるとイエズス会士が信じていたからこそ、彼らはガラシャの死を殉教死と見なしたのだとも言える。

忠興のその後の行動はイエズス会士の期待に応えるものだった。忠興が豊前に入国した際には、初期にガラシャを担当していたセスペデス神父に教会の建設を許可した。一五八七年に布告されたバテレン追放令が解かれていない状況下でもイエズス会士は豊前で自由に布教ができた。

また、ガラシャが死去した翌年に、当時大坂にいた忠興はガラシャの魂のために追悼ミサを開催するようにイエズス会士に要請した。死を弔う場合、仏教系の儀式を行うのが通例だが、ガラシャがキリシタンだったため、仏教の儀式ではガラシャを喜ばせることができないと忠興は考えていたという。忠興は自らもそのミサに参列させてくれるようオルガンティーノに依頼した。

異教徒の面前でミサを行うのは異例であったが、イエズス会士は以前に、やむを得ない場合に異教徒の面前でミサを行ってもよいという許可を教皇から得ていた。当時長崎にいたイエズス会士のフランシスコ・パシオが一六〇一年九月三十日にイエズス会総長に送付した日本年報によると、オルガンティーノは忠興の依頼を受け入れることの善し悪しを検討した。忠興の面前でミサを行えば、大きな利益が生ずるかもしれない。一方、拒めば、忠興の怒りを買うことになるだろうし、大坂のキリシタンたちもそのような追悼ミサを切望していた。検討の結果、オルガンティーノは盛大な追悼ミサを行うことを決定した。そのために、畿内にいるすべての神父や修道士などを召集し、教会に立派な装飾を施した。また、ガラシャの名前が金文字で綴られた棺を中央に掲げて、蠟燭や松明で周辺を囲んだ。

ミサは翌日の三時に行われた。忠興は千人以上の家臣と共に参列した。日本人の修道士が説教を行った。説教の終わりに彼が呈したガラシャの徳行を讃える賛辞に忠興およびその家臣たちは皆感動し号泣した。ミサが終わった後、忠興は非常に満足し、キリスト教の儀式を大いに称賛した。

同年七月に大坂から豊前に戻った忠興は、大坂で行われたミサの話ばかりしていた。ガラシャの導きで改宗し、キリシタンだった二人の娘は忠興の話に感動して、母の一周忌にあたる八月に豊前でもミサが行われることを切望した。それを受けて、忠興はセスペデスに追悼ミサを行うよう要請した。また、できるだけ豪華な儀式にしてもらうために忠興は費用を負担すると約束した。セスペデスはオルガンティーノと同様にこの依頼を断れなかった。「既存のキリシタン教団だけでなく、今後期待される改宗は彼にかかっていた」とパシオは指摘する。

セスペデスは、ヴァリニャーノに宛てた一六〇一年八月十八日付の書簡において、追悼ミサについて詳細に記述している。豊前のミサも大坂同様に盛大に行われた。忠興のために礼拝堂の横に席が設けられ、教会の脇の部屋は婦人たちのために用意された。ミサの日の朝に忠興は「天下の君主」であるかのように多数の家臣を連れて来た。おびただしい数の人々が参列したが、ミサは混乱なく行われた。セスペデスによると、三日間で棺を見に教会に来た群衆は三万人を越えたという。忠興は大変満足していたようである。彼はセスペデスたちに何度も礼を述べ、イエズス会士と食事を共にした。

その時に忠興は次のように語ったという。「キリシタンたちが死去した人々のために行う追悼式ほど敬虔なものはない。救済を望むほかない。それに対して日本の宗派はばかげたもので、これ〔キリスト教のミサ〕と比べものにならない」。さらに彼は次のように付け加えた。「私はまだキリシタンではないが、すでに半分改宗されている」（一六〇一年八月十八日付セスペデスの書簡）。忠興がイエズス会士を厚遇したあまり、家臣たちが彼をキリシタンと見なしているとセスペデスは指摘している。

その後も、ガラシャの追悼式は毎年壮大に行われた。イエズス会士に対する忠興からの厚遇も続いていた。豊前において信者もどんどん増えていた。しかし、忠興自身は改宗しなかった。大名の改宗に対する秀吉の禁令は、家康によって継続されていたので、改宗すれば、高山右近と同じ運命を辿ることになる。細川家の存続を何よりも大事に考える忠興にとって、それは論外だった。

しかし、イエズス会士の著述を精読すると、イエズス会士に対して忠興の示した厚遇の根源は、キリスト教への信仰心ではなく、ガラシャの追悼への情熱からくるものだったことが分かる。一六一一年にセスペデスが死去すると、忠興は幕府の方針に従い、イエズス会士を豊前から追放した。一六一四年に家康はキリシタン禁令を布告した。以降、キリシタン弾圧は年々厳しくなる一方だった。最後の希望を失ったイエズス会士は、有力者の改宗戦略を断念せざるを得なかった。

彼らの関心は殉教へと移った。

殉教者としてのガラシャ

前述のガラシャの最期について掲載されているカルヴァーリョの日本年報は、ヨーロッパに渡り、一六〇三年にポルトガルのエヴォラでフェルナン・ゲレイロによって刊行された『一六〇〇～一六〇一年度イエズス会アジア・日本報告集』に掲載された。翌一六〇四年には同書のスペイン語版がバリャドリッドで出版されている。さらに、フランスのイエズス会士のフランソワ・ソリエーは、カルヴァーリョの日本年報におけるガラシャの最期の部分をフランス語に翻訳して、一六二七年刊行の『日本教会史』に掲載している。

ガラシャの最期は、その後のヨーロッパの様々な著述家によってたびたび語られるようになる。十七世紀後半以降には、イエズス会士の日本での布教史を扱う著作物が次々と刊行されるようになり、ヨーロッパのカトリック読者の間で大いに人気を博し、道徳教育にも用いられた。その中で「丹後の女王」と称されるガラシャにはたいてい一節分が充てられている。また、これらの二

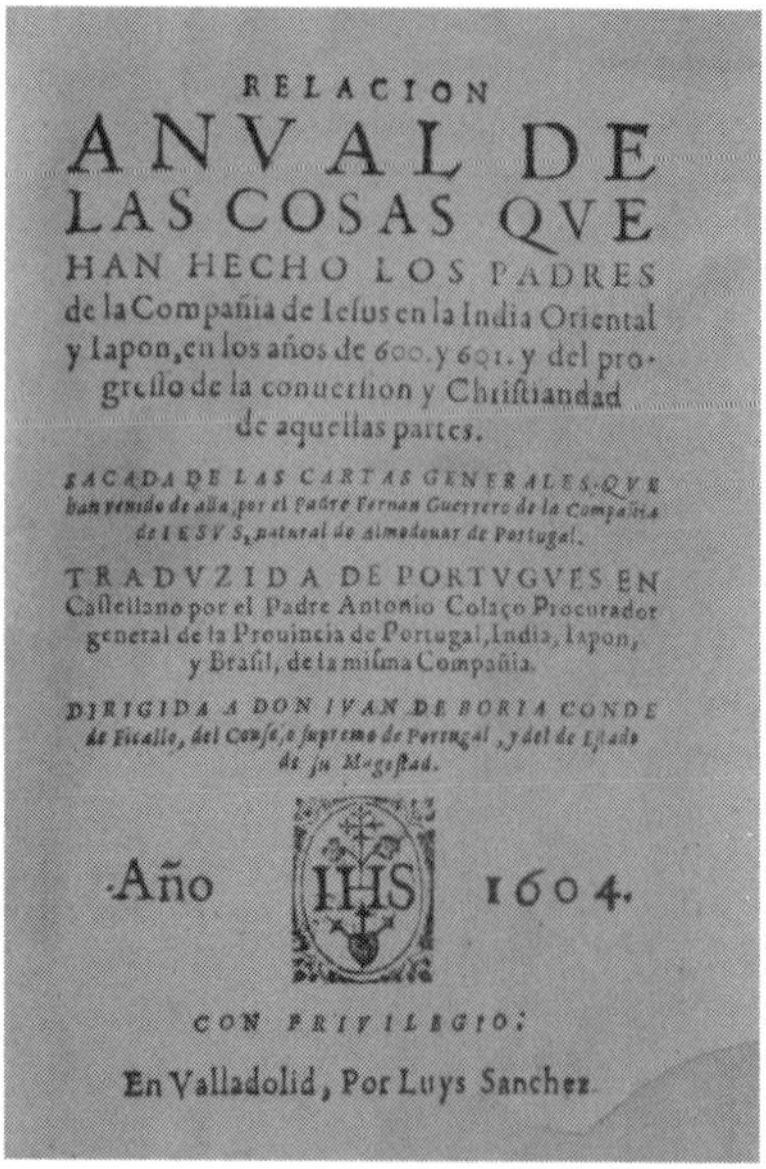
RELACION
ANVAL DE
LAS COSAS QVE
HAN HECHO LOS PADRES
de la Compañia de Iesus en la India Oriental
y Iapon, en los años de 600. y 601. y del progresso de la conuersion y Christiandad
de aquellas partes.
SACADA DE LAS CARTAS GENERALES QVE
han venido de allá, por el Padre Fernan Guerrero de la Compañia
de IESVS, natural de Almodouar de Portugal.
TRADVZIDA DE PORTVGVES EN
Castellano por el Padre Antonio Colaço Procurador
general de la Prouincia de Portugal, India, Iapon,
y Brasil, de la misma Compañia.
DIRIGIDA A DON IVAN DE BORIA CONDE
de Ficallo, del Consejo supremo de Portugal, y del de Estado
de su Magestad.
Año IHS 1604.
CON PRIVILEGIO:
En Valladolid, Por Luys Sanchez.

ゲレイロ『1600-1601 年度イエズス会アジア・日本報告集』標題紙（バリャドリッド、1604 年刊、国際日本文化研究センター所蔵）

次的な著作物では、イエズス会士の年報に記されたガラシャ情報に様々な脚色が加えられ、ガラシャが殉教のヒロインとして描き出された。

ガラシャを理想化する著作物として現れた早い時期の例として、一六六七年から七一年にかけて刊行された『全世界の教会史』がある。著者はアントワープのイエズス会士コルネリウス・ハザールである。同書はまずオランダ語で刊行されたが、一六七八年にウィーンでドイツ語版も出て、ヨーロッパのゲルマン語圏に少なからぬ影響を及ぼした。

全四冊から成る同書の第一冊は、日本の部で始まる。その中の第三章に「丹後の女王の改宗および徳」と題する一節が設けられている。この節でハザールが記述の典拠としているのは、ガラシャの改宗については前述のフロイスの日本年報およびプレネスティーノの書簡である。しかし、ガラシャの最期についてハザールが記している筋書きは、前述のカルヴァーリョの日本年報の内容から大きく乖離している。ハザールはどのように「ガラシャ物語」を著

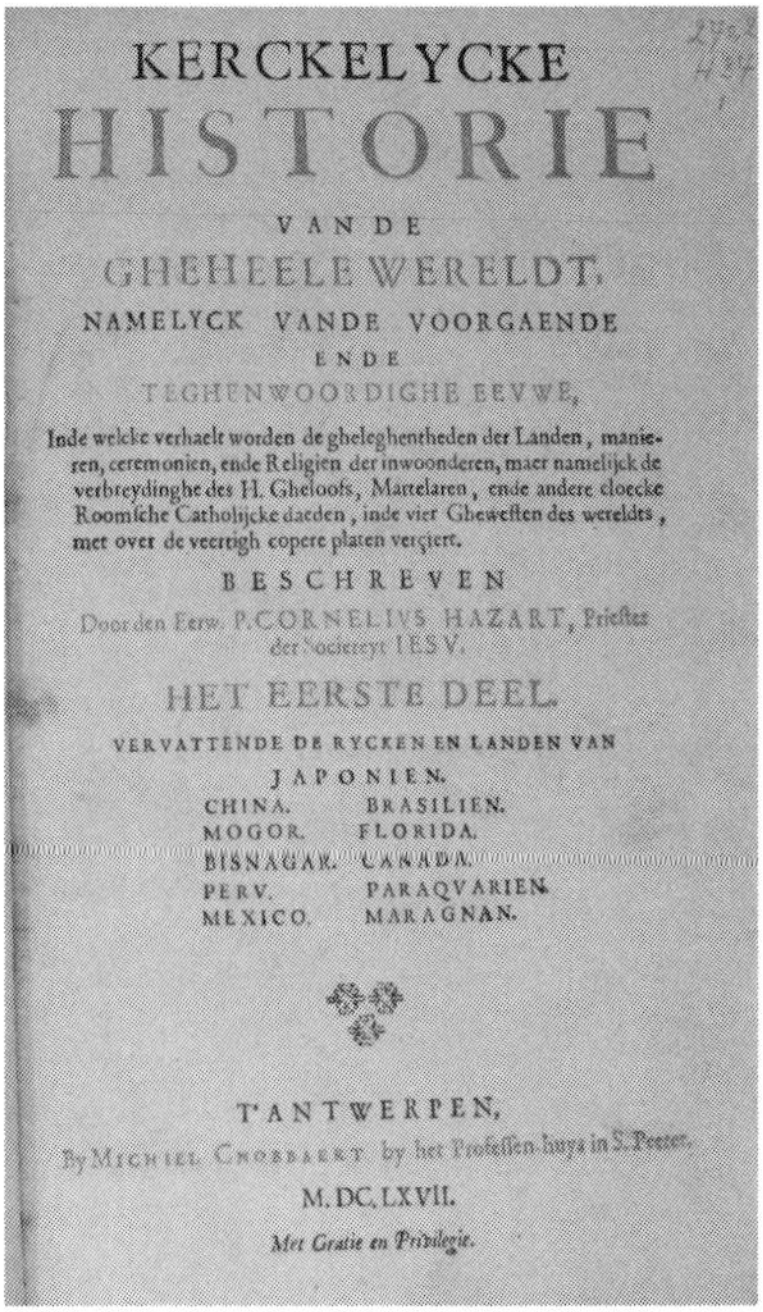
KERCKELYCKE
HISTORIE
VAN DE
GHEHEELE WERELDT,
NAMELYCK VANDE VOORGAENDE
ENDE
TEGHENWOORDIGHE EEUWE,
Inde welcke verhaelt worden de gheleghentheden der Landen, manieren, ceremonien, ende Religien der inwoonderen, maer namelijck de verbreydinghe des H. Gheloofs, Martelaren, ende andere cloecke Roomsche Catholijcke daeden, inde vier Ghewesten des wereldts, met over de veertigh copere platen verçiert.
BESCHREVEN
Door den Eerw. P. CORNELIVS HAZART, Priester der Societeyt IESV.
HET EERSTE DEEL.
VERVATTENDE DE RYCKEN EN LANDEN VAN
JAPONIEN.
CHINA. BRASILIEN.
MOGOR. FLORIDA.
BISNAGAR. CANADA.
PERV. PARAQVARIEN.
MEXICO. MARAGNAN.
T'ANTWERPEN,
By MICHIEL CNOBBAERT by het Professen-huys in S. Peeter.
M. DC. LXVII.
Met Gratie en Privilegie.

ハザール『全世界の教会史』の標題紙（アントワープ、1667-1671 年刊、国際日本文化研究センター所蔵）

述したのか。まとめると、次のようになる。

ハザールはまず忠興とガラシャ両名について対照的に記述している。忠興は非常に残忍でわがまま極まる夫であった。それに対してガラシャは洞察力が非常に鋭く、聡明な妻であった。右近を通じてキリスト教の存在について知ったガラシャは、忠興の不在中に教会へ行き、キリスト教の教理の修学に励み、清原マリアを通じて洗礼を受けた。

九州出兵から戻った忠興は、ガラシャがキリシタンになったことに激怒し、彼女に棄教するよう強要する。しかし、ガラシャは死ぬ覚悟で信仰を守り通す。忠興はガラシャのあまりの美しさのために、彼女を殺害できなかった。それゆえ、忠興はガラシャを絶えず苦しめて、棄教を促した。しかし、ガラシャは信仰心が強くなる一方だった。彼女はめげずに夫の面前で子供たちに洗礼を授けるなどの快挙まで成し遂げた。

しかしながら、十三年もの間に忠興からの絶え間ない暴力を受けていたガラシャは一六〇〇年八月にその暴力に耐えきれず死去した。ガラシャの死に直面した忠興はようやく自分の悪事に目覚めた。悲しさのあまりに、ガラシャにキリスト教的な葬儀を行うようイエズス会士に依頼し、その後もガラシャの徳を称賛しながら、自分の残忍さを後悔したという。

以上が、ハザールの語るガラシャの生涯と死についての筋書きである。人質として要求される場面などはなく、明らかに事実から大きくかけ離れている内容である。ハザールは前述のソリエー『日本教会史』を参考文献として挙げているので、同書を通じてガラシャの最期に関する詳細な情報を得ていたはずである。にもかかわらず、これだけ内容が違うのはなぜだろうか。理由として、次の二つの可能性が考えられる。

第一の可能性は、カルヴァーリョの年報に語られているガラシャの最期にハザールが満足しなかったということだ。人質要求を拒否して自害に至ったという状況から、殉教死に結びつけるには無理があるので、人質要求の場面を都合良く省略して、うまく殉教死にもっていくために忠興を悪役に仕立てたのかもしれない。

第二の可能性として、ハザールがソリエー『日本教会史』におけるガラシャの最期に関する部分を読み落としたということも考えられる。ハザールは数多くの参考文献を挙げている。その数多くの文献の中にソリエーの『日本教会史』も含まれるが、『日本教会史』自体も非常に分量の多い本である。『日本教会史』におけるガラシャ関連の記述は一章に集約されておらず、各所に分散している。ガラシャの最期について書かれている部分を見落としたハザールが、情報のないまま仕方なく自分なりの物語を書き上げるに至ったのかもしれない。

いずれにせよ、フロイスの日本年報に書かれていた、九州出兵から戻った忠興のキリシタン弾圧についての記述に想を得たハザールは、自分の想像力を働かせて、ガラシャの最期に関する物語を独自に作り上げ、ガラシャを殉教者に仕立て上げた。

実際に、ヨーロッパのゲルマン語系地域におけるガラシャのイメージを形成したのは、このハザールによって作り上げられた「ガラシャ物語」であると言っても過言ではない。ハザールの物語を読んだオーストリアのイエズス会士ヨハン・バプティスト・アドルフと音楽教師であったヨハン・ベルンハルト・シュタウトは大いに感銘を受け、ガラシャの苦悩を表現する音楽劇を制作する決心をした。

ガラシャの音楽劇

『気丈な貴婦人』と題するガラシャの音楽劇の脚本は、ハザールの物語に沿ったストーリー展開となっている。忠興は棄教に応じないガラシャを何度も殺害しようとしたが、彼女のあまりの美しさのため、それを実行できないでいる。ガラシャが「叩きなさいませ」と叫んだところ、忠興は刀を抜くが、次の台詞を発する。「わしにはできない。愛がこの手を留める、わしにはできない、怒りがわしを追い立てる。優しい眼差しがわしの手を弱くする。おお、格好の良い額はどんな色をしている！ 何という深紅のほほ！ バラのような唇！ 宝石のような眼！ なんと輝いた髪！ わしは屈する！ しかしそれが何だ！ 領主を崩れそうな美が縛るのか」と（邦訳は新山カリツキ富美子『気丈な貴婦人――細川ガラシャ』による）。

このように、音楽劇では、ハザールが唱えた「ガラシャの並外れた美しさ」が前面に打ち出されている。ところが、フロイスもプレネスティーノもガラシャの容姿については言及していない。とすると、「美人としてのガラシャ」もまたハザールの想像力の産物であるはずだ。フロイスが忠興について「過剰に嫉妬深い」人であると記していることから、ハザールはガラシャ美人説を思いついたのだろうか。それとも、キリスト教における聖女の理想化に起因するものだろうか。これについて、井上章一氏が本書第三章で詳細に議論するので、ここでは割愛する。いずれにせよ、ガラシャの美しさは音楽劇で取り上げられ、主要テーマに据えられた。

この音楽劇では、ハザールの「ガラシャ物語」と同じ結末を採用し、ガラシャは最終的に夫による拷問で衰弱し、死んでしまう。忠興は、最初はガラシャの死を喜んだが、徐々に後悔の念に襲われ、精神的に苦悩するようになる。そして、自分の愚かさに気付き、最終的にガラシャを称賛する。

『気丈な貴婦人』は一六九八年七月三十一日にウィーンのイエズス会ギムナジウムで上演された。神聖ローマ皇帝・レオポルド一世、后妃エレオノール、二人の王子、そして四人の王女が主賓であった。上演は慣例に従って一回限りだった。本頁の図は当時刊行された台本の標題紙である。

十七世紀末のウィーンでガラシャを題材とする音楽劇が成立したのはなぜだろうか。その疑問に答えるために、まず、ガラシャの死がなぜ殉教死と解釈されたのかについて検討しなければならない。

前述の通り、日本はイエズス会士のプロパガンダにおいて戦略的な位置を占めていた。ヨーロッパにおける教会離れ、そしてプロテスタントの躍進に対抗すべく、イエズス会士はヨーロッパ以外に信仰の模範を探し求めていた。彼らはその模範を早い段階で日本に見出した。

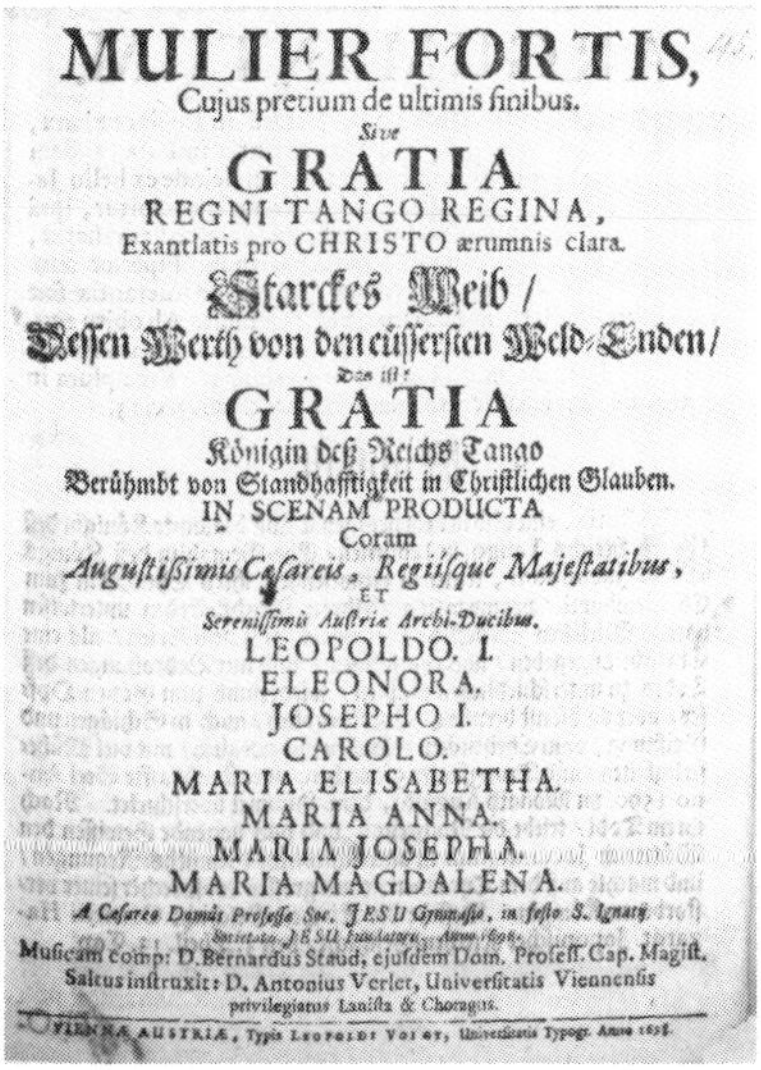
MULIER FORTIS,
Cujus pretium de ultimis finibus.
Sive
GRATIA
REGNI TANGO REGINA,
Exantlatis pro CHRISTO ærumnis clara.
Starckes Weib /
Wessen Werth von den eüssersten Weld-Enden/
Das ist:
GRATIA
Königin deß Reichs Tango
Berühmbt von Standhafftigkeit in Christlichen Glauben.
IN SCENAM PRODUCTA
Coram
Augustissimis Cæsareis, Regiisque Majestatibus,
ET
Serenissimis Austriæ Archi-Ducibus,
LEOPOLDO. I.
ELEONORA.
JOSEPHO I.
CAROLO.
MARIA ELISABETHA.
MARIA ANNA.
MARIA JOSEPHA.
MARIA MAGDALENA.
A Cæsareo Domûs Professæ Soc. JESU Gymnasio, in festo S. Ignatii
Societatis JESU Fundatoris, Anno 1698.
Musicam comp: D. Bernardus Staud, ejusdem Dom. Profess. Cap. Magist.
Saltus instruxit: D. Antonius Verlet, Universitatis Viennensis
privilegiatus Lanista & Choragus.
VIENNÆ AUSTRIÆ, Typis LEOPOLDI VOIGT, Universitatis Typogr. Anno 1698.

『気丈な貴婦人』標題紙（ウィーン、1698年刊、バイエルン公立図書館蔵）

ガラシャの死後にオルガンティーノが侍女たちにガラシャの骨を探させた光景から中世におけるキリスト教初期の聖遺骨の収集が思い起こされるように、日本のキリシタンは、古代ローマで迫害されていた往古のキリスト教殉教者の姿と重ね合わされる傾向があったのかもしれない。イエズス会士の著述の中で日本人信者はたびたび理想的なキリスト教徒として描かれ、ヨーロッパ人にとっての模範として持ち出されている。ことのほか日本人の殉教者の徳は称賛された。

実際、キリシタン迫害がまだ実施されていなかった初期の日本での布教においても、イエズス会士は日本人の信者を殉教に導く教化活動をすでに徹底的に行っていた。ガラシャも例外ではなかった。キリスト教の理解を深めるための書としてガラシャがイエズス会士から渡され、座右の書として愛読した『コンテンツス・ムンヂ』はまさに殉教の苦難を精神的に乗り越えるための宗教書だった。『コンテンツス・ムンヂ』は、当時のキリシタンのために作成されたほかの宗教書と同様に、キリシタンにとって殉教死を最も理想的な信仰の形として説いている。

初期のキリスト教会が殉教の偉業によって古代ローマで勝利を収めたことに因んで、日本においても殉教が繰り返されるたびに、日本人の心を動かし、最終的に日本での勝利をもたらしてくれるとイエズス会士は信じていた。案の定、死を恐れない日本人特有の無常観や苦境に対する忍耐強い気質は、日本人の間に数多くの殉教者を生み出した。しかし、そのような堅固な信仰態度は日本の為政者の反感を買い、弾圧を激化させただけだった。イエズス会士の殉教戦略の結果は勝利からほど遠いものだった。

それでも、日本年報で伝えられた日本人の殉教や信仰の堅持を貫こうとする信念の強さに関する情報は、ヨーロッパにおける教化活動に寄与する最高の題材を提供してくれた。反宗教改革の一環として、イエズス会の創立初期から「イエズス会演劇」が開催されていた。シチリア島のイエズス会学院で始まったとされるイエズス会演劇は、十七世紀にはヨーロッパのカトリック地域の方々《ほうぼう》に普及し、その数は数え切れないほどであったといわれる。これらの演劇の目的は聴衆にカトリック信仰の信念を植え付けて、教化していくことだった。

プロテスタントに対する反宗教改革運動において、どんな苦境の下でもカトリック教を守る日本人は、ヨーロッパのカトリック信者たちにとって良い模範としてたびたび持ち出された。ハザールが作り上げた、信仰を死守するガラシャ像こそ模範的なものと捉えられた。十七世紀末に作成されたガラシャの最期を題材とする音楽劇は、この演劇ブームの流れの中に位置づけることができる。

また、ガラシャは神聖ローマ帝国を支配していたハプスブルク家の人々を魅了するのに恰好の題材でもあった。ガラシャの「並外れた美しさ」は、后妃エレオノールや王女たちの興味を引くのに大いに役立つ仕掛けだった。彼女たちが自分を主人公ガラシャと重ね合わせ、ガラシャと同じく敬虔なキリスト教徒になりたいと思うように仕向ける効果をイエズス会士は狙った。ガラシャが忠興や子供たちに影響力を及ぼしていたのと同様に、后妃エレオノールも皇帝に、また四人の王女たちも将来の夫となる有力者に妻として大きな影響力をもつことになるはずである。このような思惑のもとに、彼女たちをガラシャのようなカトリック教の闘士として育て上げることがイエズス会士の目的の一つだった。ガラシャを題材にした音楽劇は、その目的を達成するための

『丹後の女王・ガラシャ』口絵（パリ、1836年刊、日本二十六聖人記念館所蔵）

有効な仕掛けだったのである。

キリスト教徒の模範としてのガラシャ

ガラシャの死を忠興の暴力のせいにするゲルマン語圏の著述家たちと違って、フランス語圏の著述家たちは、カルヴァーリョの日本年報に記録されたガラシャの最期に忠実に従っている。とはいえ、彼らもまたガラシャの最期の記述に色々な脚色を加えている。

たとえば、前述のクラッセは『日本教会史』で「丹後の女王の悲劇的な死」と題する節を設け、その中でカルヴァーリョの年報に沿ってガラシャの最期について語っている。クラッセが描くガラシャの最期は次の通りである。

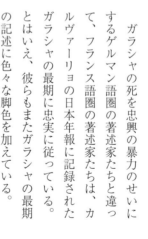

忠興は、内府様（家康）と共に出兵する前に、ガラシャがほかの武将の手に陥る危険に遭遇すれば、彼女を殺害して、自らも切腹すべきであると家臣たちに命令した。やがて、奉行衆からガラシャを引き渡すようにとの要請が来たところ、家臣たちは忠興の命令に従うことにした。

家臣たちは泣きながらガラシャにそのことを伝えたところ、ガラシャは微動だにせず、彼女を天に導いてくれる神の摂理を大いに喜んだ。しかし、死ぬ前に家臣たちもキリシタンになってほしいと彼女は要求する。それに対して、家臣は反論する。キリシタンになると、自害ができなくなる。そうすると、忠興の命令に従えなくなる。それゆえ、ガラシャの要求に応じられないという。その後も両者の言い分は平行線を辿り続けたので、ガラシャは家臣たちの説得を諦める。

彼女は次に侍女たちに退去するよう命令する。侍女たちは、日本の法に従って、ガラシャと共に死にたいと言って反論する。しかし、ガラシャは、王（忠興）の命令に従って自分は死ぬつもりでいるが、侍女たちはキリシタンであるので、自害は許されないと説教する。これを受けて、侍女たちは別の部屋に移り、ガラシャは家臣によって殺害される。

以上のように、クラッセによってガラシャは理想的なキリシタンとして描かれている。彼女は死の宣告を受けた時に、喜んでその死を受け入れる。神のためにいつでも死ぬ覚悟ができているという姿勢は、ガラシャがキリスト教教理の教科書として愛読した『コンテンツス・ムンヂ』で推奨されていることであり、日本のキリシタンにイエズス会士が教え込んだ信念であった。実際にガラシャがそのような反応をしたかどうかについては不明であるが、少なくともクラッセはそのような理想的な信者の姿勢をガラシャに投影している。

また、クラッセによると、ガラシャは自分の死を顧みることなく、死ぬ間際に家臣たちに改宗を勧め、侍女たちにキリスト教の法に従うように促している。この行為にもまたガラシャのキリスト教徒としての模範的な姿勢が投影されている。ここでは、キリシタンの侍女たちと異教徒の家臣たちが対比されている。日本の法に従って自害に及ぶ異教徒である家臣と、日本の法を捨ててキリスト教の法に従わねばならない侍女。そのような構図が浮かび上がる。クラッセの考えでは、侍女たちにはあくまでも日本の法を捨てて、キリスト教の法に従ってもらわなければならない。

このストーリー展開では、異教徒の法に従って自害しなければならない家臣たちは、キリスト教の法に従うことができないというジレンマに陥る。それゆえ、彼らの魂は救われない。なお、ガラシャが殉教者になるためにも、家臣たちは異教徒のままでいてもらわなければならない。というのも、キリシタンになれば、忠興の命令に従えなくなるからである。また、ガラシャを模範的なキリシタンとして引き立たせるためには、異教徒の悪役がどうしても必要になる。

クラッセもまたハザールと同様にガラシャを絶世の美人と評している。「彼女を自然が美の奇跡に作り上げた」とクラッセは綴っている。クラッセの『日本教会史』はフランス語のほかに英語、ドイツ語、イタリア語で刊行され、広く普及し、十八世紀を通じてヨーロッパのカトリック世界における日本観を形成した。

クラッセのガラシャ像は、同じくフランスのイエズス会士ピーエル・フランソワ・ザビエル・ド・シャルルヴォアによって受け継がれる。シャルルヴォアは一七三六年に刊行された『日本史』においてクラッセの記述に沿ってガラシャの最期について語っている。同書は「教化」目的で版を重ね、フランスのカトリック界を中心に日本観の形成に多大な影響を与えた。十九世紀に入ると、カトリックの青年たちの教化を目的に『日本史』のコンパクト版が出て、日本の開国時期まで広く読まれた。ガラシャについては「最も美しい人の一人であると同時に日本の最も熱心なキリシタンだった」と称賛されている。

以上のように、イエズス会士にとって、ガラシャは、有力者の改宗を狙う布教戦略における重要な位置にいた。さらに、ガラシャはその死後も、ヨーロッパにおけるカトリック信者の教化のために模範的なキリシタンとして引き合いに出された。この過程においてガラシャは敬虔な美人として理想化されていき、いつの間にか彼女の真の姿が失われていった。ガラシャは理想化された姿で多くのカトリック信者の心を摑み、信者たちの想像力を掻き立てたにちがいない。

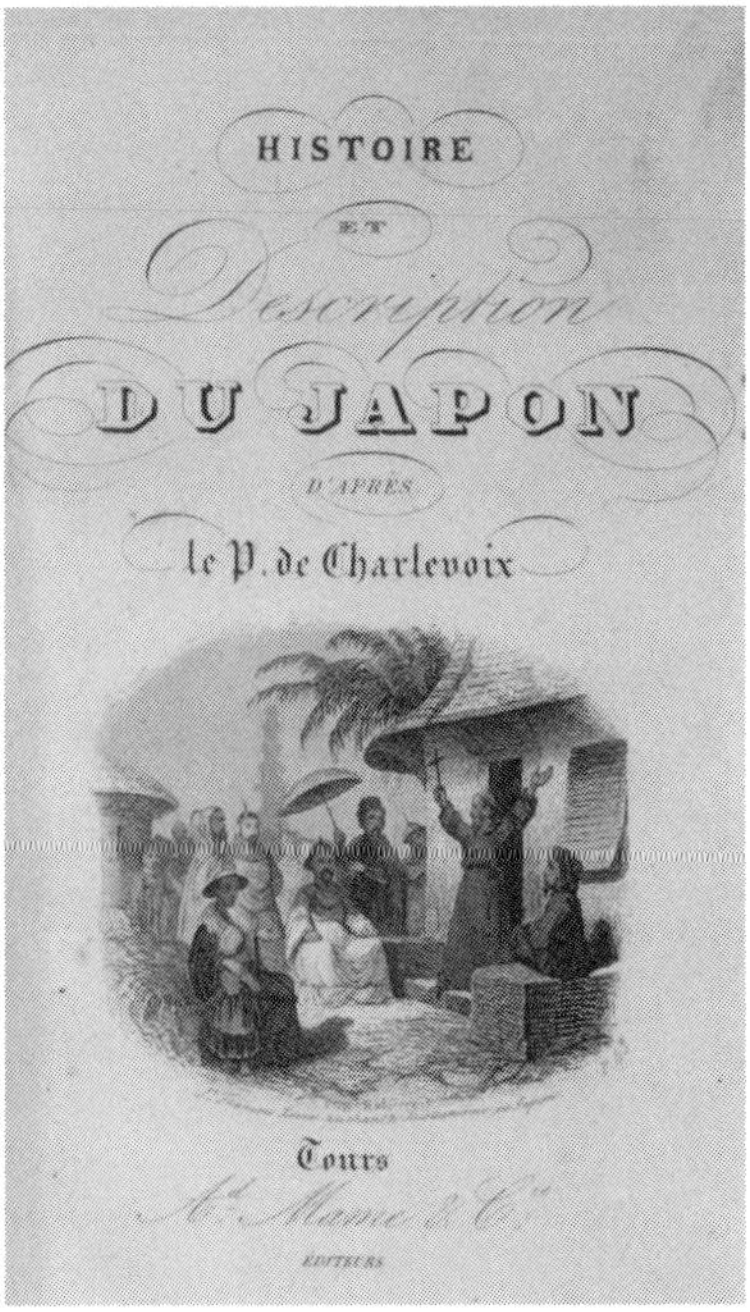

シャルレヴォア『日本史』コンパクト版の標題紙（トゥール、1847年刊、国際日本文化研究センター所蔵）

参考文献
安廷苑『細川ガラシャ――キリシタン史料から見た生涯』中公新書、二〇一四年
石田晴男編『綿考輯録――忠興公』汲古書院、一九八八～一九八九年
海老沢有道編集『コンテンツス・ムンヂ』雄松堂書店、一九七八年
奥野高広・岩沢愿彦校注『信長公記』角川文庫、一九八四年
熊本県立美術館『細川ガラシャ』細川ガラシャ展実行委員会、

二〇一八年
河野純徳訳『聖フランシスコ・ザビエル全書簡』平凡社、一九八五年
新山カリツキ富美子訳『気丈な貴婦人——細川ガラシャ』京成社、二〇一六年
松田毅一監訳『十六・十七世紀イエズス会日本報告集』同朋舎出版、一九八七〜一九九七年
松田毅一・川崎桃太訳『フロイス日本史〈5〉五畿内篇Ⅲ』中央公論社、一九八一年
渡邊大門『明智光秀と本能寺の変』ちくま新書、二〇一九年
Haruko Nawata Ward, *Women religious leaders in Japan's Christian century,* 1549-1650. Ashgate, c2009.
Yasmin Haskell, Raphaële Garrod ed., *Changing hearts : performing Jesuit emotions between Europe, Asia, and the Americas.* Brill, 2019.

第二章で利用した主要なイエズス会関連史料（国際日本文化研究センターのデータベース「日本関係欧文貴重書」http://shinku.nichibun.ac.jp/kichosho/new/ および上智大学ラウレスキリシタン文庫データベース https://digital-archives.sophia.ac.jp/laures-kirishitan-bunko/ で全頁が閲覧可能である）
Arnoldus Montanus, *Gedenkwaerdige gesantschappen der Oost-Indische maetschappy.* Amsterdam, 1669.（アルノルドゥス・モンターヌス『東インド会社遣日使節紀行』）
Avisi particolari delle Indie di Portugallo ricevuti in questi doi anni del. 1551. & 1552. Roma, 1552.（『ポルトガル領インド特別報告集』）
Cartas que os padres e irmãos da Companhia de Iesus. Évora, 1598.（エーヴォラ版『日本書簡集』）
Cornelius Hazart, *Kerckelycke historie van de gheheele wereldt.* 4 vols. Antwerpen, 1667-1671.（コルネリウス・ハザール『全世界の教会史』）
Fernan Guerrero, *Relacion anual de las cosas que han hecho los padres de la Compañia de Iesus en la India Oriental y Japon en los años de 600. y 601.* Valladolid, 1604.（フェルナン・ゲレイロ『１６００—１６０１年度イエズス会アジア・日本報告集』）
Gnecchi Soldi Organtino, *Copia di dve lettere scritte dal P. Organtino Bresciano della Compagnia di Giesv dal Meaco del Giapone.* Roma, 1597.（ニェッキ・ソルド・オルガンティーノ『日本の京都にてオルガンティーノよりの書

簡2通』）
Jean Crasset, *Histoire de l'eglise du Japon.* 2 vols. Paris, 1691.（ジャン・クラッセ『日本教会史』）
John Hay, *De rebus iaponicis, indicis, et pervanis epistolae recentiores.* Antverpia, 1605.（ジョン・ヘイ『イエズス会書簡集』）
Luis Frois, *Avvisi del Giapone de gli anni M.D.LXXXII, LXXXIII, et LXXXIV. Con Alcuni altri della Cina dell'LXXXIII et LXXXIV.* Roma, 1586.（ルイス・フロイス『１５８２年～１５８４年度日本年報』）
Luis Frois, *Lettera annale del Giapone scritta al Padre Generale della Gompagnia di Giesù alli xx. di Febraio M.D.LXXXVIII.* Roma, 1590.（ルイス・フロイス『１５８８年度日本年報』）
Luis Frois, *Nova relatio historica de statu rei christianae in Japonia.* Moguntia, 1598.（ルイス・フロイス『日本におけるキリスト教の現状』）
Pierre-François-Xavier de Charlevoix, *Histoire et description generale du Japon.* 9 vols. Paris, 1736.（ピエール・フランソワ・ザビエル・ド・シャルレヴォア『日本史』）

本章が成るにあたって、いくつかの史料所蔵先にお世話になった。国際日本文化研究センター図書館の資料利用係は日本関係欧文貴重書の利用や史料の取り寄せにおいて便宜を与えてくれた。そのほかに上智大学、長岡京市、南蛮文化館、イエズス会文書館、バイエルン公立図書館、日本二十六聖人記念館、永青文庫にお世話になった。

また、史料調査や写真撮影、文章入力においては、小川仁氏、片岡真伊氏、井岡詩子氏、光平有希氏、宋琦氏、ゴウランガ・チャラン・プラダン氏のご協力を頂いた。「あとがき」で使用したガラシャ・シンポジウムでの対談の書き起こしを掲載するにあたって、小田豊氏にご快諾を頂いた。また、クレインス桂子氏は第二章と「あとがき」の原稿を綿密に校閲し、読みやすい文章にしてくれた。改めて厚く感謝申し上げる。

第三章　美貌という幻想

井上章一

第一節　歴史小説のガラシャ像

美人像への精神史

細川ガラシャと後世からよばれた女性は、戦国時代の末期に生涯をおえた。関ヶ原の合戦を目前にひかえ、西軍の人質となることを彼女は拒絶する。敵に身柄をあずけるぐらいなら、死をえらぶ。そう覚悟をきめた彼女は、家来に自らを殺させ、また館を火でつつませた。劇的というしかない、そんな最期のせいだろう。少なからぬ文芸作家が、彼女の人生をえがいてきた。いわゆる歴史小説の世界では、戦国期を代表するヒロインになっている。

そして、そうした読み物の多くは、彼女を美貌の人としてえがいてきた。その美しさゆえに、彼女はああいう人生をたどったのだとする物語も、なくはない。そこまで書ききらない作家でも、たいてい彼女の美人ぶりには言葉をついやしている。

歴史ロマンになじんだ読書好きは、絶世の美女というガラシャ観をいだいているだろう。テレビや映画の時代劇でも、とりわけ美しい女優への配役を、期待するようになっている。ガラシャの役があてがわれる女優はたいへんだなと、いらぬ心配もしてしまう。

江戸時代の著述家たちも、彼女の最後には興味をよせてきた。少なからぬ書き手が、言及をこころみている。

しかし、江戸時代の文献に彼女の美貌を強調したものは、あまりない。皆無ではないが、美人だったとする記述を探すのはなかなか困難である。といっても、醜女《しこめ》説が流布されていたわけではない。たいていの記録は、その容貌へ言いおよぶことをさけている。

いずれにせよ、江戸時代の人びとは、それほど彼女の美人伝説をまきちらしていない。歴史好きが、ガラシャと聞けば反射的に美人を連想してしまう。この現象は思いのほか現代的である。昔からそうだったというわけでは、けっしてない。

ガラシャの美人伝説には、後世の作為でできている部分がある。没後しばらくの間は、まったく書かれてこなかった。だが、ある時期をむかえてから、ふくらまされるようになる。そして、とうとう今日のようなガラシャ像が定着するまでにいたったのである。

いったい何が、誰が彼女を美人にしてしまったのか。そして、なぜそれは、ひろくうけいれられたのか。この章では、そんなことを検討していきたい。ガラシャにおける美人幻想の増幅過程を、あきらかにしていくつもりである。

じっさいに、彼女の容姿がどうであったのかを、問うつもりはない。戦国末期、江戸初期の記録から、その目鼻立ちをとりざたするのは不可能である。同時代の記録は、さきほどものべたが、そういうことにふれていない。実証的には論じようがないと考える。

ただ、美人説が浮上し普及していく筋道は、文献渉猟をとおしておいかけうる。たんねんにたどれば、せまっていくことができる。また、この作業は、ガラシャにむけられた期待の推移を、あぶりだしもする。たとえば、美人幻想が彼女に仮託された背景を、うきぼりにすることも可能になる。

江戸から今日へいたるまでの、ガラシャに投影された幻想の歴史をえがきだす。ここでは、そんな志もいだきつつ、美人説の流布されていく経緯をつきとめたい。

美しさは罪になる

今日の歴史小説は、しばしば細川ガラシャを美人として描写する。ここまで、そう書いてきたが、ねんのためいくつかの例をしめしておく。文芸にはなじみがないという人のためにも、例示はかかせないと考える。

司馬遼太郎が、『胡桃に酒』（一九六八年）という短編を書いている。ガラシャの生涯をまとめた一編である。

彼女は明智光秀という戦国武将の娘として、生をうけた。ガラシャという霊名があたえられたのは、一五八七年に受洗をしてからである。本名は玉《たま》、あるいは玉子《たまこ》という。一六歳の時に織田信長のすすめもあり、戦国大名の細川家から嫁としてまねかれた。その嫡男である細川忠興の妻になっている。

婚儀がおこなわれたのは、一五七八年である。司馬のえがく花嫁は、丹波から山城平野にはいっている。桂川をわたって細川家の居城へたどりついた。京都の洛中は、とおっていない。その西郊を南下して、婚家にはむかえられている。にもかかわらず、両家の婚礼は京都でたいへんな評判をよんだ。『胡桃に酒』は、そんな場面から話をはじめている。

作家は、玉と忠興の縁組が京都で話題になった理由を、こうしるす。「これほどまで世間がさわいだのは、その嫁の容色のたぐいなさによるものにちがいない」。作家は物語の冒頭から、ヒロインの美貌譚をもちだしている。その器量こそが主題であると、ほのめかすかのように。

細川家の側で嫁取りの務めをはたしたのは、小笠原少斎であった。その少斎が、初対面の玉におどろく場面も、作家はこしらえている。少斎はつぎのように感銘をうけていたというのである。

「これほどの美貌というものがこの世の人間のなかで存在しているということが、目の前にそれを見つめながら容易に信じられず、そのうちに気が昏《くら》み、ついには顔をあげつづけていることができない」

婿の忠興も、新妻の容姿には魂をゆさぶられている。「うつくしいというよりももはや神にちかいように思われた」。

豊臣秀吉が朝鮮出兵へふみきったことは（一五九二年〜）は、よく知られていよう。この戦争では、多くの武将たちが動員をかけられている。忠興も、もちろんしたがった。戦支度《いくさじたく》をしいられた大名たちの間では、ある噂がわきおこったという。忠興が留守をしている隙に、秀吉はその妻をねらうつもりかもしれない。いや、むしろそのためにこの戦争をはじめたのではないか、と。作家はそんな評判ができた原因も、玉の美貌にあるという。

「世間のうわさ好きに罪はない。罪は、たまにあった。美しすぎるということは、それ自体が騒動のもとであるようだった」。

夫の忠興も、秀吉が妻をおそうだろうかとあやぶみ、いたたまれなくなっている。これまでも、妻に執着するあまり、家人らを傷つけ、あやめたりしたことはあった。だが、総大将である秀吉にははむかえない。そのため、忠興は留守をつとめる妻に用心をしろと、ものぐるおしく言いきかせた。

秀吉に貞操をねらわれる可能性は、じゅうぶんある。その点では、夫からも、くどく警告されてきた。そんな奥方のおかれた状況を、家中の女たちは気の毒がる。

「侍女たちはこぞって……たまのこの不幸に同情した。が、たまはつねに、『罪は私にある』といった。自分がもし他の容貌をもった自分であったとすれば忠興はああも物狂いにならず、忠興によって殺された多くの男女もその悲運を見ずに済み、彼女自身もこのような苛酷な運命のなかに身を置かずとも済んだにちがいない。罪は、この容姿にある」

ヒロイン当人も、悪いのは自分だと思っている。自分が美しすぎるために、まわりを不幸へおいこんでいると、自覚をしていた。司馬遼太郎は、そういうキャラクター設定を、ガラシャにほどこしたのである。

あたしの美しさに、おどろかないの

あとひとつ、三浦綾子の『細川ガラシャ夫人』（一九七五年）も、紹介しておこう。こちらは長編で、やはり彼女の人生に正面からむきあおうとしている。また、この小説でもヒロインの美貌は、大きなテーマとなっていた。

ただ、司馬作品とは、美貌ぶりの語られる箇所がちがっている。その差からは、両作家の女性観や人間観がことなることも、読みとれよう。この章で、そこへ深入りをするつもりはないが。

玉の父が明智光秀であることは、すでにのべた。母は光秀が妻木家からむかえた熈子である。この二人がむすばれるさいに、両家の間では、ちょっとした悶着がおこっている。

婚礼を間近《まぢか》に控え、彼女は疱瘡をわずらった。顔面には痘痕《あばた》をのこされている。妻木家は、その醜状を夫となる光秀のために申し訳なく思う。そのため、熈子を病痕のない妹の八重へさしかえ、明智家にとどけようとした。

だが、光秀は妻木側のそういう配慮をはねつける。自分は熈子といっしょになるつもりであった。たかが顔にできた肌の凹凸ぐらいで、婚約を反故にすることはできない。そう妻木家につたえ、熈子をそのまま嫁にむかえている。

これが実話なのかどうかは、よくわからない。ただ、そういう言い伝えがあるのは、たしかである。そして、作家はこの伝承を大きくとりあげた。女性の表面的な美醜にこだわらない光秀の高潔さを、この逸話で読者に印象づけている。

光秀と熙子の間に玉ができたのは、一五六三年のことであった。三浦作品でも、たいそう美しい娘としてそだったことになっている。

その美少女・玉は、ある時父母のいる前で、母の痘痕をからかった。「お母さまのお顔は、でこぼこしておかしいこと」。

このひとことを、父の光秀はきびしくたしなめた。娘よ増長するな、謙虚になれ、と。

「そなたは、自分の顔が美しいと思って、傲慢にも思い上がっているのじゃ……謙遜ほど人間を美しくするものはない。その反対に、いくら見目形《みめかたち》がととのっていようと、お前のように思い上がったものほど、みにくいものはない！」

叱責をしおえたあとも、父は不安をぬぐいさることができなかった。「幼い時から、美しい愛らしいと人々にもてはやされてきた」娘である。容姿へのうぬぼれで、人生をしくじるかもしれない、と。

あとで玉の夫となった細川忠興には、高山右近という知友がいた。キリシタン大名であり、最後まで信仰心をたもちつづけた武者である。そして、玉は夫が口にする右近の話題で、キリスト教に親近感をいだきだす。

じっさいに、その可能性はある。三浦作品も、右近からの感化という筋立てで、信仰心のめざめを説明した。しかも、忠興を経由して右近の人となりを知るというだけに、話をとどめない。忠興もいる前で、玉には右近とであわせている。のみならず、右近へのひそかな恋心さえ、ヒロインにはいだかせた。

彼女が右近にひきつけられたきっかけも、作家はえがいている。右近は玉の美貌に感心しなかった。その無関心ぶりが、彼女の心をゆりうごかしたのだ、と。

「右近のように、玉子の美しさに驚かぬ男性は、曾《かつ》て一人もいなかった……右近が、玉子の美しさに何の驚きも、讃嘆も示さなかったことに、玉子は逆に異性として惹きつけられていたのである……自分の美しさに驚かぬ右近を、玉子はそのままにしてはおけなかったのだ」。

父の光秀が心配したとおりの美人意識を、この時彼女はいだいていた。あの男が美しい自分になびかないのは、どうしてかといぶかしがる。驕慢というしかない心理におちいっていたのである。


「内面の美しさ」


ヒロインの玉は、高山右近を知ることで、キリスト教に近づいていく。やがては、信仰心もめばえるようになる。洗礼をほどこされ、『こんてむつすむん地』というテキストにも、したしみだす。

ささいなことだが、書きそえる。三浦は玉がしたしんだ文献を『こんてむつすむん地』として、作中に記載した。しかし、これが出版されたのは一六一〇年である。京都の原田アントニヨ出版が、漢字仮名まじりの国字抄本として世にだした。一六〇〇年に亡くなった玉が、目をとおした可能性はない。

ただ、ローマ字本の『コンテンツス・ムンヂ』は、玉の生前にできている。天草コレジヨが一五九六年に刊行した。のみならず、出版される前から、写本の形で信徒のあいだにでまわってい る。それを玉は一五八七年に入手した。読んだのも、こちらであったろう。彼女はローマ字、アルファベットで書かれた和文を読みこなせたようである。

いっぽう、玉が見られなかった国字版のほうは、国の重要文化財に指定されている。作家はその威光で幻惑され、こちらを玉の愛読書にしてしまったのかもしれない。

いずれにしろ、その原典は西洋中世キリスト教文学を代表するテキストである。イエズス会の海外布教にも、活用されてきた。多くの言葉に翻訳されてもいる。もちろん、日本語にも。

そして、玉はこれを読みだしたころから、かつての美貌自慢を忘れるようになる。それどころか、彼女の顔立ちには「内面から輝くような美しさ」も、そなわりだす。

三浦自身がクリスチャンであったせいもあろう。この作品で、三浦はキリスト教を、たいそう気高い宗教にしたてている。信仰にめざめれば、人の容姿などで心がわずらわされることなど、なくなるかのように。

とはいえ、作家の三浦じしんは、美人というヒロインのキャラクター設定にとらわれている。美形ゆえの自意識を、彼女はどのようにおし殺していくのか。そんな美女の物語に、『細川ガラシャ夫人』をまとめていた。クリスチャンでもある三浦が、である。どうやら、信仰心があっても容色へのこだわりは、そうかんたんになくならないらしい。

あと、一カ所だけ、作家のほどこした脚色をしめしておく。

一五八二年には、本能寺の変がおこり、光秀は織田信長をほうむった。だが、かたき討ちをいどむ羽柴秀吉に、山崎合戦でうちまかされている。以後、光秀とその一族は織田家にとっての反逆者として、位置づけられた。細川家でも、明智の家からむかえた妻の扱いには、気をもみだす。けっきょく、忠興は彼女を形式的に離縁し、丹波の山奥へとじこめた。織田家臣団の目がとどかないだろうところへ、かくしている。あるいは、かくまった。しかし、そう決断を下した忠興に、ある家来はあらがおうとする。その抵抗ぶりを、作家はこんなせりふにまとめている。

「殿……あの光り輝くようなお美しさでは、いかに事を密《ひそ》かに運んでも、他に洩れぬとは限りませぬ」。

言うまでもないが、こういった文句はみな作家の創作である。そして、三浦は作品のそこかしこに、自分で想いえがいた美貌譚をはさみこむ。作家じしんが容姿にこだわっていたと、そう判断をするゆえんである。

おそらく、とても美人

永井路子も、ガラシャが主人公となる小説を書いている。『朱なる十字架』（一九七一年）が、それである。この作品でも、美人の人生という書き方は、かわらない。明智玉は細川家の人びとがいならぶ前に、「美貌の少女」としてその姿をあらわしている。

なお、永井は『日本夫婦げんか考』（一九七四年）でも、同じことをのべていた。玉と細川忠興の婚礼にふれつつ、花嫁の姿をこう評している。「たいへんな美人だった」、と。

南條範夫という作家にも、同じような指摘がある。いわく、彼女の「端麗な美貌は一世に鳴っていた」というのである（『日本よもやま歴史観』一九九〇年）。

さすがに、学術世界の研究者たちは、おおむね抑制的な書き方をまもっている。ガラシャに言及する場合でも、容姿はことごとしく論じない。たいてい、口をつぐんでいる。

それでも、あぶなっかしい美貌譚へかたむく学究が、いないわけではない。たとえば聖書学の池田敏雄に、こんな言及がある。「玉子という名にたがわず、容ぼうも美しく……」。『人物中心の日本カトリック史』（一九九八年）でもらした指摘である。

教育学の宮島真一も、こう書いている。「玉子は、まれに見る美貌であった。育つにつれて、楊貴妃桜でも見るように華麗となった」。楊貴妃桜は、サトザクラの一品種である。薄紅色《うすべに》の大きな花弁が、かさなりあって開花する。たいそう華麗な桜である。宮島はそんな花に、玉の美しさをなぞらえた。『がらしゃ細川玉子夫人』（一九六五年）での言及である。

安廷苑《アンジヨンウオン》は日本を中心にすえて、キリスト教史をさぐってきた。『細川ガラシャ――キリシタン史料から見た生涯』（二〇一四年）という単著もある。韓国で生まれた人だが、斯界を代表する第一人者でもある。

その『細川ガラシャ』にも、「ガラシャの美貌」へ言いおよんだところがある（三八ページ）。彼女の「美貌」を前提として、話をすすめたくだりに遭遇する。この本は完成度が高く、私も参考にした箇所は、少なくない。それだけに、わずかなフライングがざんねんである。

もっとも、同じ本の、「あとがき」へよせた美人説は、ちがう書き方になっている。「彼女は恐らくとても美人……」と推論の形でしるすに、とどめていた。「あとがき」では、自制心がはたらいたのだろうか。そして、こういう書きっぷりならば、じゅうぶんのみこめる。美人であった可能性まで否定するべきではないと、私も考える。

ただ、くりかえすが、彼女の容貌をあらわした同時代の記録は、見つかっていない。目鼻立ちの良し悪しを、証拠まであげながら論じきるのは不可能である。美人説であれ不美人説であれ、どちらも実証的には語れない。前者ばかりが横行する今日は、そちらを好む時代精神にしばられすぎている。

美貌の記録はあったのか

もういちど、三浦綾子の『細川ガラシャ夫人』を、ふりかえりたい。この小説には、数え年で七歳をむかえた明智玉の様子へ、ページをさいたところがある。やはり、その美しさを特筆しているわけだが、同時に美少女説の根拠もしめしていた。こんなふうに。

「お玉は嬉々《きき》としてお手玉遊びに興じていた。『容貌の美しきこと、たぐいなく』『楊貴妃桜を見るような、あでやかな美貌』と記録に残っているお玉のその美しさは、七歳にして、早くも人の目を集めた」。

彼女に関しては、その美しさをあかしだてる古い記録がある。実証的なデータが存在するから、自分も美少女説でおしきった。そう言わんばかりの指摘になっている。

だが、そのような記録はのこっていない。「楊貴妃桜」うんぬんという記述は、『がらしゃ細川

『玉子夫人』を典拠にしていよう。しかし、さきほど紹介をしたが、これも戦国時代の指摘ではない。三浦がガラシャを書く。その一〇年ほど前に、ひとりの教育学者がひねりだした文句でしかないのである。

やはり、作家の杉本苑子が、玉の美貌をしるした資料はあるとのべていた。『聞き語り　にっぽん女性「愛」史』（一九八八年）へ、目をとおしてほしい。作家当人へのインタビュー集だが、なかにつぎのような発言がおさめられている。

「玉子が美人であったことは確かなのです。宣教師が本国に送った手紙にも、細川玉子の美貌と聡明さが書かれているぐらいですから。代々明智氏は美男美女の家系だったようですよ」。

美人説は、文献的に立証できる。三浦や杉本は事実上そう言いきっている。しかし、そんな証明ができるとは、とうてい思えない。「宣教師が本国に送った手紙」も、そういうことは書かなかったはずである。

かつて新村出《しんむらいずる》という言語学者がいた。一般には、『広辞苑』という国語辞典を編集した業績が、知られている。のみならず日本における洋学、キリシタン文化の受容史研究でも、大きな成果をあげた。文献の博捜でも群をぬく大学者である。

その新村が、一九二五年にある講演会へのぞんでいる。なかに、ガラシャをめぐるつぎのような指摘を見つけ、私はおどろかされた。

「東西の史籍を対照して我々が考へて見まするところによると非常に美人であつたやうであります」（「西洋文化と大阪」『新村出全集　第一〇巻』一九七一年）

これだけではない。新村は一九二九年の講演でも、同じようなことをのべている(「切利支丹女性の話」『新村出全集　第七巻』一九七三年)。「夫人の美しかつたことは日本側にも西洋側にも見えてゐる」、と。

新村のような碩学でさえ、ガラシャの美人説にくみしていた。しかも、文献的な裏付けとなる記録は、東西の両洋にあるという。三浦や杉本のような文芸作家たちともつうじあうコメントを、のこしていた。

明智から細川へとついだ玉については、美人だと言っておかなければならない。そんな時代精神の波は、新村をものみこんでしまったのだろうか。今紹介したふたつの発言を、『新村出全集』で見いだした時は、暗澹たる気分になった。シーザーのひそみにならい、新村よお前もかと思ったことを、のべておく。

しかし、読者によっては、私の論述をうたがうむきもおられよう。井上は、ガラシャの美人説がみちびきだせる典拠など、どこにもないと言う。しかし、それはほんとうか。

じっさい、二、三の作家だけでなく、新村のような学者までデータはあると言っている。やはり、美人説をあとおしする記録も、さがせば見つかるのではないか。そんな疑問がわいてきたという人も、なかにはいるかもしれない。

どうやら、ガラシャを直接知る人びとの記録も、検討しなおす必要があるようである。

第二節　日本とヨーロッパ

誰も美人だったとは書いていない

細川忠興の妻が書いた手紙は、十数通ほど、今ものこっている。戦国大名の夫人としては、数多くの書状が保存されているほうだと思う。もっとも、直筆のものがどれくらいあるのかは、よくわからない。

宛先でいちばん多いのは、小侍従という腰元へむけたものである。父の明智光秀は細川家へとつぐ玉に、彼女を侍女としてつきそわせた。その小侍従はのちに、細川家の家臣である松本因幡の妻女となっている。そのため、手紙はおおむね松本御殿内儀宛、松本小侍従宛として、したためられた。

玉じしんの心情を知る、手紙はもっとも重要な記録である。とりわけ、明智家での想い出がわかちあえる侍女への便りは、あなどりがたい。小侍従は、玉がいちばん真情を吐露しやすい相手であった可能性もある。これらを活用する研究はあまり見あたらないが、もっと利用されてしかるべきだろう。

しかし、玉が美人だったかどうかの判断には、つかえない。

書状に「あたしはきれいだから……」とあれば、その自覚があったと言えようか。あるいは、

「あたしをきれいだという人は多いけど……」でも、かまわない。そういう文面があれば、美人という評判のあった証拠として、いかしうる。

だが、ぬけぬけとそういう文句を書きつづる女性は、少なかろう。たとえ、心のどこかで思っていても、手紙の文面へはだしにくい。美人という自意識は、そうとうしたしい相手にも、かくしたくなるものである。たとえ当人が、どれほどきれいな女性であったとしても。

玉の書状にも、美人うんぬんという言葉は見られない。しかし、そのことだけから、美貌の自覚がなかったとは、きめつけられないだろう。手紙は貴重な資料である。だが、美人という自覚の有無をめぐる判定には、つかえないと考える。

玉が館に火をはなたせ絶命したのは、一六〇〇年のことであった。それから半世紀近くの歳月をへて、細川家は往時の実情をさぐりだす。あの時、館の中では何がおこったのか。その探求へ、第四代藩主であり、忠興と玉の孫にあたる細川光尚《みつなお》がのりだした。当時の記憶ものこしているだろう生証人を、さがしだしている。

さいわい、細川家のスタッフは、玉につかえた腰元の存命者を見つけだす。霜女《しもじょ》とよばれた元の侍女を、さがしあてた。そして、玉の最期に関する回想記を書かせている。「霜女覚書」（一六四八年）と通称される記録が、それである。

関ヶ原で東西両軍があいまみえる、その二カ月前のことであった。玉がくらしていた大阪の屋敷は、石田三成がはなった者たちにとりかこまれる。彼らは、細川夫人を人質として、西軍側へさしだすよう要求した。東軍についた細川忠興のうごきを、牽制するためである。

「霜女覚書」は、西軍から屋敷側が恫喝をうける様子も、いきいきととらえている。玉が小笠原少斎の介錯をうけるまでの情景も、あざやかにえがいていた。当時をふりかえる、第一級の記録だと言える。

もちろん、四八年も前の想い出である。記憶にふたしかなところがなかったとは、言いきれない。それでも、霜女はご主人様が、玉のことだが、命をたつ様子を目撃していた。火の手があがり、館がもえていく現場も目のあたりにしている。半世紀をへたあとでも、その記憶は鮮明にやきついていたと考える。

そもそも、霜女は玉から自分たちの最期を忠興へつたえるよう、たのまれていた。語り部となることを、当初から要請されていたのである。「をくと申女房と私と両人ニハをちのき候て……御さいこの様子、三斎様へ申上候様ニ」。お前たちはおちのびて、すべてのいきさつを忠興に知らせろ。「霜女覚書」にも、そう玉から言われたとある。

また、これは玉につかえた侍女がのこした、唯一の記録である。玉に関しては、ほかのどれよりも重んじられるべきデータだと、くりかえしのべておく。

だが、そこに玉の美貌へ言いおよんだ箇所はない。「奥様は、ほんとうにおきれいな方でした」というような述懐は、見あたらないのである。「お覚悟をきめられた時の奥様は、かがやいて見えました」という類の想い出も。

『言経卿記《ときつねきようき》』をはじめとする同時代の記述からも、彼女の美貌はひきだせない。玉を直接知る人たちは、しばしば彼女のことを書きとめた。西軍にかこまれ命をおとした件への言及も、そこそこある。しかし、美人だったという指摘は、ひとつも見いだせない。

もちろん、そういう言辞の欠如から、美人説を否定するのは困難である。きれいな人だったが、誰もそうは書かなかったという可能性だってありうる。

いずれにしろ、玉をよく知る人の記述からは、何も語れない。歴史の記録として価値が高いものほど、この問題には口をとざしている。美人説はなりたたないし、不美人説もとおらない。後世の読み物は、一方的に美人説へかたむきすぎていると言わざるをえないだろう。

知性と徳性だけはほめられて

ここまでは、日本人がしるした記録にしたがい、話をすすめてきた。玉の同時代を生きた人たちは、彼女を美人だと書いていない。また、少なくとも書き言葉では、美人説をまきちらしてこなかった、と。

いっぽう、玉の時代には、キリシタンの宣教師たちが、おおぜいいた。さらに、玉は入信してもいる。大阪の教会ではグレゴリオ・デ・セスペデスと会い、話をかわしあっていた。ニェッキ・ソルド・オルガンティーノからも、面会はできなかったが、間接的に指導をうけている。そちら側の記録も、日本側のデータと同じように、検討されるべきだろう。

ガラシャの美人説へくみする人びとは、西洋人の記録もその根拠にあげることがある。キリシタンの宣教師たちは、本国へ彼女の美貌についても、報告している、と。

じかに面談をしたセスペデスは、彼女のことを書きとめていたという。ざんねんながら、その記録は、今のところ見つかっていない。ただ両者の間にはいった日本人修道士のガラシャ評は、のこっている。高井コスメの指摘だが、『一五八七年の日本年報』に、それはおさめられている。

これによれば、コスメは彼女がしめす飲み込みの良さに、舌をまいた。宗教問答についても、「これほど理解力があ」る「女性には会ったことがない」、という（安廷苑、前掲『細川ガラシャ』）。ただし、美貌への言及は、ひとつもない。コスメが評価をしたのは、もっぱら知的な優秀さのほうであった。

大阪の教会で、ただ一度の訪問だが、玉はセスペデスとあっている。その様子を、やはり大阪にいたアントニオ・プレネスティーノが、ローマへつたえていた。一五八七年一〇月の報告がそれである。

これもコスメと同じように、彼女の知力へ敬意をはらっていた。「夫人は、大変な理解力と聡明さを備えた人だった」という（同前）。しかし、やはり容姿をほめたような記述は見いだせない。

ヘルマン・ホイヴェルスは、上智大学で第二代目の学長となった（一九三七～一九四〇年）。イエズス会にぞくする研究者である。ガラシャにかかわる著述を、いくつかのこしている。『細川ガラシア夫人』（一九三九年）という単著もある。その巻末でホイヴェルスは、ガラシャへの言及がある宣教師の書翰や報告を列挙した。網羅的にあつめ、みな日本語に訳している。

書き手は、一六世紀末の日本を知る宣教師たちである。プレネスティーノ、オルガンティーノ、そしてルイス・フロイス、ヴァレンティン・カルヴァリョにフランシスコ・パエス。以上五人の通信文で、ガラシャにかかわるものを、ホイヴェルスは、合計一二通披露した。

それぞれの文面は、一五八七年から一六〇一年の間に、まとめられている。ガラシャの生きた時代、もしくはその記憶がある時代に書かれた記録だと言える。

だが、そこに美貌への言及は、いっさいうかがえない。評価の言葉は、知性や徳性など、内面とかかわることにかぎられた。同時代の宣教師は本国に、ガラシャを美人だと書きおくっていない。そうつたえたはずだという指摘は、みなまちがっている。

ルイザは美しいのだが

信仰の道にはいったガラシャをみちびいたのは、オルガンティーノである。だが、彼は当のガラシャといちども会っていない。指導は、もっぱら書面によりなされていた。にもかかわらず、この宣教師は細川邸の内情を、把握していたようである。

洗礼をほどこされ、ガラシャの霊名をもらった玉の周辺には、キリスト教が浸透した。侍女の多くも、キリシタンになっている。だから、オルガンティーノは邸内でくらす侍女たちの動静にも、けっこうつうじていた。

そんなオルガンティーノが、一五八八年三月に一本の報告をまとめている。なかには、ガラシャらが知らせてきた夫、細川忠興のふるまいをしるした箇所もある。これを信じれば、忠興はけっこうあくどい所業におよぼうとしていたらしい。

オルガンティーノが書いたこの報告は、フロイスの『日本史〈5〉』に収録されている（中公文庫、二〇〇〇年）。これによれば、忠興は侍女頭の「ルイザ」へ、性的な好奇心をたぎらせていた。「弄《もてあそ》ぶつもりで」よびよせようともしている。自分のところへ「ルイザ」をつれてこいと、侍女たちには命じていた。

オルガンティーノは、そんな「ルイザ」の人となりを、こうあらわしている。

「まだ若く、最初にキリシタンになった婦人たちの一人で、美貌の持主でした」

ガラシャや彼女の侍女たちから、「ルイザ」のことはおしえられていたのだろうか。あるいは、オルガンティーノじしん、大阪の教会で「ルイザ」を見ていた可能性もある。

いずれにせよ、オルガンティーノは、「ルイザ」のことを「美貌の持主」だと書いている。ガラシャ当人については、そういう評価を下していない。だが、侍女頭のことは美人だと書ききった。そして、オルガンティーノに美しいと評された女性は、この「ルイザ」しかいない。ガラシャと彼女をとりまく侍女たちのなかでは、「ルイザ」だけなのである。

高井コスメやプレネスティーノは、ひたすら彼女の知性をほめあげた。美貌うんぬんと記載されたのは、オルガンティーノの言う「ルイザ」にかぎられる。奥方はかしこく、侍女頭は美しい。ガラシャとその周辺を知っている宣教師たちが書きとめたのは、そういう女性評であった。

身分の高い細川忠興夫人については、容色の評価をはばかったのかもしれない。高貴な女性にたいしては失礼だ、と。だが、位の低い侍女にならば、美醜での値踏みもしやすかったという可能性はある。この記録だけで、ガラシャの容姿が「ルイザ」におとるときめつけることは、ひかえたい。

しかし、宣教師たちは、ガラシャの美貌を書きたててこなかった。少なくとも、彼女の近くにいたキリスト者は、そういうことを記録していない。

後世の論客は、しばしば揚言する。宣教師たちも、ガラシャの美しさを本国へ報告していた、と。われわれは、こういう物言いを、どううけとめればいいのだろう。

グスマンやモレホンも

日本のキリシタン大名が、少年使節をヨーロッパへ派遣したことは、よく知られる。一五八二年に、宣教師のアレッサンドゥロ・ヴァリニャーノは日本をあとにした。イタリアへの帰路についている。そのヴァリニャーノに、大友、有馬、大村の三家は、数名の少年をともなわせた。いわゆる天正遣欧使節である。

一行は、一五八四年の一二月に、ベルモンテで逗留した。当地では、ルイス・グスマンから、ベルモンテ学院の院長だが、もてなされている。その交流をつうじ、グスマンは東方伝道に関心をいだきだす。イエズス会が中国や日本に信仰をひろめていった。その歴史をしらべるようになっていく。

一六〇一年には、研究成果を『イエズス会東洋伝道史』として、まとめあげた。これは邦訳も刊行されている。『グスマン東方伝道史』（全二巻、新井トシ訳、一九四四、四五年）がそれである。

前年の一六〇〇年に細川ガラシャがなくなったことは、何度ものべてきた。グスマンの著作も彼女には、しばしばふれている。女性の信者を論じた第八章では、こんな書きっぷりもしめしていた。

「種々なる意味からその第一位に挙げられる人は丹波《ママ》国王の妻ドーニャ・グラシヤである。彼女の徳、強靭なる精神に就いては機会ある度に詳細に記して置いた」

たしかに、この本はガラシャを高く評価している。そこかしこで、「彼女の徳、強靭なる精神」をほめてもいた。だが、美人だとはひとことも言っていない。ことあげしたのは、もっぱら内面にかかわる資質のほうである。

今はうしなわれたG・セスペデスの報告も、グスマンは見ていたろう。目をとおしていた可能性は高いと思う。だが、さきほどのべたとおり、容姿についてグスマンは、何も書いていない。そういう言及は、おそらくセスペデスの記録にも、のこっていなかったのだろう。

さて、天正遣欧使節の少年たちは、一五八六年に日本へむけて出発した。この帰国には、やはりイエズス会士のペドロ・モレホンが同行する。そして、彼らは一五九〇年の七月に、長崎へ上陸した。

モレホンは、宣教師が国外追放を余儀なくされた一六一四年まで、日本にとどまっている。オルガンティーノの後任にもなった。日本でくりひろげられたキリシタンの弾圧にも、いやおうなく直面させられている。

晩年はマカオで学院長の務めをはたした。また、一六三九年になくなるまで、著述もつづけている。日本におけるキリシタンの迫害、および殉教の歴史を、書きとめた。こちらは『ペドゥロ・モレホン日本殉教録』として日本語に翻訳されている(全二巻、佐久間正、野間一正訳、一九七三、七四年)。

モレホンは、ガラシャが生きていた時代の日本を知っていた。その評判なども、同僚たちから聞いていたはずである。そして、モレホンが記録にとどめたガラシャ像も、精神面の美質ばかりを強調した。つぎのように。

「この夫人……は非常に思慮深く聡明で」

「彼女の信心・忍耐・謙虚の徳はその行ないによく表われている」

まだ、見おとしている宣教師の記録は、あるかもしれない。そして、そこに美人だったという指摘がなかったとは、言いきれないだろう。

しかし、私が目にした範囲では、美人説の根拠となりそうなデータなど、ひとつもない。彼女は、知性や徳性ばかりがきわだつ女性だったのである。少なくとも、内面に関する指摘のほうが圧倒的に多かったことは、うたがえない。

比類のない美しさ

ジャン・クラッセはイエズス会士のひとりである。彼もまた、日本伝道の歴史を、一六八九年にあらわした。日本では、その一七一五年版が太政官翻訳局によって訳出されている（『日本西教史』全二巻　一八七八年、八〇年）。

生まれたのは、一六一八年。ガラシャがなくなった、その一八年後である。もう、キリシタンへの弾圧は本格化されていた。そんな日本にクラッセは、もちろんきていない。生涯をフランスですごしている。日本伝道の歴史も、その体験がある宣教師たちの報告を読みながら、まとめていた。自分の見聞ではなく、もっぱら文献資料にたよった史書を、書きあげたのである。

そして、彼の著作はガラシャの美しさをうたっている。「容顔の美麗比倫な」い女性として、フランス語を読む読者に紹介した。なお、「比倫」の「倫」は類やともがらと同じ意味になる。比倫なし、という文句は比類ない状態をさしている。今はあまりつかわない、やや古風な表現である。

クラッセのガラシャ語りを、つづけて紹介していきたい。彼は言う。細川忠興は、妻がキリスト教に入信したことをきらっている。強く改宗をせまってもいた。だが、妻は夫の要請にしたがわない。信仰をいだきつづけている。

夫にはむかう妻を、しかし忠興はすてられない。「侯は夫人の顔容の美なる為めには愛顧の念を断つ能はず」。面喰いの夫が美人妻をてばなせなかったせいだと、クラッセは書いている。

さらに、こんな指摘もある。

「抑々容顔の美麗を以て幸福を得る為め、其《その》身を自愛するは婦人の常情なりと雖も、丹後侯の夫人は然らず。自から命ずること厳格にして、法教断食の時間は精密に其式を行ひ……皮膚に血を滴《し》たゝらすに至るまでジッシープリンの行を為し」

美貌は女性に幸福をもたらす。だから、たいていの美人は、その容姿をたもつようつとめる。だが、ガラシャはちがう。信仰のためには、肉体をさいなむ鍛錬もいとわないというのである。

来日経験のある宣教師に、こういう記録はない。クラッセは、あきらかに話をつくっている。さしたる根拠もなく、細川忠興の妻を「容顔の美麗」な女性に、したてあげた。

ガラシャを美人だときめつけた書物は、クラッセ以前にも刊行されている。そのことは、あとでもういちどたしかめる。ただ、一七世紀末にだされたこの本が、美人説の早い例だったことはいなめない。邦訳のある文献にかぎれば、これがいちばん古いだろう。

西洋の宣教師も、その美しさを書きとめている。ガラシャを美人だと言いたい論じ手は、しばしばそううったえてきた。

そして、たしかに美人だと書いた書物はある。じじつ、クラッセはそうあらわしている。しかし、これは日本を見たことがない、後世の執筆者による指摘であった。ガラシャを、直接には知らない者の想像説でしかないのである。

ガラシャは自害した

関ヶ原の合戦をひかえ、西軍の石田三成は大阪の細川邸を包囲した。細川夫人を人質としてさしだすよう、もとめている。館の主となっていたガラシャは、これをはねつけた。

そのいっぽうで、家人たちへは自分を手にかけるよう命じている。命じられた側も、これにこたえ主君の奥方を亡き者とした。

おめおめと人質になるくらいなら、自ら命をたつ。武将の妻は、自らの名誉を重んじ、自害の途をえらんでいた。ありていに言えば、自殺をしたのだと言いきれる。

直接彼女をあやめたのは、介錯をたのまれた家人だったかもしれない。そこをよりどころとして、自殺ではなかったとする論客も、けっこういる。ガラシャはキリスト教徒であった。神の教えで禁じられた自殺などへふみきるはずがないと、彼らは言う。キリシタンとしてのガラシャ像をまもりたいむきは、しばしばそうとなえてきた。

しかし、彼女に自死へのかたい決意があったのは、まちがいない。じかに刀や槍をあやつったのが誰であったかを、それほど問題にする必要はないだろう。介添えの役目をしいられた家人たちは、自殺幇助の役目を強要されたのだと言ってよい。

イエズス会がだした「一六〇〇年の日本年報」も、そのことをわきまえていた。これによれば、ガラシャは侍女たちの殉死をいましめている。「自分一人で死にたい」と、彼女らにはつげていた（安廷苑、前掲『細川ガラシャ』）。

じっさいに、「自分一人……」という発言があったのかどうかは、わからない。しかし、当時のイエズス会は、「死にたい」という意志が彼女にあったと、とらえていた。それが自死であることは、了解していたのである。

オルガンティーノは、人質となる可能性がせまるガラシャの、相談相手になっていた。武家の妻として、はずかしめをうけるような事態はさけたい。夫の細川忠興も、いざとなった場合の覚悟を、自分にはもとめている。場合によっては、死の決断をせまられるかもしれない。キリスト者として、それはゆるされるのかと、たずねられていた。

書状でのやりとりだが、オルガンティーノは自死をさけるよう、すすめている。しかし、日本の武家社会にそのならわしがあることは、彼も知っていた。ガラシャの自害も、とめられないだろうことは了解していたはずである。じっさい、最終的にはその決断を、心ならずもみとめてしまったようである。

オルガンティーノは、彼女の死後、その葬儀を執行した。一周忌のミサを、忠興の要請もあったためだが、教会でとりおこなっている。ガラシャの死を、自死におよんだ背教者のそれとしては、あつかっていない。キリスト者の死として、うけいれたのである。

「イエズス会は、布教地の社会や文化に『適応』することを基本方針としていたといわれている。ガラシャが死を選ぶことを認めたのは、オルガンティーノの日本に対する究極の『適応』であった」。安廷苑の『細川ガラシャ』は、そう結論づけている。私もそのとおりだと考える。

いずれにせよ、ガラシャの死を殉教の美談として位置づけるのは、困難である。そこに、信仰の本質とかかわるさまざまな問題のあったことは、否定のしようがない。そして、そういう裏面は、宣教師たちの記録を読めば、おのずと見えてくる。

だが、一七世紀後半以後のイエズス会は、そういうところから目をそむけた。もう、日本での布教がありえない時代になり、かつての伝道を美化しはじめる。たとえば、ガラシャのことも、自殺などありえない純粋なキリスト者としてえがきだす。イエズス会は、すばらしい女性をそだてたのだというように。

一六八九年にクラッセは、ガラシャの美人説をうたいあげた。のみならず、彼の『日本西教史』は彼女の死をも、うるわしくかざりたてていく。

美貌の妻が人質となることをいやがった忠興は、あらかじめ部下に命じていた。もし、敵方から妻の身柄をひきわたせと言われたら、その時は妻を斬れ。そして、お前たちも切腹せよ、と。

この命令にしたがって、家人たちは奥方を殺害した。当のガラシャは、これで自分も天国へいけると、あらがうことなく死をうけいれている。キリスト者として、その運命にしたがった。『日本西教史』は、以上のような物語で、彼女の最期をいろどったのである。

ガラシャの死に、自殺めいたところはない。彼女は無慈悲な夫から死をせまられ、ひたすら神を信じつつ、天にめされている。「夫人は宗旨の為め残酷を受け、終に死に就きたり」。クラッセは、そう書きつつ、彼女の死を殉教でもあるかのように、あつかった。その同じクラッセが、ガラシャの美人説を併記したのである。

日本での使命をおえたイエズス会が、伝道史上のロマンをほしがるようになる。会の宣伝にもなる極東のヒーローやヒロインを、物色しはじめた。そんな時代にあとをおされた書き手のひとりが、クラッセだったのである。

ガラシャの美人説は、以上のような背景の、必然的な産物にほかならない。

ウィーンのガラシャ劇

『気丈な貴婦人——グラーチア、丹後王国の女王』という音楽劇がある。一六九八年に、ウィーンの王宮で上演された。イエズス会のつくったドラマである。ハプスブルク王家の人びとも、もちろんこれを鑑賞した。皇帝レオポルト一世や皇妃のエレオノーレらも。

「グラーチア」は、ガラシャのことをさす。丹後は細川家の領地であった。領国をたばねる細川忠興の妻を、この劇は「丹後王国の女王」という形でしめしている。細川家の物語が、ウィーンの宮廷で、王族たちの観劇対象になったのである。

ただ、その内容は史実からかけはなれている。「気丈な貴婦人」の忠興は、まったくの暴君になっていた。妻がキリスト教へ入信したことを知り、彼女を虐待する。棄教をせまる君主として、えがかれた。そして、妻は信仰をまもりとおし、夫の拷問に力つきて昇天する女性だとされている。

敵の人質となることを拒絶して、自死にいたる。そういう武家の妻女らしいこだわりは、見すごされている。信仰にあつい、イエズス会の理想像めいた存在として、彼女は舞台へあげられていた。

のみならず劇作家は、美しい妻への虐待を、夫にためらわせてもいる。「バラのような唇」や「宝石のような眼」が、折檻の勢いをにぶらせる。「領主を……美が縛る」と、舞台の忠興には言わせている（新山カリツキ富美子訳『気丈な貴婦人――細川ガラシャ』二〇一六年）。殉教のヒロインは、圧倒的な美貌の人になっていたのである。

一七二〇年に、皇妃のエレオノーレはなくなっている。その翌年には、彼女の伝記がウィーンで刊行された。そこでは、亡き皇妃とガラシャの共通点が、うたいあげられていたという。両者は、たぐいまれな美貌でもつうじあうと、そうたたえられていたらしい。

なお、ドラマの台本はコルネリウス・ハザールの著作に依拠して、制作された。オランダ出身のイエズス会士だが、一六七八年に大部な『教会史』を、まとめている。その第一巻第三部は「日本教会史」。そして、第一三章は「丹後の王妃の改宗とキリスト教的美徳」になっていた。ドラマの「気丈な貴婦人」は、これを素材としてこしらえられたのである。

なお、こういった知見は新山カリッキ富美子の論文で、おそわった（「ヨーロッパにおける日本殉教者劇——細川ガラシャについてのウィーン・イエズス会ドラマ」『世界の日本研究　二〇一七』）。私が自分でしらべたわけではない。ねんのため、ひとことことわっておく。

ウィーンのドラマについては、米田かおりも興味深い論文を書いている。「細川ガラシャとイエズス会の音楽劇」が、それである（『桐朋学園大学研究紀要　二八集』二〇〇二年）。

これによれば、『気丈な貴婦人』が上演される前から、ガラシャの名はよく知られていた。日本では、「美貌と知性を持つガラシャ」が、殉教を余儀なくされている。そんな筋立ての読みものが、ウィーンでは、いくつもでまわっていたという。

イエズス会は、ハプスブルク家の庇護をうけていた。ウィーンにも、拠点をおいている。そのせいで、こういう出版事情もなりたったのだろうか。

前に、邦訳のある文献では、クラッセの『日本西教史』が美人説の初出だと書いた。しかし、ヨーロッパでは、もう少し早くから流布されていたようである。さきほど紹介したハザールにも、「ガラシャの並外れた美しさ」への言及はある（本書所収、クレインス論文）。そして、ハザールの本は、クラッセのそれより一一年前にまとめられていた。

ヨーロッパでの美人説は、いつあらわれ、どう広がったのか。ざんねんながら、その網羅的な調査は、まだできていない。そこへおもむけない今の自分を、ふがいなく思う。

いずれにせよ、こういう議論の出現はガラシャの同時代に、さかのぼりえない。日本伝道がつづいていた時代でも、美人の伝説はうかびあがりにくかった。ガラシャの美人譚は、伝道終了後の物語であったろう。『気丈な貴婦人』は、その延長上にあらわれたドラマだと考える。

余談だが、ガラシャの高貴さは、宮廷女性の鑑だとされた。レオポルト一世のまわりでは、とりわけ女性たちの手本になると、みなされている。だとすれば、のちの女帝マリア・テレジアまでは、その考えもとどいていただろう。

いや、娘のマリー・アントワネットにだって、つたわっていたかもしれない。フランス革命でギロチン刑をしいられたマリーは、気丈に断頭台へのぼったという。その脳裏に、細川ガラシャの最期がよぎった可能性はないだろうか。うろたえるまい。私も、ウィーンでおそわったガラシャのようにふるまおう、と。

冗談ではない。本気でそう考える研究者たちもいる。二〇一三年に、東京の東洋文庫はキリシタン史料の展示をおこなった。その標題は「マリー・アントワネットと東洋の貴婦人」になっている。

断頭台へあがったマリーは、想いうかべていたかもしれない。「幼き頃に家族と観た殉教劇、気高き東洋の貴婦人」を。展示会のチラシには、そんな文句もおどっていた。

しかし、ウィーンの宮廷で、『気丈な貴婦人』は一度しか上演されていない。一六九八年のそれが、最初で最後の舞台である。一七五五年生まれのマリーに、観劇の機会はなかったろう。

もちろん、ハプスブルク家で、ガラシャの物語が伝承されていた可能性はある。王女たちのまなぶべき一般教養に、それはなっていたかもしれない。

ただ、ざんねんながら、マリーはおさないころから勉強をきらっていた。家庭教師たちも、遊び好きの彼女には匙《さじ》をなげていたという。断頭台の王妃へ、ガラシャに関する教養は、つたわらなかったような気がする。怠惰な姫君だったからこそ、口うるさくガラシャの逸話を聞かされていた可能性もあるが。

一八三〇年に、ウィーンでは『女性たちの輝き』という本が、刊行された。なかに収録されたガラシャの話が、六年後にフランス語へ訳されている。『丹後の王妃グラティア』（一八三六年）という冊子となって、世にだされた。しかし、これも、一七九三年に刑死したマリーへはとどかなかったと言うしかない。

賢夫、貞女とはやされて

ずいぶん、ヨーロッパのガラシャ像にこだわった。これには訳がある。

くりかえすが、たいそう劇的に彼女は自分の人生をとざしていた。だから、江戸時代の歴史語りでも、しばしばふりかえられることはある。だが、彼女をヒロインにしたような劇は、つくられてこなかった。細川夫人ひとりをとりあげたような冊子も、出版されてはいない。

くらべれば、彼女をもてはやす度合いは、ヨーロッパのほうがきわだつ。江戸時代の日本人は、それほど彼女を話題にとりあげてこなかった。もちろん、彼女の知名度は、日本のほうがあちらでのそれより高かっただろうけれど。

とはいえ、ヨーロッパでガラシャが一定の名声をたもったことは、たしかだろう。一九世紀のなかばまでは、いちばん有名な日本女性だったかもしれない。まあ、男性までふくめれば、高山右近の圧倒的なネーム・バリューにはかなうまいが。

今日、われわれは明智光秀の娘、つまり細川忠興の妻を、ガラシャとよぶ。キリシタンとしての霊名を、その通称にしている。しかし、江戸期の表記に、それはほとんどありえない。今のガラシャという言い方は、ヨーロッパ流のそれをとりいれて、なりたった。

おおいそぎで、訂正をしておく。『綿考輯録《めんこうしゅうろく》』という江戸中期の文献には、「伽羅舎様《がらしゃ》」の名がのっている。のみならず、彼女がキリスト教へ接近したいきさつも、これはのべていた。

しかし、『綿考輯録』は細川家がまとめた家譜である。ひろく、いっぱんに読まれるようなものではない。一種の内部資料である。そして、これ以外の書籍はガラシャという名を、まずつかわなかった。「明智女」「細川忠興室（妻）」といった表記の方を、ふつうはもちいている。

ガラシャという名前だけにかぎらない。今の日本で語られるガラシャ像には、ヨーロッパで増幅された物語も、ふくまれる。あちらのガラシャ語りが、一九世紀以後の日本にもちこまれた。そうして、江戸時代以来の国内的な細川夫人像をかえてしまったところが、けっこうある。ヨーロッパ事情の紹介に、言葉をついやしたのはそのためである。そちらへの目配りをぬきに、近代日本のガラシャ像はとらえきれないだろう。

さて、江戸時代の著述は、たいてい細川夫人の死を自殺だと書いている。そこを、イエズス会士たちのように、うやむやなままですまそうとはしていない。覚悟の自害であり、だからこそりっぱであったと評するのが、ふつうである。夫への貞節、軍略上の貢献、さらには勇気も評価して。

「当時節女、婦而有義……子葉孫枝　世有誉処」。『本朝列女傳』（黒沢弘忠　一六六八年）は、たとえばそうほめている。「か丶る貞烈の人……類なき事なり」と書いたのは、室鳩巣《むろきゆうそう》であった（『駿台雑話』一七五〇年）。一七世紀の『明良洪範』（真田増誉）も、死をえらんだ女性の「節義」に感心している。

一八世紀の文人である湯浅常山に『常山紀談』という著述がある。ここでは、彼女の「義烈」と、それから「謀《はかりごと》もゆ丶しき」ところが、買われていた。知謀の人でもあったというのである。じっさい、彼女の自裁は、徳川方、いわゆる東軍の結束を強めている。その意味では、軍略上の貢献もあったとみなしうる。

あとひとつ、女性の書き手がのこした言葉も、紹介しておこう。成瀬維佐子という人が『唐《から》錦《にしき》』という一書をまとめている。賢夫人や貞女ともくされる女性たちの事蹟をならべた本である。元禄期（一六八八〜一七〇四年）に執筆された。細川夫人の最期にも、ページはさかれている。これによれば、自害の決意を知った家人の小笠原少斎は、こう感嘆していたという。

「げにもいさぎよき御心ばせ、さすがに弓矢をとりて名をえし人のひめぎみなればこそ、かくとをぼすらめ、我細川の家のおもておこしなるべし」

武士の妻が見ならうべき鑑であるという。細川家の名を高めるふるまいとしても、評価した。自死をいとうクリスチャン風の気遣いは、どこにも見あたらない。日本と西洋では、同じ人物の受け取り方が、まったくちがっていたのである。江戸時代までは。

まれには、美人の評判も

細川忠興夫人へ言いおよんだ書籍は、江戸期にもそこそこある。彼女は、そのいさぎよさと貞節ぶりで、高く評価されていた。烈女としても、買われている。江戸時代の著述家が、しばしば彼女に言葉をついやしたのも、もっぱらそのためである。

だが、美人という指摘は、あまり見あたらない。まったくないわけではないが、ごく少数にとどまっている。

その例外的な文献をひろっておく。まず、『明智軍記』をあげておこう。明智光秀の一代記をあらわした読みものである。刊行されたのは、一七世紀のおわりごろ。光秀がなくなり、一一〇年ほどたってからの軍記物である。執筆されたのも元禄期で、没後一〇〇年はすぎていただろう。書き手が誰なのかは、わからない。

光秀は一五八二年に、織田信長をうちはたした。そのすぐあとに、娘のとつぎ先である細川家へ、連携をよびかけている。けっきょく、細川家はこの要請をしりぞけた。そんな歴史の展開が、『明智軍記』の第九巻に記載されている。そして、同巻は明智と細川の橋わたしめいた位置にいたのちのガラシャを、こう評した。「細川忠興ノ妻室ハ、光秀第三ノ娘……容色殊《コト》ニ麗《ウルハシ》ク」。

『明智軍記』は、先行する『信長公記』などを下敷きとしながら、編集されている。しかし『信長公記』に彼女の容姿を語ったところはない。明智と細川の縁組で、仲人口をきいたのは信長であった。だが、信長の生涯をあらわしたこの伝記は、沈黙をまもっている。そもそも、光秀の娘に対する言及じたいがない。

ならば、「容色殊ニ麗シ」という文句は、何を典拠にしていたのだろう。明智勢の残党や、細川家にそういう言いつたえがあったという可能性は、考えうる。しかし、「忠興の妻室」がなくなった八、九〇年後のこういう記述は、やはり信じがたい。ここでは、江戸期の日本にも、少数ながら美人説があったと言うに、とどめよう。

なお、歴史家の田端泰子があらわしたガラシャ伝は、この説を好意的にひいている（『細川ガラシャ』二〇一〇年）。『明智軍記』の美人説を、否定はせずに紹介した。しかし、だからと言って、美人であったとまでは、書ききっていない。歴史研究者としての節度が、ふみとどまらせたのだと思う。

あとひとつ、幕末にあまれた『野史《やし》』（飯田忠彦、一八五一年）を、例示する。その第二六八巻に、「細川忠興夫人……容貌殊好」とある。

この本は、その典拠に『大三川志《だいいみかわし》』という文献をあげていた。これをまとめたのは松平頼寛という著述家で、一七〇三年に生をうけている。『大三川志』も一八世紀に編纂された書物である。かりに美人説の伝承があったのだとしても、そう古くはさかのぼれない。『明智軍記』と同じで、信用しきれないと考える。

とにかく、一六世紀後半、一七世紀初頭の記録は、美人だと書いてこなかった。明智玉を見とどけた時代の記録は、美人説をふりまいていない。そういう話が浮上するのは、一七世紀末になってからである。一七世紀前半までは、さかのぼりえない。美人説は、後世がねりあげた空想説だと、私は考える。

ただ、こういう想像がうかびあがる理由は、わからなくもない。明智光秀は羽柴秀吉に、山崎合戦でおいおとされた。秀吉をはじめとする織田家中から見れば、光秀の係累は謀反人の一族となる。細川忠興が明智家からむかえた娘も、とうぜんそうみなされうる。

時代の勝利者となった秀吉の前で、身の証《あか》しをたてる。そのために、明智の娘とはすっかり縁をきってしまう手も、あったろう。だが、忠興はそうしない。彼女を丹波の山奥に、かくまっている。二年後には、秀吉の了解もとりつけ、復縁をはたした。それだけ、彼女を手ばなしたくなかったんだろうなと、思えてくる。

関ヶ原の合戦前には、大阪の妻が敵方の人質となる可能性も、見えてきた。だが、忠興はそれをゆるさない。妻が敵の手にわたることは、なんとしてもくいとめようとする。やはり、妻への独占欲は強かったのだろうなと、おしはかれる。

彼女への美貌幻想は、こうした忠興のふるまいに由来すると、とりあえず書いておく。これだけ夫が執着したのだから、さぞかし妻は美しかったのだろうと考える人もいた。美人だったという言辞は、そういった憶測をへてつむぎだされたような気がする。後世の人びとによって。

いずれにせよ、彼女についての美人説は、それほど流通していない。より広汎にわたって流布したのは、賢婦、貞女といった道徳面の文言である。くらべれば、美人うんぬんという議論のひろがりなど、とるにたらないと言いきれる。

イエズス会が、ガラシャについては美人幻想をふりまいた。そんなヨーロッパと江戸期の日本には、大きなへだたりがあったと、かみしめる。

第三節　ひろがる美貌説

キリスト教がゆるされて

ジャン・クラッセの『日本西教史』を、もういちどふりかえる。この本じたいは、一七世紀末にフランスで発行された。前にもふれたが、これを明治新政府の太政官翻訳局は、日本語に訳している。一八七八年に上巻、そして一八八〇年に下巻を上梓した。

新政府が一八七三年に、旧幕時代以来の禁教令を廃止したことは、ひろく知られていよう。これ以後、日本は信教の自由が保障された国になる。キリスト教の布教も、公認された。と同時に、日本側はこの宗教をうけいれる、その対処法も考えなければならなくなる。

旧幕府が禁教令をうちだしたのは、一六一二年のことであった。それまでの日本は、キリスト教の信仰を禁じていない。一六世紀のなかばをすぎたころから、この宗教は大手をふってまかりとおるようになる。いわゆる南蛮時代が到来した。

そんな時代をふりかえれば、キリスト教の受容を余儀なくされる今後の参考になる。西洋の宗教とは、どうつきあっていけばいいのか。そんなヒントが、歴史のなかからひろいだせるかもしれない。以上のような思惑もあり、太政官は『日本西教史』の翻訳にふみきった。

ただ、クラッセの本じたいは、けっこうずさんにできている。イエズス会の宣伝めいた都合で、史実をゆがめたような箇所も、けっこうある。根拠もなく、ガラシャを美女にしたてていたことは、さきほどのべた。

どうして、太政官翻訳局がこの本をえらんだのかは、よくわからない。ほぼ同じ時期に、レオン・パジェスは『日本切支丹宗門史』を、完成させていた（一八七〇年）。研究書としての完成度は、こちらのほうがクラッセのものよりずっと高い。当時の翻訳局には、見る目がなかったということか。

しかし、翻訳をされた『日本西教史』は、けっこう読みつがれた。版もかさねている。『大日本史料』にも、おさめられたことがある。

一九二〇年代あたりまでは、けっこう信用されていた。一九二九年には、あの新村出も言っている。「西洋側」のデータも、「夫人の美しかったこと」をしめしている、と。『日本西教史』を信頼しての発言に、ちがいない。

ガラシャは美人であったという。そんな今日の一般通念も、この本からひろがったのだと考える。

さきに、「霜女覚書」という記録を紹介した。ガラシャがはてるまでの経緯を、くわしくつたえた書きつけである。だが、これのあることは、江戸期にほとんど知られていない。記録は細川家の家中に、ながらく秘蔵されていた。

これを、ひろく世に知らしめたのは『史学会雑誌』、のちの『史学雑誌』である。その一八九一年一〇月号が、「覚書」の全文を掲載した。小倉秀貫という会員が、「細川忠興夫人明智氏自裁の実況」と題し、活字化させている。

これを披露しおえた小倉は、細川忠興夫人のことを、つぎのように論評した。

「夫人は明智光秀の女、容貌艶麗なり」、と。

よりどころとなる文献は、ひいていない。しかし、この時期には『日本西教史』が、ひとつの権威ある文献となっていた。「容顔の美麗」をうたう著作が、オーソライズされていたのである。小倉もこれを信頼したのだろう。

そして、細川夫人を「容貌艶麗」ときめつけた文章は、『史学会雑誌』にのせられた。東京帝大が編集をする歴史学の、もっともアカデミックな雑誌に、おさめられたのである。美人説には、一時期これで箔がついたと考えるけれども、どうだろう。

ガラシャの名は教会から

江戸期の文献には、ほとんどガラシャいう名前が見られないと、さきほどそう書いた。じつは、明治期の書籍や雑誌も、ガラシャという呼称を、あまりつかっていない。一般に流通していたのは、なんと言っても細川忠興夫人のほうである。

ガラシャの名がひろまりだしたのは、おそらく一九二〇年代ごろからだろう。

『中央史壇』という雑誌の一九二一年一〇月号に、「細川ガラシヤ」という一文がある。ガラシャという霊名を、細川忠興夫人の表記にもちいた、かなり早い例だと思う。著者は西村真次。日本文化史を、国際的な環境の中でとらえようとした歴史家である。

なかで、西村は書いている。

「細川ガラシヤ（Gratia）の日本名は知られてゐないので、昔からたゞ『忠興夫人』とのみ呼ばれてゐる」

これまでは、もっぱら「忠興夫人」がその通称であったという。このくだりで、西村は自分の文章がもつ新しさを、ほのめかしていただろう。自分は従前の慣例にとらわれず、あえてキリスト教の霊名をつかうのだ、と。

こんな指摘もある。

「それは青年の日であつた。私は或基督教会で牧師の説教を聞いた時、私の耳に細川ガラシヤの名が響いた」

西村は一八七九年に生まれている。「青年の日」は、一九世紀の末ころであったろう。そのころから教会では、細川ガラシャと、細川夫人のことをよんでいたらしい。

くりかえすが、活字媒体でこの呼称が普及しだすのは、一九二〇年代からである。一九二一年に「細川ガラシヤ」という標題をかかげた西村は、その先駆者であった。どうやら、この命名は教会から一般社会へと、拡散したようである。

さらに、西村からの引用をつづける。それまで、ガラシャは自刃《じじん》におよんだ女性として、語りつがれてきた。そのいさぎよさが、日本では高く買われてきたのである。だが、教会のガラシャ語りは、ちがっていた。西村が「青年の日」にであった説教は、べつのとらえ方をしていたという。

「牧師の説教は自殺を主題としたものであつたが、其例《その》にガラシヤを引いて彼女は基督教徒であつたが故に、必ず世に伝へられるやうに自殺したものではあるまいといふことを語つた」。

一九世紀末の教会は、自殺説をみとめなかったという。たまたま、西村の遭遇した教会だけが、そういう判断を下していたわけではない。洋書に精通した西村は、こうも書く。

「外人の記事は、ガラシヤが自ら手を下して自己を殺したことを認めてゐない。これは基督教徒は自殺しないといふ前提を置いてゐるからである」

西村じしんは、自殺否定説にくみしない。ただ、それを教会経由の舶来説であるというに、とどめている。そのいっぽうで、ガラシャという西洋からしめされた名称の使用には、ふみきった。ついでにしるすが、「美しい夫人」であったとも、のべている。美人説には加担をしていたようである。

西村の個人的な見解を、これ以上とやかく言うことは、ひかえよう。ここでは、ガラシャという名前や自殺否定説が輸入品であることを、たしかめておきたい。美人説にも、あちらからもたらされた要素が色濃くあることは、さきほどのべた。日本でも、時代が下るにしたがい、ガラシャ像はそういう方向へ流されていくのである。

国民史のなかで

『近世日本国民史』は、織田信長の時代から明治維新、西南戦争までをえがいている。全一〇〇巻におよぶ通史である。徳富蘇峰が、一九一八年から書きだした。最終的に完成を見たのは、一九五三年、蘇峰が九〇歳をむかえた年である。

各時代を代表する人物が、いずれの巻でもくわしく論じられている。文献の博捜も、読む者をうならせる。蘇峰の史観にひややかな専門の歴史家も、たいていその点では一目おいてきた。この通史を一種の史料集として座右におく研究者は、少なくない。

いわゆる歴史小説への影響も、あなどれないだろう。戦国時代から江戸時代をへて、明治維新にいたる。その時期をあつかう作家たちは、大なり小なり『近世日本国民史』にたよってきた。

歴史小説をつうじて歴史観を形成する。たとえば、信長像や秀吉像をかためていく。そんな読書人たちにも、『近世日本国民史』の感化はおよんでいると、みとめてよい。なんといっても、作家の多くはこの通史を土台としつつ、作品をまとめていくのだから。まあ、あいつは蘇峰しか勉強していないという作家どうしの悪口も、よく聞くが。

『近世日本国民史』には、細川忠興夫人へ言及した巻も、二点ある。『豊臣秀吉　三』（一九一九年）と『徳川家康　一』（一九二二年）の二冊である。

前者の第一七章には、「細川忠興夫人明智氏の改宗」と題された節がある。この標題は、ガラシャと銘うっていない。忠興夫人という古くからある呼称を、タイトルにはつかっている。だが、なかにはこんなくだりもある。

「彼女は侍女の手より洗礼を受け、ガラシャと称した。いわゆる伽羅奢姫《ガラシャひめ》とは、彼の教名だ《ママ》」

美貌ぶりに言葉をついやすことも、蘇峰はおしまない。「容貌の秀麗」、「美にして剛」、「才色兼美」という言辞をふりまいた。その典拠としてはクラッセを、つぎのようにあげている。

「宣教師側の文書に、彼女を評して、「容貌の美麗比倫なく……」（日本西教史）というたのは、決して溢辞ではあるまい」

『日本西教史』に叙述のゆがみがあることは、何度ものべてきた。偽書ともみなしうるこの文献を、ざんねんながら蘇峰は真にうけている。「宣教師側の文書に……」という文句もそえつつ、正しい記録として紹介した。

歴史小説の書き手が、同じような口調で美人説にくみしていたことを、想いだしてほしい。宣教師の記録にも、ガラシャの美貌は書きとめられている、と。どうやら、こういう物言いの根は、蘇峰にあったようである。そして、その源流は、クラッセの『日本西教史』にさかのぼる。

後者の『徳川家康　一』にも、「細川忠興夫人明智氏の殉節」という節がある（第一〇章）。美人説は、ここでもくりかえされている。のみならず、自殺説もすっかり否定されていた。

「彼女は熱心なるヤソ教徒であったから……自殺をあえてしなかった」と、蘇峰は言う。「小笠原少斎をして、介錯せしめた」から、自死にはあたらない、と。のちに常套句となった自殺説をしりぞける言いっぷりが、ひねりだされていた。

ぜんたいとして、『近世日本国民史』のガラシャ観は、キリスト教よりである。一九世紀までは、教会という閉ざされた場にしか、ひろがっていなかった。そんな見方を、それこそ国民的な通史の書き手がひろいあげている。ガラシャ像をそちらへあとおしする、大きな役割をこれはになったと考える。

若いころの蘇峰は、熊本バンドの一員としてプロテスタンティズムにしたしんだ。同志社英学校へはいり、新島襄から洗礼もうけている。のちには、信仰をてばなした。しかし、新島へは敬意をいだきつづけている。キリスト教的なガラシャ語りも、そのたまものか。

一六、一七世紀のイエズス会には、宗教改革への歯止めとなることが期待されていた。プロテスタンティズムへの防波堤とみなされ、カトリック側の輿望をになったのである。ローマ教皇からの公認がもらえたのも、そのためにほかならない。

教皇らの想いにこたえるべく、イエズス会はアジアへ教線をひろげていく。その成果も、高らかに揚言した。伝道がおわってしまった日本についても、布教史を麗々しくうたいあげている。その趨勢にあとをおされ、カトリック的な価値観のなかでガラシャ像は美化された。自殺などありえない篤信の美婦人へと、人物像はぬりかえられていく。イエズス会こそが東方にみのらせた伝道の精華として。

彼女の伝説は、プロテスタントを下に見るための宣伝材料ともなっていただろう。あるいは、同じカトリックのフランチェスコ会やドミニコ会へ虚勢をはるための。どうだ、新教側や他会派に、これだけの日本女性をはぐくむ力はあるまいというような。

その欺瞞をあばくことに、近代日本のプロテスタントはむかわない。蘇峰などは、むしろフィクションの強化に一役買っていた。蘇峰ひとりにかぎらない。日本のプロテスタントは、こういうことでカトリックに対抗しようとしなかった。ガラシャの解釈にあたっても、イエズス会流を温存させたのである。

それほど美しい人ではない

細川家が、忠興夫人の侍女に回想記を書かせたことは、紹介ずみである。一七世紀のなかごろに、それは「霜女覚書」として作成された。これが『史学会雑誌』で公開されたことも、すでにのべている。

作家の芥川龍之介が、そのパロディめいた文章を、一九二四年に発表した。『糸女覚え書』として、世に問うている。作家は、忠興夫人の最期を見とどけ、メモものこした元侍女として、糸女を設定した。もちろん、フィクションである。だが、一種の擬古文で「覚書」を彫琢していった作家の技は、見事というしかない。

じっさい、キリシタン研究者のなかには、芥川の作意を見ぬけなかった者もいる。「『糸女覚書』には……とあり」。以上のような調子で、これをほんとうの史料だと誤解した書き手も、たしかにいた（瀧喜義「細川ガラシャの出自と系譜」上総英郎編『細川ガラシャのすべて』所収　一九九四年）。

細川忠興夫人は、賢夫人だとされている。しかし、芥川のひねりだした『覚書』は、この常套にしたがわない。

「秀林院様《しうりんゐんさま》は少《すこ》しもお優《やさ》しきところ無之《これなく》、賢女《けんぢよ》ぶらるることを第《だい》一となされ候《さふら》へば、お側《そば》に居《を》り候《さふらふ》ても、浮《う》きたる話《はなし》などは相成《あひな》らず、兎角《とかく》気のつまるばかりに候《さふらふ》」

「秀林院」は忠興夫人の諡号《しごう》、おくり名である。「霜女覚書」では、「しゅうりんゐん」としるされている。そして、芥川の糸女はかつての主人を、あしざまに語っていた。話がかたく、かしこぶりたがり、そばでつかえるのは気づまりであった、と。

世の一般通念に、作家がさからって見せたということか。そして、この反骨精神は忠興夫人の容姿をふりかえるくだりでも、発揮されている。

「秀林院様《しうりんゐんさま》の御器量《ごきりやう》はさのみ御美麗《ごびれい》と申《まを》すほどにても無之《これなく》、殊《こと》におん鼻《はな》はちと高《たか》すぎ、雀斑《そばかす》も少《せう》少《せう》お有《あ》りなされ候《さふらふ》」

たいして、美しくもないという。鼻の「高すぎ」は、その高慢ぶりも暗示する物言いか。つづいて、自死にかかわる回想をひいておく。忠興夫人は、自害の覚悟を書状で教会の修道士につたえていた。それをとどけたのは、糸女である。うけとった修道士は糸女の前で、こうもらしたのだという。

「自害《じがい》は切支丹宗門《きりしたんしうもん》の禁《きん》ずるところに御座候《ござさふらふ》間《あひだ》、秀林院様《しうりんいんさま》も『はらいそ』へはお昇《のぼ》り遊《あそ》ばさることかなふまじく候《さふらふ》」

江戸期以来の自殺説を否定していない。だが、みごとな自害だという伝統的な評価とは、またちがう見方を、作家は提示した。キリスト教の信仰が忠興夫人にあったこともみとめたうえで、自殺を論じている。あれでは、パラダイスへいけないだろう、と。

芥川は、ガラシャの読み解きがキリスト教風になりだした時代を、生きていた。じゅうらいの解釈とはちがうガラシャ像の浮上しだしたことを、わきまえている。糸女の自殺観に、はっきりそのことは読みとれる。

作家は、そんな時代相が派生させた紋切型のガラシャ語りを、からかったのだと考える。たとえば、徳富蘇峰あたりがくりだす、ガラシャについての定型化されだした言い方を。

『糸女覚え書』は、新しい時代潮流の副産物でもあったろう。作家が、わざわざ皮肉っぽくむきあおうとする。揶揄的にあしらってやろうと考える。そんな想いをかきたてられるくらいに、美人説などは普及していたのだと、うけとめたい。

あんがい、芥川も気がついていたのではなかろうか。キリスト教風の新しい読解は、なりたちがたいということに。

自殺じゃあなかったというような話は、筋がとおらない。また、絶世の美女であるかのようにきめつける議論は、根拠が薄弱である。そう思えたからこそ、ガラシャの偶像破壊へふみきったのではないか。このごろの議論は、あまりに一方的である。少し、からかってやろうというように。

無条件の美人にはためらって

芥川より一一歳若い歴史小説作家の村雨退二郎は、『糸女覚え書』を酷評した。「非常に出来のわるい作品である」。「何も読まず何も調べないで、いきなり……筆をとったのではなかろうか」。

「ガラシア夫人の信仰について……芥川はほとんどなにも知っていない」などと(「芥川龍之介の歴史文学」一九五五年)。

なかでも、信仰への無知というところについては、「これが根本問題」だとのべていた。その翌年に、当の村雨じしんがガラシャ論を書いている。そして、ガラシャの死にたいする自分の見解を、信仰とからめ、こう論じた。

「自害」は、「教義の禁ずるところである」。だから、「老臣……に命じて……胸を刺させて死んだ」のだ、と。(「稲富伊賀と伽羅奢夫人の死」一九五六年)。蘇峰も、『近世日本国民史』で同じようなことを書いていた。しかし、こういうよくある解釈のほうに、私はキリスト教への無理解を感じる。

本人に死への意欲があれば、たとえ他人の手をかりても自殺となる。カトリックは、ほんらいそう考えるはずの宗教である。「老臣……に命じて……胸を刺させ」たのだとしたら、それは殺人教唆にも相当する。ただの自殺にとどまらない。より罪は重くなるように思う、だが、オルガンティーノらは、そこをごまかして、自殺という現実から目をそむけた。自死の横行する日本的な武士文化と妥協をはかり、ガラシャの死を読みかえている。蘇峰らの自殺否定論も、その延長上にある。イエズス会のトリックに、おどらされている。芥川には、そういう詐術への見きわめもあったと思いたいが、どうだろう。この主知的な作家を、自分にひきよせすぎただろうか。

芥川龍之介について、あとひとつだけつけくわえたいことがある。『糸女覚え書』を発表した、その三カ月前に、芥川は『お時儀』という短編を書いている。そして、ヒロインの容姿を、美人ではないけれども魅力的である、と描写した。さらに、そのえがきぶりを、「保吉」という作中人物の独白にたくし、こう説明する。

「保吉《やすきち》はまだ東西《とうざい》を論《ろん》ぜず、近代《きんだい》の小説《せうせつ》の女主人公《ぢよしゆじんこう》に無条件《むでうけん》の美人《びじん》を見《み》たことはない……按《あん》ずるに無条件《むでうけん》の美人《びじん》を認《みと》めるのは近代人《きんだいじん》の面目《めんぼく》に關《かゝは》るらしい」

近代的な作家としてのプライドがあれば、ヒロインを美人にすることは、ためらわれる。有無を言わさぬような美貌の人は、登場させづらい。作家は、そんな小説設計上の心構えを、しめしていた。

無条件の美人など、ヒロインにはしたくない。そう考えていた芥川の前に、細川ガラシャは圧倒的な美女として、たちあらわれた。たとえば徳富蘇峰は「容貌の秀麗」を、くりかえし強調したのである。

臆面もないこういう表現に、デリケートな作家はとまどったかもしれない。ガラシャの「御器量はさのみ御美麗と申すほど」でもなかった。『糸女覚え書』のこういう文句は、芥川のいわゆる「近代人の面目」にねざしている。その可能性も、考えたくなってくる。

まあ、『国民之友』をひきいた蘇峰に、芥川的な繊細さはなかっただろうけど。

いずれにせよ、芥川の皮肉も世間のガラシャ認識へ歯止めをかけることは、できていない。『糸女覚え書』の揶揄も、孤独な抵抗であるにとどまった。

キリスト教の信仰があつく、自殺はしなかった美貌の人。そんな人物像ばかりが、ガラシャに関しては、まかりとおるようになる。蘇峰のえがいたような女性像が、一般的な歴史認識の世界には浸透した。

これは、一七世紀後半のイエズス会が増幅させたガラシャ像でもある。同会の宣伝用にふくらまされた物語が、日本へもちこまれ定着したのだとみなしうる。あるいは、イメージの凱旋帰国が成就したのだと言ってもよい。現代日本のガラシャ認識は、かつてのイエズス会風にそめあげられているのである。

日本の近代とキリスト教

近代の日本はキリスト教をうけつけなかったと、よく言われる。たしかに、信仰の道へはいった人は少なかろう。受洗者の数など、日本の全人口とくらべれば、微々たるものだと考える。それでも、キリスト教は良い宗教であろうとする印象を、勝ちとることができている。学校教育の世界でも、いわゆるミッション・スクールの評判は悪くない。仏教系の学校より魅力的だと、多くの人が思っているぐらいである。

少なくとも、邪教の巣窟としてけぎらいをする人は、ほとんどいない。江戸時代までは、悪の権化だと、みなされていたにもかかわらず。その意味で、キリスト教を近代の日本はうけいれたのだと、みとめてよい。

細川ガラシャのイメージも、キリスト教風に変更されている。名誉のために自死をもいとわぬ烈女という江戸期以来のそれは、ずいぶんうすまった。自害はしなかった美貌のキリシタンという構図の方が、前面化されるにいたっている。じっさいには、美人だったかどうかもわからぬ自殺者なのだけれども。

くりかえすが、われわれは、もう彼女のことを細川忠興夫人とよびならわしていない。細川ガラシャという呼称が、ふつうになっている。かつてなら、けがらわしいと感じられたろうクリスチャン・ネームのほうなのである。今、歴史語りの世界に普及しているのは。

しかし、その潮流と距離をおく歴史語りも、ないわけではない。アカデミックな日本史研究の世界は、世間のもてはやすガラシャ像になびいてこなかった。イエズス会風の描写は、啓蒙的な読み物のなかでも、しりぞけている。左に、彼女の最期が論じられているくだりを、二冊の本からひいておく。

「細川忠興夫人明智氏のみは、これを拒絶して自殺した。後世細川ガラシャ夫人として名を残した人である」（辻達也『日本の歴史一三　江戸開府』一九六六年）

「細川忠興の妻ガラシャ（洗礼名。本名は玉。明智光秀の娘）がそれを拒んで自害したため……」（池上裕子『日本の歴史一五　織豊政権と江戸幕府』二〇〇二年）

どちらも、ガラシャの名をだしている。しかし、本名ではないと、留保の言葉をそえることもわすれない。自死という現実を、ごまかしもしなかった。「自殺」「自害」でおしきっている。

アカデミシャンが、一般的な歴史愛好家へむけて本を書く。世間にでまわる歴史像も意識しつつ、しかし妥協はしきらない。執筆へむかう時の、そんな心構えがしのばれる。私はこういうくだりをあじわうのが、けっこう好きである。

とはいえ、今紹介したようなガラシャ語りは、市井の歴史愛好家に浸透していない。ひろく流布しているのは、信仰ゆえに自死をきらった美貌の人という人物像のほうである。イメージの訴求力を比べれば、歴史学は非力であると言うしかない。

ガラシャは、はたして美人であったのかどうか。その問いかけじたいに、たいした意味はない。とるにたらない問題だと思う。この章でも、そこを重点的に論じたつもりはない。

しかし、二〇世紀の日本は、彼女を絶世の美女としてうけとめた。根拠のない美人説が、ひろくゆきわたっている。江戸時代までは、ほとんど出まわっていなかった。そんなガラシャ像が、まかりとおるようになっている。

この現象は、見すごせない。二〇世紀日本の歴史観は、何によって構築されてきたのか。その一端をさぐるためにも、美人説の流布過程は分析されるべきだと考える。たとえ、当人の容姿じたいは、問う必要がなかったとしても。

そして、私はその過程にキリスト教が強くかかわっていることを、つきとめた。ガラシャに関する世の歴史認識は、イエズス会流にそめあげられている。日本的なカトリックにとって都合がいい方向へ、流されてきた。その意味で、キリスト教が歴史観におよぼす力は、あなどれないことをあかしだてている。

日本の近代は、キリスト教をうけいれなかったという。そのキリスト教が、われわれの歴史観を左右してきたところへ、私は光をあてた。今後も、この宗教が日本へおよぼした感化には、注意をはらいたい。どのような局面においてなら、影響力が作用したのかも、追及したいと思っている。

参考文献

安廷苑『細川ガラシャ――キリシタン史料から見た生涯』中公新書、二〇一四年
井上章一、郭南燕、川村信三『ミッションスクールになぜ美人が多いのか――日本女子とキリスト教』朝日新書、二〇一八年
太田為三郎編『日本随筆索引（正、続）』岩波書店、一九六三年
郭南燕『ザビエルの夢を紡ぐ――近代宣教師たちの日本語文学』平凡社、二〇一八年
郭南燕「ホイヴェルス脚本『細川ガラシア夫人』――世界文学へのこころざし」、郭南燕編『キリシタンが拓いた日本語文学――多言語多文化の淵源』明石書店、二〇一七年
上総英郎編『細川ガラシャのすべて』新人物往来社、一九九四年
田端泰子『細川ガラシャ――散りぬべき時知りてこそ』ミネルヴァ日本評伝選（ミネルヴァ書房）、二〇一〇年
新山カリツキ富美子訳『気丈な貴婦人――細川ガラシャ』京成社、二〇一六年
新山カリツキ富美子「ヨーロッパにおける日本殉教者劇――細川ガラシャについてのウィーン・イエズス会ドラマ」『世界の日本研究　二〇一七』国際日本文化研究センター、二〇一七年
ヘルマン・ホイヴェルス『細川ガラシア夫人』カトリック中央書院、一九三九年
法政大学文学部史学研究室編『日本人物文献目録』平凡社、一九七四年
米田かおり「細川ガラシャとイエズス会の音楽劇」『桐朋学園大学研究紀要　二八集』二〇〇二年
熊本県立美術館編『細川ガラシャ』（細川ガラシャ展実行委員会）二〇一八年
国書刊行会編『日本史関係雑誌文献総覧（上、下）』国書刊行会、一九八四年
『国書総目録［別巻］著者別索引』岩波書店、一九七六年
『明治文学全集［別巻］総索引』筑摩書房、一九八九年

第四章　ガラシャの知性と文化的遺産

郭　南燕

本書第二章（フレデリック・クレインス）は細川ガラシャの「美貌説」を最初に世に流布させたのは、イエズス会士ハザール著の『全世界の教会史』（一六六七年）であることを明らかにし、第三章（井上章一）は、ガラシャは「それほど美しい人ではない」という結論をもって、その「美貌説」の幻想を打ち砕いている。

その美貌説は、彼女の知性と聡明さに関する言説との絡み合いの中で生まれたものではないかと思う。実際、イエズス会文献では彼女の知性に関する叙述が多く、日本の文化史に残っている彼女の足跡らしいものが見つかる。

本章は、イエズス会文献を中心に、彼女の知性と個性を探り、彼女は父親明智光秀にどのような思いを抱いたのか、なぜキリシタンになることを決意したのか、「ガラシャ」という洗礼名を選んだのはほかでもなく、彼女自身ではないか、ということを検証してみる。ちなみに、本章では、本名玉（珠）と洗礼名ガラシャとを区別せず、「ガラシャ」で統一する。

第一節　修道士高井コスメの賛辞

教会訪問はたった一度

周知のようにガラシャは人生の中で一度しか教会を訪問したことがない。彼女と数時間会った人は、グレゴリオ・デ・セスペデス神父と修道士高井コスメの二人だけであった。

セスペデスは日本語があまり上手ではないため、コスメに彼女への説教を任せた、という通説がある。実際は、セスペデスは「日本語での会話に傑出し、交際に巧みであった」といわれている（*Valignano-Alvarez, Sumario de las cosas de Japón; Adiciones del Sumario de Japón*）。

セスペデスは、彼女の切実な求道心と豊富な宗教知識をいち早く認めたため、説教の上手なコスメを彼女の相手に推薦したのだろう。呼び出されたコスメは、教会へ到着するまで長い時間を要した。それでもセスペデスが彼女を待たせつづけたのは、賢明な対応だったといえよう。

セスペデスは、一五七七年に来日し、七八年に大村、七九年に京都、八一年に大坂、平戸、豊後、八九年に長崎、九二年に有馬修道院の院長となり、九七年に島原、有馬、一六〇〇年に豊前中津、〇一年に長崎、〇一年から一一年の逝去まで細川領地の小倉にいた（『日本史〈1〉』注釈）。彼は、ガラシャについては書き残していないようだが、口頭でガラシャについて多く伝えていた可能性が高く、生前のガラシャと死後の細川家と縁が深い。生前のガラシャに会ったイエズス会士はセスペデスと高井コスメの二人だけである。

細川忠興夫人ガラシャは、謀反人明智光秀の娘で、生来、熱心に知識を求め、「非常な理解力と聡明さをそなえ」、「聞いた事柄をしばしば深く考え、問題をもっと根本的に知ろう」とする性格の持ち主であった。禅宗などの知識に満足を得られなくなり、夫忠興を通してキリシタン大名高山右近の信仰を知り、キリシタンの教えを聞こうとするようになった、とイエズス会に記録されている。

しかし、忠興により大坂玉造《たまつくり》の屋敷からの外出を禁じられたため、教会を訪問することができなかった。一五八七年、忠興が豊臣秀吉と九州へ征伐に行き、家を留守にしたことを好機に、ガラシャは雑踏の多い彼岸期間中の三月二九日を利用して、侍女たちに交じって、屋敷を抜け出して、近辺の教会にたどり着いた。昼ごろであった。

その日はちょうどキリスト教の復活祭だったので、教会が「清潔にして美しく飾って」ある。彼女は、立派な祭壇の装飾と、その上に置いてある「救世主の美しき画像」を見て喜び、大いに満足した。

修道士高井コスメは、教会に戻ってさてすぐ説教を始めた。ガラシャは、彼の説教を注意深く聞き、「日本の諸宗派の説く道理」を述べ、日が暮れるまでコスメと議論をした。ガラシャの昼ごろの教会到着、長い待ち時間、日が暮れてからの帰宅などの諸要素を総合して考えれば、コスメとの会話は長くても四時間前後ではないかと思われる。

イエズス会に残るガラシャ文献

その数時間の観察を通して得たコスメの感想は、ガラシャに関するイエズス会の主な三種の文献の情報源となっている。その中で、一種めはプレネスティーノ神父の一五八七年一〇月一日付書簡である。「奥方は非常に熱心に修士と問答を始め、日本の各宗派からいろいろ議論を引出し、またわれわれの信仰にいろいろな質問を矢つぎばやに発して、時には修士をさえ解答に苦しませるほどの博識を示したので、「日本でまだ一度も、これほど理解のある婦人に、またこれほど宗教について深い知識をもっている人に会ったことはない」と修士は言っていた」と報告している（ヘルマン・ホイヴェルス『細川ガラシア夫人』）。

二種めはフロイス編纂『一五八七年の日本年報』で、「彼女等は長時間に亘って大いに注意して聴いた。この夫人はコスメと激論し、日本の諸宗派の説く道理を述べ、我等の教について種々質問し、また議論したので、イルマン（修道士）は大いに驚き、かくの如く日本の宗旨のことを知り事理を解する婦人は、日本においてかつて見たことがないと言った」という内容である。

三種めはフロイス著『日本史』である。「（彼女は）多くの質問を修道士に持ち出し、さらに霊魂の不滅性、その他の問題について禅宗の幾多の権威をふりかざして反論を試みた（ので）、修道士は彼女の（頭脳の）敏活さに驚いて、後ほど、自分は過去一八年の間、これほど明晰かつ果敢な判断ができる日本の女性と話したことはなかった、と漏らしたくらいであった」という叙述である。これは、高井コスメが彼女に与えた最高の賛辞といえよう。

長い伝道生活の中で、何千、何万もの人を相手にしてきたコスメは、ガラシャほど問題の核心に迫るような議論の仕方をする女性に出会ったことがない、ということである。この三種類の記録は内容的に非常に似ていて、三種めだけがコスメの伝道の経歴を示す「一八年間」が現れている。ガラシャの宗教知識の深さと、キリスト教への旺盛な探究心が教会内部で喧伝されていたことがわかる。彼女は当時、最高の女性知識人のように見られていたのである。

ガラシャの教会訪問より数日前、コスメの同僚である修道士ヴィセンテ洞院《とういん》が、足利学校で一八年間の研鑽を積み重ねたある浄土宗の僧侶（三〇歳未満）の訪問を受けた。その僧侶は仏教の聖典を流暢に述べ、それに関する知識に極めて通じる人であり、ヴィセンテと論争した。

ヴィセンテは、多年修道院で過ごし、異教徒に対する説教を務めとしてきたが、これほど手強い人物に遭ったことはない、と確言している。この仏教僧は結局、ヴィセンテの説教に感服して、受洗することになり、エステヴァンの教名が授けられた、という（『日本史〈1〉』）。

ヴィセンテ洞院は若狭の出身で、パウロ養方《ようほう》の息子で、一五八〇年にイエズス会に入会した。一五八七年、八八年には大坂と堺におり、オルガンティーノ神父とともに細川ガラシャの入信に主役を務めた人である。彼は、日本人修道士の中でもっとも博学で、日本の諸宗派や学問に通暁していた、と見られている（『日本史〈2〉』）。ヴィセンテがエステヴァンに下した判断は信頼できるものだろう。

教会側にとって、一五八七年の復活祭期間中、仏教に精通した日本人男女二人が、教会を訪れてキリスト教への帰依を決めたことは、大きな勝利であった。男性（エステヴァン）と女性（ガラシャ）は、教会側が是非とも記録しておきたい手強い論争相手の好例であった。
高井コスメのガラシャ評は信用できるものかどうかを判断するために、高井コスメはどのような経歴をもつ人物なのかを知る必要がある。

高井コスメとはどういう人物だったか

高井コスメは頻繁にフロイスの『日本史』に登場している。フランツ・シュッテ神父の著書 *Monumenta Historica Japoniae 1* と『日本史〈2〉』の注によれば、彼は一五五二年に京都に生まれ（六三年生まれのガラシャより一一歳上）、六八年に教会の同宿となり、七三年にイエズス会に迎え入れられた。七一年に美濃、八一年に越前、八二年に高槻、八七年に大坂に住居して、伝道した。一五九二年に天草のコレジオで日本語の教師をしており、キリシタン版『日葡辞書《にっぽじしょ》』編纂の協力者と見られている。

高井コスメの入信について興味深いエピソードがある。高井の家は、イエズス会の京都の教会の隣にあり、父親は法華宗を信奉する町内の有力者であった。高井は長男で、小さいときに教会へ遊びに行ってキリスト教に愛着を覚えた。父親によって従姉妹と結婚させられたが、キリシタンになりたい気持ちが強かったので、一七歳の時、堺にいるイエズス会士ガスパル・ヴィレラとルイス・フロイスに会い、教理の説明を聴き、短期間に祈りを覚えて、切に受洗を願ったので、ヴィレラ師によって洗礼を授けられ、洗礼名コスメを授けられた。

だが、父親はお祈りをしていた彼のロザリオを火中に投げ入れ、彼を尼崎にある法華宗の僧院に一年入れて、改宗を迫ったが、無駄であった。コスメは家族と財産をすべて放棄して、再び堺に赴き、フロイスに同宿として採用された。

コスメは「器用であり、容貌がよく、相応のよい性格の持ち主」で、司祭館へ送られてきた多くの書状に返事を書き、それまでのイエズス会の日本人のうちで最良の書記、証言文書の作成者の一人と見られた。二年半後、フロイスらとともに京都に戻ったコスメは、イエズス会の修道士として正式の加入を許された（『日本史〈4〉』）。

織田信長に謁見したコスメ

一五七三年ごろ、コスメは、布教長フランシス・カブラルとフロイスに連れられて、修道士ロレンソとともに、岐阜にいた織田信長を訪問したことが記録されている。七五年にも、フロイスに派遣され、信長に謁見し、新しい教会の建立の許可を乞うて、信長の承諾を得たといわれる。

コスメの説教の能力を重んじたフロイスは、コスメを連れて、一五八一年五月一四日に安土山から長浜（滋賀県）に赴いた。外国人の初来訪で、住民三、四〇〇〇人がフロイスらに付き添って、その後ろか前を歩き、大騒ぎとなり、宿泊の家の戸を三、四回破ってまで見物しようとしたほどであった。そこへ長浜城主藤吉郎（羽柴秀吉）の養子となった織田信長の四男御次《おつぎ》も興味津々と訪ねてきた。宿泊の家の主人は身分の高い人で、フロイスらを大いに歓待し、説教を聴いて喜び、従来と異なった考えをもつようになった。その説教者はコスメであった。

フロイス一行は、数日後の五月一七日に越前北庄に着き、高山右近の父高山飛驒守ダリヨに面会し、絵画及び聖宝などの贈り物を渡した。約二〇人の聴衆が集まり、コスメの一時間の説教を聞いた。一八日、フロイスは柴田勝家に面会し、布教の許可を得た。多くの武士と庶民がコスメの説教を聴きたがったので、疲労困憊したにもかかわらず、コスメは五回ほどの説教をした。そのため、「全く声を嗄《か》らし」、病気になった。

フロイスは、「もし今聴聞に来る数万人中七、八人の十分に信仰の堅い者ができたならば、彼等が種となり模範となって、主の御恵により、他の人達が帰依するであろう」と考えていた。乞われればすぐ説教する方針だったので、コスメは文字通り数万人に説教してきているのだろう。

越前に滞在した一三日間、二九人が洗礼をうけた。それは主に武士とその家族であるが、商人の子供、仏教僧もいた（フロイスの一五八一年五月一九、二〇、二九日付書簡『十六・七世紀イエズス会日本報告集』第三期第五巻、『日本史〈5〉』）。

フロイスの描写を見れば、コスメの合計五回の説教を聴いたのは、約百人だったことが推定できる。これは、コスメを病気にさせてしまったほどの回数と人数であり、特殊な例だっただろう。普段は、その三分の一としたなら、毎日の説教相手が三〇人になる。「一八年間」なら、少なくとも二〇万人を対象に説教してきたことになる。

コスメはたぶん、この膨大な人数を念頭において、「過去一八年の間、これほど明晰かつ果敢な判断ができる日本の女性と話したことはなかった」と言ったのだろう。そうとすれば、ガラシャの知識と聡明さは二〇万人の中のただ一人、ということになる。彼女がいかに優れた知性をもつ人物としてコスメによって評価されていたのかがわかる。知識と経験が豊富な高井コスメの判断なので、根拠のあるものだろうと思われる。

実際、イエズス会の文献は、ガラシャの知性にたびたび触れている。たとえば、入信前の彼女は舅（細川藤孝）、姑（のち細川マリアという洗礼名をもつ）とともに禅宗を学んだことがあり、彼女の知人によれば、彼女は「繊細な才能」と「天稟の才」をもち、その知識は超人的で、師匠のそのまた師匠に匹敵するほど、と言われている（『日本史〈5〉』）。

第二節　ガラシャの奇策

侍女たちの洗礼

ガラシャの知性は、機知に富むエピソードのいくつかに現れている。まず、教会を訪問するために、仮病をうまく使うこと。休みたいので、侍女とだけ会うという不在状態をあらかじめ作り出してから、監視者の目を盗んで、侍女たちに混じって、裏門から屋敷を抜け出した。この機知がなければ、人生に一回だけの教会訪問は不可能だっただろう。

彼女はコスメの説教を聞いてから、すぐ洗礼を授けて欲しいと繰り返し両手を合わせて願い続けたが、その「華麗な身ごしらえや品位」から秀吉の側室ではないかとセスペデス神父に疑われて、洗礼が見送られた。

その後、教会と密接な関係をたもつために、多くの侍女を教会に通わせて、彼女たちが得た知識を屋敷内で学ぼうとした。さらに彼女たちに「洗礼の準備をさせよう」として、「家中の上位の者たちから順次に説教を聴くこと」を勧めたため、最初に無関心か、反感を抱いた侍女たちも、「やがて救世の真理を知ってからは非常に熱心に内的満足を感じて」、洗礼を受けて、一七人がキリシタンになった。

ガラシャは一五八七年六月ごろ、「警護長」にあたる家臣に、自分が父親の命日（七月初旬）のため、御霊に御供物を差し上げたいが、吉利支丹宗門ではこの儀式はつまらぬ無益な事だ、と侍女から聞いたので、「どうぞ吉利支丹の聖堂へ行って、伴天連様方によくお話を伺って、何とおっしゃったか、そなたの意見も一しょに包まず私に伝えてください。つまり父上のお喜びにならないことをするのは道にはずれていると思うのです。また女中たちの言うことをすぐそのまま信じたくもないのです。あなたは物わかりもよく、またよく事情をご存知ですから」とうまく警護長をしむけて、教会へ出掛けさせる「策略」を使った。

事前にその計画を知っていた司祭たちは、修道士ヴィセンテを準備した。ヴィセンテの説いたキリシタンの教えを聴いて理解した警護長は、自分の息子のために祈りを捧げてもらい、その妻がキリシタンになることを許し、自身も洗礼の準備をするようになった（プレネスティーノ書簡）。その妻はアガタという霊名をうけて、受洗した（『日本史〈5〉』）。

教会への遠い道

フロイスは、ガラシャは「賢明なので、身辺の諸事をうまく裁決し」、夫が秀吉とともに朝鮮に出兵したとき、高山右近の領地の管理者であるキリシタン夫婦を雇い、この二人から「大いに慰められていた」と書いている（『日本史』〈12〉）。つまり、教会との関係を緊密にたもつために、ガラシャは手を尽くして、周囲の人にキリシタンになってもらい、あるいはキリシタンを身辺に置くように工夫して、屋敷の中で、キリシタン共同体を築き、自分の霊的成長をはかっていたのである。

オルガンティーノの書簡（一五八八年三月三日付）によれば、ガラシャは、忠興が美しい侍女ルイザを望んでいたため、ルイザの逃亡を企画した。それは、侍女全員が知恵を出しあって、ルイザに忠興宛ての一通の書状を書かせたことである。内容は、「いとも高貴で、数々の優れた才能を持たれた奥方がおられるにもかかわらず、その侍女と懇《ねんご》ろになりたいと望まれるがごときは、卑しく蔑むべきことである」と述べ、忠興を激怒させるに十分な内容であった（『日本史〈2〉』）。「数々の優れた才能」という文言は、あらためて、周辺の人にとってガラシャがいかに優れた知性の持ち主だったのかを示すものである。

ガラシャは洗礼を受けたい一心で、もう一つの屋敷脱出の方法を捻り出したことがある。それは、普通の「革櫃《かわびつ》」に隠れて、侍女たちに普通の荷物のように教会に運んでもらい、教会に到着して「革櫃」から出てきて、神父の洗礼をうける、という大胆な計画であった。しかし、教会側はその案は危険であると心配し、実行を断念させた。もしもこの「奇策」が実行されたならば、日本の芸能舞台をいかに賑わわせることになっただろう、と想像を逞《たくま》しくしたくなる。

洗礼名ガラシャは誰が決めたのか

一五八七年七月二四日、秀吉が伴天連追放令を出して、二〇日間以内という制限を設けて、宣教師を追い出すことを決めた。司祭たちが大坂から退去する前に、ぜひとも洗礼を受けたいという強い要望を受けて、教会側はガラシャの侍女清原マリアに洗礼を授けるための儀式を教え、ガラシャの受洗を実現させることにした。司祭がいないときの緊急の場合の、非聖職者による洗礼はよくあることである。

では、「ガラシャ」という洗礼名は、だれが決めたものだろうか。カトリック教会では、大人の洗礼名は受洗者自身が決めるものである。ただ、自分で決められないときは、司祭に決めてもらうことがある。

「ガラシャ」という洗礼名は、細川夫人が初めてではない。フロイスの『日本史』には、ほかに少なくとも三人のガラシャが登場している。一人めは、一五六九年、フランシスコ・カブラルが、天草の領主天草鎮尚ドン・ミゲルの夫人に洗礼を授けたときに、「ガラシャ」という霊名を与えている。この夫人は非常にキリシタンを敵視していたが、夫と息子の勧めと宣教師の説教によって入信し、性格をまったく変えて、慈悲深い人物になっている（『日本史』〈9〉、〈10〉）。

二人めは、豊後の大名の大友宗麟（一五三〇―一五八七）の部下で「身分の高い貴人」がいて、宗麟在世の時、受洗をして領主を喜ばせようとしたが、宗麟が一五八七年に死去すると、すぐキリスト教を離れてしまった。そのことで心を痛めた貴人の娘は、父親の回心のために必死に祈り続けたためか、夜中、父親の前に聖母マリアとキリストの幻影が現れるようになった。父親は感動して、再びキリシタンに戻った、というエピソードがある（『日本史』〈12〉）。その娘の名前も「ガラシャ」である。

三人めは、肥後の栖本八郎親高ジョアンの新婚の妻が一五八九年ごろに受洗したときに「ガラシャ」という名前をアフォンソ・ゴンサルヴェス神父に授けられた（『日本史〈11〉』）。以上を見れば、ガラシャという洗礼名はさほど珍しいものではない。

ガラシャという洗礼名はオルガンティーノ神父が決めたものだろうと推測されている（安廷苑『細川ガラシャ』）。しかし、豊富なキリスト教の知識をもつようになったガラシャ自身が決めた可能性は極めて高いと思う。洗礼者自身が決めた前例があるからである。

たとえば、大友宗麟は一五五一年に豊後で宣教していたフランシスコ・ザビエルと会い、キリスト教に関心を抱き、布教の許可を与えたことがある。一五七八年に洗礼をうけることを決めた時に選んだ洗礼名は、フランシスコである。フランシスコ・カブラルが洗礼を授けたとき、宗麟は「深い喜悦と謙遜をもって聖なる洗礼を受けた。司祭は従前の願いに従って彼にフランシスコの（教）名前を授けた」と記録されている（フロイスの一五七八年一〇月一六日付書簡。松田毅一、東光博英訳『十六・七世紀イエズス会日本報告集』第三期第五巻）。

「従前の願い」とは、すなわち自分が事前に洗礼名を選んでいたことである。司祭は、その洗礼名を授ける儀式上の役割を果たしただけである。

細川玉からガラシャへ

ガラシャは清原マリアによって洗礼を授けられた。洗礼時に「ガラシャ」という洗礼名が現れている。フロイスはこれについて二つの文献を残している。まず、『一五八七年の日本年報』では「そこで夫人は跪き、大なる信心をもってマリヤの手より洗礼を受け、名をガラシヤと付けられた」とある。もう一つは、『日本史〈5〉』において、「マリアから聖なる洗礼を受けた。そして彼女にはガラシアの（教）名が授けられた」とある。つまり、清原マリアが名付け親であるという印象を与えているのではないかと思う。

この印象を反映したのは、イエズス会神父で上智大学第二代学長ヘルマン・ホイヴェルスの戯曲『細川ガラシア夫人』である。授洗者マリアと侍女たちがその洗礼名を選んだ、という意味を示す次の場面がある。戯曲中のマリアは「京原」という名前をもつ。京原は洗礼前のガラシャに次のように言う。

私どもは、奥方様のこのたすかりの日のために、かねてからよいお名前をお探し申しておりました。誰にも、探し出せぬような、そうしてうるわしいお名前を——伽羅舎、それはデウスのおいつくしみ。

「私ども」という複数人称代名詞には、司祭が含まれていない。「侍女ども」というニュアンスである。もちろん、フィクションの戯曲ではある。しかし、イエズス会文献に対する現代のイエズス会士の解釈をよく示してくれている。つまり、その洗礼名は司祭たちが決めたものではない、ということである。

清原マリアは確かに細川家の親戚であり、細川夫人のキリスト教学習に尽力した人で、教会と夫人との橋渡し的役割をもっていた。また、夫人が信者らしくない言動をした時、諫めたり諭したりしたこともある。しかし、洗礼名は受洗者自身が決めるという原則を考えれば、洗礼名という一生につきまとう霊名を、夫人に相談せずに、自分たちだけで決めてしまうことはないだろうと思う。むしろ、夫人がマリアたちと相談して決めた洗礼名を、洗礼のときに、マリアが正式に授けるという役割を担っただけではないか、と思う。宗麟が受洗したとき、自ら選んだ霊名を司祭が授けるのと同じやり方だったと思う。

ガラシャとは「めぐみ、いつくしみ」

もしも夫人が「ガラシャ」という洗礼名をみずから決めたということであれば、なぜこの名前なのかと考えたくなる。

当時の洗礼式を示すキリシタン文献を見れば、洗礼のプロセスが書かれている。たとえば、『ドチリナ・キリシタン』（一六〇〇年）と『吉利支丹心得書』（年代不詳）では、司祭は洗礼を授かる人の頭か体に水を注ぐとともにペトロとかパウロとかの名をつけて、「父と子と聖霊のみ名を以て」を唱える、とある。つまり、ペトロやパウロのような聖人の名を洗礼名とすることが普通であった。ガラシャ・レリダという聖女（一一八〇年殉教）がスペインにいたが、その聖女の存在を細川ガラシャが知っているかどうかはわからない。

それよりも、「ガラシャ」という霊名を選んだ細川夫人の思惑は、イエズス会文献から見られる。まず彼女がよくお祈りをしていたことである。「毎日、聖母のロザリオを全部と、その他の祈りを唱えた」と記録されている（『日本史〈5〉』）。

「聖母のロザリオ」とは、すなわちイエスと聖母マリアの玄義を黙想しながら、天使祝詞「あべまりあ」と主禱文「ぱあてるのすてる」（主の祈り）を唱えることである。あべまりあは四五回、主禱文は一五回となる。

一五九〇年に印刷された「おらしょ断簡」から当時の祈りを見てみよう。「あべまりあ」では、「がらさ」（「ガラシャ」の意味）という言葉が冒頭に現れる。

がらさみち〳〵玉ふまりあに御れいをなし奉る御主は御身と共に御座ますによにんの中にをひてべねぢいたにてわたらせ玉ふ又御たいないの御実にて御座ますぜすゝはべねぢとにて御座ますでうすの御母さんたまりあ今も我等がさいごにも我等悪人の為に頼み給へあめん。（『おらしょ断簡』、傍点部は、ポルトガル語かラテン語）

現代語訳：アヴェ・マリア、恵みに満ちた方、主はあなたとともにおられます。あなたは女のうちで祝福され、ご胎内の御子イエスも祝福されています。神の母聖母マリア、わたしたち罪びとのために、今も、死を迎える時も、お祈りください。アーメン。

これを毎日五〇回近く祈っていたので、「がらさ」という言葉に込められた「めぐみ」「いつくしみ」の意味は、彼女の心に深く刻印されていただろう。

第三節　ガラシャが学んだ教えとは

愛読書

自宅で教理を学ぶために、彼女から教会へ、「デウスの教えについての関心をいっそう深めていきたいので、御身らのお手もとにある日本語と御身らの言葉に訳されている霊的な書物をぜひとも送っていただきたい」という願望を出している。ヴィセンテらが彼女に送ったのは『コンテムツスムンヂ』という本である。

彼女はそれが非常に気に入り、片時も身から放そうとしなかった（『日本史〈5〉』）。前記のプレネスティーノの書簡によれば、ガラシャはこの本を愛読して、屋敷内の侍女たちとともに読み、彼女たちの理解を助けるための「教師役」をも務めていた。

『コンテムツスムンヂ（この世を厭う）』の原典はラテン語の「イミタティオ・クリスティ（キ

リストにならいて)」で、一五世紀にヨーロッパで出版された信心書であり、文学として最高峰に位置づけられた。諸国の言語に訳された数は聖書に次いで多く、和訳も明治期以来、多種ある。

著者はパリ大学総長ジャン・ジルソンという説がフロイスの時代にあったが、現在はアウグスチノ会のトマス・ア・ケンピスとヘーラルト・ホロートが著者だと考えられている(『日本史〈5〉』の訳者注)。

この本は、イエズス会の創始者の一人イグナチウス・ロヨラに強い影響を与えたもので、ロヨラ自身の著書『霊操《れいそう》』の執筆を動機づけたものとみられている。世界各地を宣教したイエズス会士たちがいつも携帯していたのは『イミタティオ・クリスティ』と『霊操』だといわれる(五野井隆史『キリシタン信仰史の研究』)。

この本は、一五八一年にすでに臼杵《うすき》の修練院で翻訳されている(『一五八二年日本イエズス会年報』)。訳者はスペイン人神父ペドロ・ラモンであり、パウロ養方とヴィセンテ洞院親子などが助力した(小島幸枝『コンテムツスムンヂ研究』)。ヴィセンテからガラシャに渡されたのは、この和訳ローマ字の写本であっただろう。

この写本は、デウスのガラサ(神の恩寵、恵み)ということばを、**Graça**という表記で頻繁に登場させている。のちに印刷されたローマ字本(オックスフォード・ボドレイアン図書館蔵)において、「ガラサ」が最初に現れたのは次の文である。

Sonoyuyeva xiqixinno midarini nozomu cotouo xitõ monovua, sonomino Cõscienciauo qegaxi

Deusno gocago naru Graçauo vxinai tatematçuru nari.

（その故は色身《しきしん》の妄りに望むことを慕ふ者は、その身のCōscienciaを汚し、Deusのご加護なるGraçaを失ひ奉る也）。

右の傍線部は原語のままのCōsciencia（良心）、Deus（デウス）、Graça（いつくしみ）である。この和訳ローマ字本は、ラテン語原本とスペイン語訳本に基づいたのだろうと推定されている（鈴木広光「コンテンツス・ムンヂの欧文原典」）。しかし、全文にある原語の大半がポルトガル語であることを考えれば、和訳はむしろポルトガル語訳を中心に行われたのではないかと思われる。ただ、そのポルトガル語訳本は未見である。

決意

ガラシャが読んでいた「コンテムツスムンヂ」の和訳ローマ字の写本は、活字本より前のバージョンであったことは言うまでもない。この中にGraçaが頻出している。たとえば、謙遜な人を高く揚げ、傲慢な人を低く下げるデウスのGraçaによく祈ること、日々善の道に進めば、デウスのみ前において莫大のGraçaを蒙ること、謙遜な心と辛抱の気持ちをもって天の訪れを待てば、デウスはすぐれたGraçaと喜びを再び与え給うことができること、などなど。非常に分かりやすい内容であり、神の恵みといつくしみを繰り返し、印象付けている。

この本は、キリストに学び、謙遜と善徳をもって神の恵みGraçaをいただくことを教えるものである。ガラシャはその内容を実践していた。彼女は完全に性格を変えようとして、憂鬱から明るく元気な状態へ、憤怒から忍耐へ、頑なな烈しい性格から優しい穏やかな性格へと変わり、侍女たちの目に別人のように映った。実際、『コンテムツスムンヂ』の第二条において、徹底的に謙虚な人間になることを教える次の段落がある。

他人の上をば常に堆《うづたか》く思ひなし、わが身をば無きものとすること、大智至善なり。……人は皆弱き者なり、されども汝はわが身よりも猶《なお》弱き者ありと思ふこと勿《なか》れ。

人より自分は高く、強く、良い人間だと思ってはならない、という教えである。ガラシャがこの教えを自らの方針としていたことは、彼女の性格上の変化によって裏付けられている。

彼女は神の恩寵（デウスのガラサ）を痛切に希望していたので、**Graça**をそのまま自分の霊名に決めたという可能性は高い。その霊名が、「父と子と聖霊によって」洗礼を受けると同時に、正式に授けられたことは、彼女にとって貴重な瞬間であった。

イエズス会士スペイン人神父結城了悟（日本二十六聖人記念館前館長）によれば、ポルトガルでもスペインでも、神の恵みによって完全なまでに満たされた人間は聖母マリアであり、「ノッサ・セニョール・デ・グラサ」（恩恵の聖母）という名が使われている。洗礼名としてガラシャ名が与えられる時は、たいてい、その名前は聖母マリアにちなんで授けられる（結城了悟「宣教師は異国で、なぜ大名やその子女を入信させることができたのか」）。つまり、「ガラシャ」は「聖母マリア」を意味するのである。

細川ガラシャは、洗礼名を選んだ時、聖母マリアのように神の恵みを受け、キリシタンの教えに全身全霊を任せようという決意があったのである。その決意は彼女がセスペデス神父宛に書いた手紙にも現れている。「わがキリシタンとなつたのは、人間の勧誘に非ず、全能唯一のデウスの御慈悲のみによるものであることは、尊師のよく承知せらるるとほりである。故に天地は動き、草木は滅することあるも、我はデウスを信じて決して変らぬであらう」とある（『一五八七年の日本年報』）。この手紙にある「デウスの御慈悲」のことばの原文は「デウスのガラサ」であっただろう。

同じ手紙に、幼い息子が重篤だったとき、清原マリアに洗礼を授けてもらってから、完全に回復したことも書いてあり、「デウスは何事にも御助と御恵を与へ給うた」という感動を込めている。神の **Graça** を望み、それを霊名に選び、息子もその恵みによって助かったことは、彼女を文字通り「ガラシャ」に恵まれる人間に仕上げている。

『コンテムツスムンヂ』の翻刻

現在、私たちが目にすることができるガラシャの愛読本の活字版は、一五九〇年に巡察使アレッサンドロ・ヴァリニャーノが日本に将来した印刷機によって、一五九六年にイエズス会天草のコレジオで印刷されたローマ字本『コンテムツスムンヂ』である（尾原悟編『コンテムツスムンヂ』解説）。ガラシャが一五八七年に入手した和訳ローマ字本の写本は、金属活字印刷機の到来より三年前なので、この活字版より九年前のことであった。

ガラシャは、『コンテムツスムンヂ』にある、ヨーロッパの言葉とか未知の表現についての疑問をすべて明瞭に書き留めて、マリアにそれを持たせて、教会に遣わせ、教会側の回答を持って帰らせた。洗礼前のガラシャは、洗礼志願者であると同時に教師でもあった。すでに入信していた侍女たちのために、『コンテムツスムンヂ』を説明し、侍女たちと一緒に「読書会」をやっていた。しかも、祝祭日には、キリシタンの女性たちを集めて、彼女はいずれかの章を読むか、または自らが「訳した」教理書に記されていることを話していた（『日本史〈5〉』）。

『コンテムツスムンヂ』の語句と内容をめぐって、ガラシャは教会側と頻繁に文通を交わしていたことが想像できる。教会側の担当者は主に書記担当のコスメや翻訳担当のヴィセンテだっただろうと思う。フロイスによれば、ガラシャは「日本できわめて稀なほど達筆」であり、後に「自筆でもって他の多くの霊的な書物を日本語に翻訳した」と記録されている。のちのローマ字本の活字版にある、ポルトガル語とラテン語の原語に必ず和訳が付してあることを見れば、当時ガラシャが提出した数々の質問が、原語の使用に和訳を付する必要性をイエズス会に意識させたのではないかと思われる。

フロイスの文章にある、ガラシャの「翻訳」「訳した」という記述は、ローマ字写本を、国字（ひらがなと漢字）に書き直したこと（つまり、翻刻）の意味だろうと思われる。ガラシャが早くからローマ字を覚えたため、教会へ手紙を書いた時も、ローマ字を使っていたと言われている。彼女は、ローマ字を国字にし、その文章をさらにわかりやすくした可能性が高い。自分の国字翻刻を教会側に見せて、その文章の正否について、判断してもらったことがあるからこそ、教会は彼女の「稀なほど達筆」とか「自筆でもって他の多くの霊的な書物を日本語に翻訳した」という目撃情報を共有して、『日本史』によって記録されているのだろう。

研究者アンベルクロードは、一五九六年に活字印刷のローマ字本『コンテムツスムンヂ』の文章が、細川ガラシャ周囲の何人かの手によって、この訳業の最後の仕上げが行われたのだろうと推測したことがある。この見解に対して、新村出と柊源一は、ローマ字本に比べれば、さらにこなれた、女性にも親しみやすい文体の国字本の場合にこそ、そのように推定すべきではないか、と指摘している（新村出、柊源一『吉利支丹文学集1』）。つまり、ガラシャがこの両書に与えた影響の可能性は、すでに研究者によって仮定されていたのである。

ガラシャによる国字翻刻は、教会の作業より三年早かった。教会が国字翻刻を決めたのは一五九〇年に加津佐で行われた日本イエズス会第二回総協議会であった。したがって、国字本『こんてむつすむん地』（一六一〇年上梓）は、ガラシャの達筆による国字翻刻から啓示を受けていた可能性がある。

以上の推測をさらに進めれば、ガラシャの達筆で翻刻した多くの霊的な書物は、教会側に保存され、フロイスの目に触れたことがあり、その翻刻は、かずかずの書物の翻訳に携わったパウロ養方とヴィセンテ洞院親子にとっても、有益な教示となっていただろう。ヴィセンテが一五八七年から九二年まで翻訳活動に専念していた期間はガラシャが懸命にキリスト教を学ぼうとした時期と重なっている。

一五九三年のイエズス会士名簿に、ヴィセンテについて、「名声があり会員の中で唯ひとり日本文学に長じ、日本語による優れた説教家である。そして今までに出来たほとんどすべての霊的および学問的書物を著作し、または翻訳した」と書いている（小島幸枝『コンテムツスムンヂの研究』）。ヴィセンテの翻訳は、ガラシャの翻刻からも影響を受けていたと推定できよう。

一方、その時、九州で印刷された「キリシタン版」の数々が、九州在住の司祭たちによって、ガラシャに送られていた。たとえば、ローマ字本『伊曾保物語』や『平家物語』（対話形式）、『サントスの御作業のうち抜書』などがある。松田毅一氏は、ガラシャがそれらの書物を細川邸の奥まった部屋で仄かな行灯のもとで繙いている姿を想起せざるをえない、と述べている（松田毅一『南蛮人の日本発見』）。つまり、ガラシャの翻刻に啓示された数々の和訳の印刷本がまたガラシャの手に戻ってくる、という微笑ましい情景である。

ガラシャが見た救世主

ガラシャが教会を訪ねた時に、祭壇の上に飾ってある救世主の美しい画像を見て、非常に満足した、とフロイスが書いている。これは「サルバド・ムンデ（Salvado Mundi、救世主）」で、イエスの右手が祈り、左手が地球儀をもつ、という有名な構図の絵画を指している。この絵は、イエスが万物の作り主で、世の救い主であるという概念を示す基本的な構図であり、多くのヴァリエーションを生み出している。ガラシャが目にしたこの絵画は、彼女の入信にとって決定的な意味をもつものであった。

左の画像は、二〇世紀初期、大阪府三嶋郡青渓村（現茨木市）中谷家から発見されたものであり、イエズス会のコレジオで学んだ日本人画学生丹羽ヤコブ（一五七九年生まれ）の署名がある（岡田章雄『キリシタンの世紀』）。これはアントウェルペンで刊行された銅版画を参照にしたものと考えられている（熊本県立美術館編『細川ガラシャ』）。丹羽ヤコブが師事したのは、一五八三年に来日したイエズス会修道士の画家ジョヴァンニ・ニコラオである（『大航海時代の日本美術』）。

救世主像（丹羽ヤコブ作、銅版油彩、23cmx17cm、1597年か、東京大学総合図書館収蔵）

日本人キリシタンにとっての聖画像

救世主の画像は当時のキリシタンによって渇望されたものである。フロイスの書簡（一五七八年一〇月一六日）によれば、豊後の国主大友宗麟が、京都の職人に命じて非常に美しい珠のロザリオや聖遺物を入れる珍しい黄金の十字架を造らせると同時に、「救世主の聖像」をも描かせていた(松田毅一、東光博英訳『十六・七世紀イエズス会日本報告集』第三期第五巻)。

当時、教会はこの画像を多く配布して、祭壇に飾ることが習慣だったようである。セスペデスは、美濃の岐阜で宣教を行い、洗礼を多くの人に授けてから、「救世主の画像」を残していったことがある。そこの信者たちは、この画像をもって祭壇をつくり、毎日朝と夕、そこに集い、大声で祈りを唱えていたことがわかる(『日本史』〈10〉)。したがって、セスペデスは自分の管理する大坂の教会にも救世主の画像を飾っていたため、ガラシャが初めて出会った聖画となったのである。

イエズス会の日本宣教において画像の果たした役割は重要であった。オルガンティーノは、来日するヴァリニャーノに、祭壇を飾る教会用具、祭具、美しい画像の招来を要望したことがある。「日本人異教徒はこうした外面的なことに心を動かされてキリスト教徒になることが多いからです」とその理由を手紙に書いている(一五七七年九月二一日付書簡)。

当時、信者たちの画像に対する需要が大きかったため、一五八三年から祭壇を飾る聖画像の製作がイエズス会において本格化しはじめた。前記の画家ニコラオは、一五八六年に大坂の修練院に入り、諸教会の祭壇画製作に従事していた(五野井隆史『キリシタン信仰史の研究』)。一五八七年にガラシャが教会で見た救世主の画像は、ニコラオが制作したものだった可能性が高い。もし、右の丹羽ヤコブ制作の画像は、アントウェルペンの銅版画に基づいて師匠ニコラオの制作した画像の模倣であるのならば、これはすなわちガラシャが見て喜んでいた画像と非常に似ているものだと考えられよう。

　フロイスは、仏教を離れて、キリスト教に入信した人々は、護符や飾り物を失った喪失感と空虚感を満たすために、キリスト教の聖像を必要としていたのを知っているため、五万以上の聖画がほしい、とイエズス会総長に訴えたことがある（一五八七年一月一日付書簡）。

　一五九一年ごろから天草下島の志岐のレジデンシアに併設された画学舎で、西洋絵画の訓練が正式に行われた。「キリシタン版」で、天草刊ローマ字本『ドチリナ・キリシタン』（一五九二年）の表紙も救世主の画像を中心に置いている。キリスト教の教理を教える基本的テキストなので、ガラシャの手に渡っているはずである。これを読んだ時、自分が最初に教会を訪れた時の情景が目に浮かんだのだろう。

NIPPONNOIESVS
no Companhia no Superior
yori Christan ni sōtō no cotouari uo tagaino
mondô no gotoqu xidai uo vacachi tamŏ
DOCTRINA.
EGOSVMVIA.ET VERITAS.ET VITA
IESVS NO COMPANHIA NO COLLE-
gio Amacusa ni voite Superiores no von yuru
xi uo cômuri,core uo fan to nasu mono na
ri.Toqini go xuxxe no NENQI.1592.

キリシタン版『ドチリナ・キリシタン』（天草刊、1592年）の表紙

　聖画像の制作は一五九三年に軌道に乗り、大量制作が可能になり、キリシタンたちが聖画像を容易に手に入れることができた（五野井隆史『キリシタン信仰史の研究』）。一五九五年以降、ガラシャは夫忠興に頼んで、大坂玉造の屋敷内に小さい

聖堂を作らせたことがある。小聖堂に彼女の好む「救世主の画像」を飾っただろう。ガラシャが一六〇〇年に人質に取られないように自死する直前、最後の祈りを捧げたのもこの小聖堂であった。

不干斎ハビアン

ガラシャは、大坂のセミナリヨの少年たちや司祭たちに日頃、多くの贈り物を届けて、「一同はそれほど多くの品物を見たことがなかったので驚嘆し」ていた（『日本史〈5〉』）。その時に、そのセミナリヨでラテン語を教えていたのはプレネスティーノ神父で、前記の神父の書簡がガラシャをよく紹介している。

このセミナリヨに学んでいる日本人学生の一人は不干斎《ふかんさい》ハビアンである。一五六五年ごろに京都に生まれた彼は、八五年から大阪セミナリヨに学び、八六年にイルマン（修道士）として正式にイエズス会に入会を許可された。一五八七年一一月、秀吉の伴天連追放令の結果、大坂を離れて、肥前・生月島に移動した。有名な護教論『妙貞問答』を一六〇五年に出版してから、三年後に棄教して、一六二〇年に反キリスト教論『破提宇子《はでいうす》』を書いて、前説をひるがえした。

ハビアンは大坂のセミナリヨの教師プレネスティーノからガラシャのことを聞いていた可能性が高い。臨済宗禅寺出身のハビアンは才気《さいき》煥発《かんぱつ》の人で、自分とほぼ同年齢の女性が豊富な仏教諸宗派に関する知識をもち、しかも教会へ質問の手紙を頻繁に書き、大量の贈り物を送ってきたことを知っていたはずである。

前記のヴィセンテは、和漢の文字に造詣《ぞうけい》深く、日本の諸宗派、特にその第一位を占める禅宗についてそうであり、彼の教えた「セミナリオの子供たち」は、短期間でもって、たちまち容易にかつ巧妙に異教徒たちに説教し、彼らの誤謬《ごびゅう》や偽りの教えに反駁できるまでになり、多くの人々を改宗に導いた、と記録されている。この「子供たち」のうちにハビアンも入っているだろうと思う。

『妙貞問答』

ハビアンの近辺にガラシャに説教したことのある修道士高井コスメが常にいたようである。たとえば、一五九〇年八月、ヴァリニャーノによって加津佐で開催されたイエズス会第二回全体協議会にハビアンとコスメが同時に参加している（井手勝美『キリシタン思想研究史序説』）。

その後、ハビアンは高井コスメと一緒に天草のコレジオで日本語を教えていた。一五九二年一一月のイエズス会名簿にある天草のコレジオと修練院には、ハビアンとコスメの名前が並記されている。

36、イルマン・うんぎょ・ハビアン **Ir. Unguio Fabiam**　日本人、ラテン語を少し理解する。教師、日本語を教えている。

37、イルマン高井コスメ **Ir. Tacay Cosme**　日本人、日本語しか知らない。教師、日本語を教えている。

この二人は同じところで、同じ役割を果たし（Schütte, *Introductio ad historiam Societatis Jesu in Japonica, 1549-1650*）、学識と教養を生かす仕事に従事していたことがわかる。しかも二人とも和訳『伊曾保物語』と『金句集』の編輯に携わり、『平家物語』の口語訳をしていた。ハビアンが『平家物語』の序を執筆したのは一五九二年であった（土井忠生『吉利支丹文献考』、高瀬弘一郎『キリシタン時代のコレジオ』）。その間、コスメは、数年前にガラシャと交わした「激論」の内容をハビアンに詳しく伝えていただろう。

コスメにとってガラシャは忘れられない存在であった。フロイスは、コスメが「後ほど、自分は過去一八年の間、これほど明晰かつ果敢な判断ができる日本の女性と話したことはなかった」と言っていたことを記録しているが、「後ほど」とは、コスメのイエズス会入会の一五七三年から計算する「一八年」後の一五九一年ごろにあたる。それはハビアンと同じところで仕事をしている時期でもあった。

ハビアンは一六〇三年に京都へ派遣され、仏教僧侶たちと論争したことによって、いかに彼らを論破すべきかの術を積み重ねて、二年後の『妙貞問答』の著述に大いに役立っている。一六〇五年刊行のこのキリスト教護教論書は、仏教、儒教、神道、キリスト教の教理を熟知する幽貞という女性を設定し、未亡人妙秀がキリシタンの幽貞にさまざまの質問をぶつけてから、徐々に幽貞に説得されていくという対話形式の書物である。妙秀と幽貞の対話における儒教批判は、ガラシャに洗礼を授けた清原マリアをモデルにしたのではないかと推測されている。なぜならば、マリアの父親清原枝賢《えだかた》が儒学者であり、キリシタンだったからなのである。

ガラシャの面影

『妙貞問答』はハビアンが署名しているが、彼一人の著書ではなく、周囲の修道士との共同作業によるものだと見なされている。仏教、神道、儒教など各方面からくる問題に対する回答を挙げているため、日本の言葉に精通した神学者二名と日本人修道士ハビアンと高井コスメが編集したものだと見られている（チースリク「ファヴィアン不干伝ノート」、小林千草「ハビアン著『妙貞問答』に関する一考察――依拠・関連資料をめぐって」）。

本書に高井コスメが深く関わっているなら、妙秀と幽貞との対話がガラシャと彼自身との対話に基づいていたと考えても不自然ではない。文章全体の流麗さは、修道女たちに見せるために、女性にとって親しみやすい文体を選んだと言われるが、その豊かな教養と流麗な文体を持つ幽貞という人物のモデルは、ガラシャだっただろうと思う。

もう一つ注目したいことが『妙貞問答』にある。それは妙秀が初めて幽貞を訪問したときに、「何ノハヘモナキ壁ノカタヘノ障子ニ、見モ慣ヌ御影《みえい》ヲ掛ケ、コキ墨染ニ面痩《おもやせ》タル有様、云ハカリナシ」（何の飾りもない壁の傍らの障子に見慣れぬ肖像画を掛け、濃い墨染めの衣にやつれたお姿は、たとえようもございません）と眺めていたことである。

「墨染めの衣」を着るのがイエスの細い顔の聖像なら、前記のような黒と濃い緑色のマントを羽織っている「救世主の画像」であった可能性がある。障子のとなりに肖像画が掛けてあることは、ガラシャが教会を訪れた時に見た祭壇の上の肖像画を連想させてくれる。この絵画は、いきなり妙秀を異世界に誘い入れる効果がある。妙秀は、ガラシャと同様に、まずキリストの聖画に接してから、キリスト教の教えを聞くようになったのである。

また、この描写の前には、『源氏物語』の夕顔巻の、光源氏が乳母であった年老いた尼の家を訪れる場面を連想させてくれる描写があり、そして、この見慣れぬ画像によって、主人公妙秀が、仏教の世界から、キリスト教の世界へ足を踏み入れることになる。

『妙貞問答』の読者は、『源氏物語』の世界を喚起し得る素養をもつ貴族女性たちで、読書を通して、キリスト教をより強く確信することが設定されている(米田真理子「文学史からみた『妙貞問答』」)。そのような貴族女性の一人として、ガラシャも想定されていたはずである。つまり、ガラシャの面影がここに潜んでいるのである。作中の幽貞は、まさにコスメを感心させ、「これほど宗教について深い知識をもっている人に会ったことはない」といわせ、さらに豊富なキリスト教の知識と堅い信念をもつガラシャのような人物である。

父親明智光秀への思い

ガラシャは、謀反人の父親明智光秀について、一体どのような思いを抱いたのだろうか。本能寺の変が起こってからまもなく夫忠興に離縁され、丹後国味土野という山中に幽閉された彼女は、父親に送った便りに次のような意味のことを書いている。「今度無道の御振廻により、自らも与一郎に別れ、三戸野と云ふ恐ろしき山の中に住居して侍る」という恨みごとを述べている(『綿考輯録』9)。しかし、苦しい戦を続けている光秀のもとに、この便りが届いたかどうかは疑問である(田端泰子『細川ガラシャ』)。もしも、父親を突き放したこの便りを本当に書いたとすれば、彼女は生涯、後悔していたのではないか、と思われる。

孤立無援の父親、その後の斬首と首晒し。主君を裏切ることは戦国時代では日常茶飯事で、父親だけが世間に唾棄されたことに対して、彼女は大きな不満をもち、父親の無念さを生涯嚙み締めていただろう。その証拠に、彼女が毎年父の供養を欠かせなかったことがある。前記のプレスティーノの書簡に記されている彼女が警護の長に言ったことばを再び見てみよう。

「そなたも知ってのとおり、間もなく父上の年忌です。私たちの習慣に従って父上の御霊にお供物を差上げなければなりません。(略)父上のお喜びにならないことをするのは道にはずれていると思うのです」と言っている。父親を追善し、父親を喜ばせたい、という気持ちを持ち続けていたのである。

ガラシャは、秀吉との面会に呼び出されても、「秀吉は父の仇なので、たとえ殺されても参加することができない。強制してくるならば、懐剣をもって秀吉を刺殺して、父親の仇を報いたい」と言ったため、その呼び出しを夫忠興が断ることになる、という有名な逸話がある(『綿考輯録』13)。つまり、ガラシャは父親のことを恥と思わず、むしろ父親のために仇討ちを辞さない姿勢を持っていた人として細川家に記録されているのである。

フロイスの記録した彼女の言葉の中に、気になる言葉遣いが数カ所ある。彼女が学んだ禅宗は、「良心の呵責《かしゃく》を消却せしめるほど強くも厳しくもなかった。それどころか彼女に生じた躊躇や疑問は後を絶たなかった」とある（『日本史〈5〉』）。

彼女のもつ最大の「良心の呵責」は、父親を見殺しにしたことではないだろうか。父親が援助を求めてきたことを無視した夫忠興の決断に、彼女は何もすることはできなかっただろうが、それが彼女に「良心の呵責」と痛恨の思いを残したのではないかと思う。

また、ガラシャがオルガンティーノ神父に書いた「告白」らしい言葉の中でも、父親への思いが滲んでいる。「父を失った身であるとは申しながら、そのために落胆したり恥じたりすべきではないことを夫に悟らせようとして（あのように振舞ったので）ございます」と。つまり、キリスト教に接する前に、彼女は夫の暴虐に妥協をせず、「目には目を、歯には歯を」という態度を持ち続けていた。明智光秀を父親にもつことを、肩身の狭いこととしない態度の現れである。これは父親に対する最大の追善だっただろうと思う。

しかし、禅学を学んでも、ガラシャは「良心の呵責」すなわち「罪の意識」から逃れることはできなかった。この絶望的な気持ちが彼女をキリスト教へ駆り立てたのだと思う。キリスト教には人間の「罪悪感」に対処する方法が講じられているからである。

キリスト教は、イエス・キリストが十字架上で絶命したことは、全人類を罪から救いだすためだ、としている。したがって、キリスト教の祈りには、罪への許しを乞う内容が中心となる。たとえば、ガラシャが毎日四五回も祈った「あべまりあ」の最後は「神の母聖マリア、わたしたち罪びとのために、今も、死を迎える時も、お祈りください」と懇願する。つまり、「罪の意識」から解放されたい人間の気持ちに応えてくれるありがたい信仰である。

また、ガラシャが毎日一五回祈った「ぱあてるのすてる」（主の祈り）は、罪の意識を「負い奉る事」と表現して、次のように唱える。

「天に御座ます我等が御をや　御名をたつとまれ給へ　御代来りたまへ　天にをひて　御をんたあてのまゝなるごとく　地にをひてもあらせ給へ　我等が日々の御やしなひを　今日あたへたびたまへ　我等よりおひたる人に　ゆるし申ごとく　我等おひ奉る事をゆるしたまへ　われらをてんたさんにはし玉ふ事なかれ　我等をけうあくよりのがし給へ　あめん」（傍点はポルトガル語からラテン語）

現代語訳：天におられるわたしたちの父よ、み名が聖とされますように。み国が来ますように。みこころが天に行われるとおり地にも行われますように。わたしたちの日ごとの糧を今日もお与えください。わたしたちの罪をおゆるしください。わたしたちも人をゆるします。わたしたちを誘惑におちいらせず、悪からお救いください。アーメン。

「主の祈り」は、イエス・キリストが弟子たちに教えた「天主への祈り」である。これも、自分の罪を許してください、自分を悪から救ってください、という罪の意識が根底にあったからこその祈りである。

ここに引用している「あべまりあ」と「ぱあてるのすてる」は、「けれど」（信仰宣言）とともに、キリスト教においてもっとも大切な祈りである。ヴァリニャーノによって印刷機が日本へ将来されてから、この三つの祈りはただちに一枚刷りにして印刷されている（尾原悟編『きりしたんのおらしよ』）。

ガラシャがキリスト教から得られたのは、自分の罪を許し、良心の呵責を和らげてくれるイエス・キリストの存在であり、その存在への全面的な信頼である。これは彼女が仏教、儒教、神道などの思想から得られないものだったようである。

本章は、ガラシャの知性とキリスト教入信を中心に考えて、彼女の精神世界に近づこうとしてきている。彼女が『コンテムツスムンヂ』、『こんてむつすむん地』、『妙貞問答』などに足跡を残しているのであれば、それは間違いなく、彼女の知性と聡明さから生まれた文化的遺産といえよう。

参考文献

安廷苑『細川ガラシャ――キリシタン史料から見た生涯』中公新書、二〇一四年
井手勝美『キリシタン思想研究史序説』ぺりかん社、一九九五年
岡田章雄『キリシタンの世紀』集英社、一九七五年
小野景湛編『綿考輯録』一八世紀後半
尾原悟編『きりしたんのおらしよ』『キリシタン研究』第四十二輯、教文館、二〇〇五年
九州国立博物館編『大航海時代の日本美術』西日本新聞社、TNCテレビ西日本、二〇一七年
熊本県立美術館編『細川ガラシャ』細川ガラシャ展実行委員会、二〇一八年

小島幸枝『コンテムツスムンヂの研究』研究篇、武蔵野書院、二〇〇九年
五野井隆史『キリシタン信仰史の研究』吉川弘文館、二〇一七年
小林千草「ハビアン著『妙貞問答』に関する一考察――依拠・関連資料をめぐって」『中世のことばと資料』武蔵野書院、一九九四年
鈴木広光「コンテンツス・ムンヂの欧文原典」『国語国文』一九九四年四月
高瀬弘一郎『キリシタン時代のコレジオ』八木書店、二〇一七年
田端泰子『細川ガラシャ』ミネルヴァ書房、二〇一〇年
チースリク「ファヴィアン不干伝ノート」『キリシタン文化研究会会報』第一五年第三号、一九七二年一二月
土井忠生『吉利支丹文献考』三省堂、一九六三年
ヘルマン・ホイヴェルス『細川ガラシア夫人』春秋社、一九六六年
松田毅一、川崎桃太郎訳『フロイス日本史〈1〉～〈12〉』中央公論社、一九七七―一九七八年
松田毅一『南蛮人の日本発見』中央公論社、一九八二年
村上直次郎訳『イエズス会日本年報』下、雄松堂書店、一九六九年
結城了悟「宣教師は異国で、なぜ大名やその子女を入信させることができたのか」上総英郎編『細川ガラシャのすべて』新人物往来社、一九九四年
米田真理子「文学史からみた『妙貞問答』」末木文美士編『妙貞問答を読む――ハビアンの仏教批判』法蔵館、二〇一四年
Schütte, Josef Franz, *Introductio ad historiam Societatis Jesu in Japonia, 1549-1650, ac prooemium ad catalogos Japoniae edendos ad edenda Societatis Jesu monumenta historiaca Japoniae propylaeum*, Institutum historicum Soc. Jesu, 1968.
Schütte, Josef Franz, *Monumenta historica Japoniae I: Textus catalogorum Japoniae aliaeque de personis domibuspue S. J. in Japonia informationes et relations. 1549-1654*, Apud Monumenta historica Soc. Jesu, 1975.
Valignano, Alejandro, Alvarez-Taladriz, José Luis, ed., *Sumario de las cosas de Japón*〈*1583*〉*; Adiciones del Sumario de Japón*〈*1592*〉, Sophia University, 1954.

あとがき　フレデリック・クレインス

筆者の勤務している国際日本文化研究センター（以下、日文研）は京都市内西端の桂というところにある。その桂から南には長岡京市がある。京都に近く、歴史上、戦略的拠点として位置づけられていた、こののどかな都市には、かつて細川忠興と妻のガラシャが新婚生活を送った勝龍寺城がある。

今から三十二年前の一九八八年に勝龍寺城の発掘調査が行われた。その結果、土塁や堀などの遺構がよい状態で残っていることが分かり、ガラシャたちが住んでいた当時の勝龍寺城の姿が浮かび上がった。これを受けて、長岡京市において、勝龍寺城の再興をしようという機運が盛り上がった。長岡京市では細川家文書が保存されている熊本大学附属図書館や東京にある永青文庫の史料を参考に勝龍寺城の再建に取り掛かった。城が「勝竜寺城公園」としてよみがえったのは、その四年後の一九九二年のことである。

この勝龍寺城公園の整備を記念して、「長岡京ガラシャ祭り」が同年に開始された。ガラシャ祭りはその後も毎年十一月に開催され、「ガラシャ・ウィーク」と呼ばれる一週間にわたって、ガラシャに纏わる様々なイベントがおこなわれている。ガラシャ（玉）が忠興に輿入れする様子を再現したメイン・イベントの行列巡行には約千人が参列する。二〇二〇年十一月には二十九回目を迎える。

このガラシャ祭りは長岡京市民が主体となって運営されている。ガラシャ役や忠興役をはじめ、行列のすべての登場人物に扮しての参加は応募制によるものである。公開の場で抽選がおこなわれ、配役が決定されるという形で、まさに「市民祭り」としておこなわれている。

日文研の一般公開も毎年秋におこなわれる。日文研とは、日本の文化・歴史を国際的な連携・協力の下で研究するとともに、世界の日本研究者を支援するという使命をもった大学共同利用機関である。そのほかに、日文研は、日本関係欧文図書を収集する使命も持ち合わせている。これまで収集してきた日本関係欧文図書の中には、明智光秀とその娘細川ガラシャについて書かれているイエズス会士関連図書が数多く含まれている。

毎年の日文研一般公開ではシンポジウムや展示会を開催している。二〇一八年はガラシャをシンポジウムのテーマとした。ガラシャに関係の深い長岡京市に、連携できないかと問い合わせたところ、ご快諾いただいた。その結果、二〇一八年十一月二十三日の一般公開当日に、「細川ガラシャの美しさ――いつ、誰が彼女を美しくえがき出したのか」と題するシンポジウムを共催するに至った。

このシンポジウムでは、日文研の石上阿希氏の司会の下で、四人の登壇者による講演および討論がおこなわれた。講演では、まず、長岡京市前市長の小田豊氏に勝龍寺城の再興およびガラシャ祭りの創設の経緯についてお話し頂いた。次に、本書「あとがき」の筆者であるクレインスが、ガラシャの情報がどのようにヨーロッパに伝わって、普及したのかについて紹介した。続いて、郭南燕氏は、ヨーロッパでガラシャの容貌が賛美されるようになり、「美人説」が日本に逆輸入される経緯を追った。最後に、井上章一氏は、近代以降における日本でキリスト教がロマンチシズムをかき立てる存在になり、こんにちのガラシャ像を作り上げたと指摘した。

その後の四人の登壇者による討論では、ガラシャが本当に美人だったかどうかが焦点となり、白熱した議論に発展した。ガラシャを美人として描くのはヨーロッパに限ったことではなかったと唱えた筆者に対して、井上氏が食いついた。討論の一部を以下に再現する。

井上氏「クレインスさん、どうでしょうか。ガラシャを美しく描き出し、日本に伝達したのはクラッセの『日本西教史』ではないでしょうか」。

筆者は次のように答えた。

「そうですね。もともと日本側史料にも玉が美人として描かれています。『明智軍記』という著作があります。著者も不明ですし、いつ成立したのかもよくわからないのですが、だいたい元禄以前と考えられています。そこにガラシャについても触れられて、「容色ことに麗しく」と記されています。もちろん、『明智軍記』は本当に信用できるか、という問題はあります。ただ、「容色ことに麗しく」のほかに、「歌を吟し、糸竹呂律の翫びも妙なりけり」とも書かれています。つまり、歌が非常にうまくて、琴とか笛も非常に長けている、ということです。彼女が文化人として優れた才能をもっていたと書いてありますが、西洋側の史料、つまりフロイスの『日本史』においても、同様のことが書いてあります。両史料に接点があるので、ある程度の信憑性があるのではないかと思います」。

そこで郭氏が次のように語った。

「実は私、結構調べてきたつもりなんですけれども、日本側史料でガラシャの容姿について何も見つけられませんでした。私が非常に感心しているのは、長岡京市立図書館です。細川ガラシャに関する資料が、まとまっていて、そこの本は、もう全部使い古されているような感じで、どのくらいの方がその本を読んでいるのかがすぐわかります。そこでガラシャについて色々調べてみました。特に私が力を入れたのは、細川忠興の史料だったんですけれども、そこには美人説というものはなかったのです。『明智軍記』をよく見なかったのが、私の落ち度だったと認めます」。

郭氏は次に筆者に質問を投げかけた。「一つ質問したいのですが、『明智軍記』は当時どのくらい読まれていたのでしょうか」。

「一応軍記物ですので、流布していたはずです」と筆者は答えた。

郭氏は続ける。「じゃあ、普通の人たちの目にもかなり触れていて、よく知られていたんですね」。

筆者「そうだと思います。ただ、当時のほかの様々な本の中でも、ガラシャのことが出てきます。一番流布していただろうという本は、『本朝列女伝』というのがありまして、これは黒沢弘忠と言う儒者が書いているもので、理想的な婦人たちを讃えるものなんです。一六六八年に初めて出版されて、その中にやはり忠興夫人は、主人に従う忠実な妻というイメージで描かれて、江戸時代に理想的な妻として捉えられていたということがわかります。他にも江戸時代に出版された複数の本でガラシャについて言及されています」。

この発言に対して、「だいたいみんな美人でしたか」と突っ込んだ質問をする郭氏。「そういう本に美人であったということは書かれていないです。『明智軍記』だけですね」と認めざるをえない筆者。

郭氏は話を締めくくる。「なるほど、ありがとうございます。なぜこのことをお聞きしたかというと、明治初期のある文献の中で、一番ガラシャの美貌について書いてくれたのは、やはり宣教師の本である、と思っているので、今の話をお聞きしまして、それもちょっと訂正していく必要があるのではないかなと思いました」。

ここで井上氏が割って入る。「小田さん、二人の学者くさいやりとりをどう思われますか」。

小田氏は次のように答え、筆者の援護にまわった。

「どちらかというと、私はクレインスさんの肩をもとうと。と申し上げますのは、私の直感で申し上げます。以前に、作家の三浦綾子さんは、歴史小説『細川ガラシャ夫人』を出版されています。その小説でガラシャは非常に美しく描かれています。もう一つは、大阪の玉造教会の壁画に、ガラシャが神、キリストに祈りを捧げる堂本印象先生の壁画がございます。美人図です。さらに、小川立夫画伯による「忠興公とガラシャ」という絵画がございます。非常に品の良い、美人で描かれている、と。こういう印象が私、非常に強うございます、と直感的に申し上げます。それと、クレインスさんが語ったヨーロッパでの様々な記述がございますが、そこでもやはり、美貌と知性にあふれた女性として映ります。また、日本の方ではですね、関ヶ原での戦いでは、細川家のついている徳川方が勝利をいたしました。徳川陣営の武将たちは、細川ガラシャを武士の妻の鑑、と言われておりますし、夫に命を捧げた女性だという、こういうイメージがございます。そういうところから、細川ガラシャを美しく描き出したのではないかと思います」。

この小田氏の言葉に励まされた筆者は次のように付け加えた。

「小田さんの話に付け加えたいのですが、私も直感的に美人だったのではないかと思います。その理由が二つありまして、一つは、明智光秀の肖像画についてです。多分みなさんも一度は見たことがあるのではないかと思いますが、なかなかの美男子なんです。高貴な感じがします。その娘ですので父に似ていたのではないかと考えます。もう一つは、『綿考輯録』と呼ばれる細川家記にはガラシャについて色々な逸話が掲載されています。その中には、西洋側史料でも同じように書かれていますが、忠興が非常に嫉妬深い人だったという逸話があります。彼女を屋敷から出さないのは、その美貌ゆえに、ほかの男性に会わせるのを忠興が嫌がったのではないかと考えられます。また、秀吉は美女狩りで有名なんです。忠興がガラシャを絶対に秀吉に会わせようとしなかったという逸話もあります。やはり秀吉がその美貌を見て、ガラシャを自分のものにしようとするのを忠興が恐れていたのではないでしょうか。また、明智の滅亡の後に、忠興がガラシャを味土野という丹後の山奥に隠しています。忠興ならば、すぐに離縁して、ほかの妻を探せる立場にいました。なぜ、謀反人の娘を完全に離縁しないで、隠し、後に復縁したのか。それは、忠興にとってはガラシャは心身ともに魅力的な人だったからなのではないでしょうか」。

小田氏はこの話に乗った。

「今、味土野の話が出ました。ガラシャはそこで幽閉されました。非常に深い山です。進入路も非常に狭い。その味土野でガラシャは子供ができました。そこからは、忠興とガラシャとは夫婦仲が非常に良かったというふうに思われます。それともう一つは、熊本の細川家の菩提寺、泰勝寺というお寺のことです。その泰勝寺には、藩主である細川家の歴代のお殿様たちの墓がありま す。そして忠興とガラシャは同じ大きさのお墓があります。今でいう男女平等の概念が細川家にはありました。そんなことから申し上げますと、細川ガラシャは細川家で大事にされていたということでしょうね」。

このようなガラシャ賛美にとうとう井上氏の闘志に火が付いた。

「私は司会役なので、あんまり出すぎたことを言わんようにした方がいいんですが、江戸時代のいろんな読み物に、そう細川玉のことは出てこないし、出てくる度合いは、やはり新しい時代の方が多くなるという。ついでに言うと、『明智軍記』は例外的に彼女の美貌を述べているかもしれません。だけれども、彼女が美しい人だったと書いたものは、ほとんど江戸時代にないと思います。でも、この頃描かれる歴史読み物は、まず間違いなく美しい人にしています。やはり江戸時代の捉え方と、今の捉え方には、私はズレがあると思いたいのですが、そのことも許してはいただけないのでしょうか（笑）」。

この反撃に筆者は少し戸惑って、次のように釈明した。

「多分、ガラシャがあまり美人として描かれていないのは、むしろ忠実な孺人《じゅじん》（妻）の側面が江戸の人々にとって強かったからかもしれません。夫のために命を捧げるという、そこの部分が儒者たちによって強調されていたからではないでしょうか」。

これに対して、井上氏は答える。「伝統的には、烈女・貞女・猛女、そういうカテゴリーで評価されていた人だと思うんですが、小野小町と同じラインナップにのる人ではなかったのでしょうか。郭さん、どうですか」。

井上氏からバトンタッチされた郭氏は、そこで話を美人とキリスト教との関係にもっていく。

「先ほどのクレインスさんのお話の中で、確かに忠興は嫉妬深い夫だったとは言えますけれども、ただ割と有名な話なんですけれども、味土野に自分の妻を幽閉すると同時に、自分も側室を入れて子供を作ったりしたので、だから彼にとってはガラシャが唯一の女性ではなかったこともうかがえると思います。私がこの話をしているそもそもの問題意識は、井上先生の一言、二言によって、出てくるのだと思います。やはり「キリスト教」と「美人」ということは、どうしても切っても切れないような関係があるので、もう少し井上さんに話をしていただけないでしょうか」。

郭氏から話を振り戻された井上氏は独自の持論を展開する。

「いや、あのね、私はマリアを美少女にしてしまったローマ・カトリックには欺瞞があると思っているのですが、ラファエロの聖母子像が日本に届くと、日本側もこれをありがたがるんですよね。夏目漱石の『坊ちゃん』で、坊ちゃんの通った松山の学校で、評判のべっぴんさんを先生方は「マドンナ」と呼んでいます。そう、美人の基準に、マリア、マドンナがなるんですよね。フーテンの寅さんでも、歴代の相方は、マドンナです。いつのまに聖母マリアがそうなったんやと。みなさんあまり思われたことはないかもしれませんが、私は思うわけです。そういうふうに思っている私が、しばしば日本近代キリスト教受容史の研究者と会うわけです。彼らの多くは言うんです。キリスト教は近代になっても冷遇された、迫害された、弾圧された、歪められた、と。そやけど、寅さんの相方、マドンナやで、と私は思うんです。どうして歪められた方ばかりを強調するんだと、こんなにありがたく……長岡京市なんかその典型やと思うんですが、どうしてそういうところを見てくれないんだというふうに、日本におけるキリスト教受容研究は、あまりにも自分をマゾヒスティックに描きすぎているんじゃないかと、私は思います」。

このようにして、井上氏は聖女たちの美人化をキリスト教の特徴の一つとして位置づけて、日本のキリスト教観が美しいガラシャ像を形づくったという側面を強調した。ガラシャが美人だったかどうかについては、その後も議論が平行線のままで終わった。

とはいえ、この時の白熱した討論には確かな手応えを感じた。ガラシャ像の形成についてぜひ本を作りたい。そう思った。井上氏と郭氏も賛同してくれた。ただ、ガラシャに焦点を当てるだけでは全体像が摑みにくい。父の明智光秀についても一章加えれば、ガラシャについてより複眼的・重層的な視点を読者に提供できると思った。

明智光秀といえば、同僚の呉座勇一氏が光秀の人物像に興味を抱いていることを、本人からも聞いていたし、彼の著作を通じても知っていた。そこで、ぜひ、光秀について一章を書いて欲しいと頼むと、ご快諾を得た。これで筆者四人が揃った。最後に残った問題として、出版社を見つけることだった。出版社を探すに当たって、郭氏の以前からの知り合いであった編集者赤羽高樹氏にご尽力頂き、筑摩書房が引き受けて下さることになった。

一般公開シンポジウムが終わった後も、井上氏は筆者に会うたびに、「あの時は、『明智軍記』をもちだされ、参りました」と敗北を認めてくれていた。ところが、本書を書くことになった後に、井上氏の主張が変わった。「『明智軍記』はガラシャの死後、時間が大分経ってから書かれたものです。信憑性は低い。やはり、ガラシャが美人だったという説を裏付ける史料は存在しないよ」と巻き返された。

『明智軍記』は一次史料ではないので、その内容を鵜呑みできないということは筆者も認めざるを得ない。それにしても、井上氏はガラシャが本当に美人だったかどうかにえらく固執しているように見受けられる。実は、内心では、ガラシャは美人だったと思われているのではないだろうか。

二〇一九年十二月

フレデリック・クレインス

編集協力：赤羽高樹（スタジオ・フォンテ）

〈著者紹介・執筆順〉

井上章一（いのうえ・しょういち）

国際日本文化研究センター教授。近著に『大阪的――「おもろいおばはん」は、こうしてつくられた』（幻冬舎新書）、『日本の醜さについて――都市とエゴイズム』（幻冬舎新書）、『京都ぎらい』『京都ぎらい　官能篇』（朝日新書）など多数。

呉座勇一（ござ・ゆういち）

国際日本文化研究センター助教。近著に『日本中世への招待』（朝日新書）、『陰謀の日本中世史』（角川新書）、『応仁の乱――戦国時代を生んだ大乱』（中公新書）など多数。

フレデリック・クレインス

国際日本文化研究センター准教授。近著に『オランダ商館長が見た　江戸の災害』（講談社現代新書）、『十七世紀のオランダ人が見た日本』（臨川書店）、共著に『戦乱と民衆』（講談社現代新書）など多数。

郭南燕（かく・なんえん）

東京大学特任教授。近著に『ザビエルの夢を紡ぐ――近代宣教師たちの日本語文学』（平凡社）、編著に『キリシタンが拓いた日本語文学――多言語多文化交流の淵源』（明石書店）、『ド・ロ版画の旅――ヨーロッパから上海～長崎への多文化的融合』（創樹社美術出版）など多数。

筑摩選書　0187

明智《あけち》光秀《みつひで》と細川《ほそかわ》ガラシャ　戦国《せんごく》を生《い》きた父娘《おやこ》の虚像《きょぞう》と実像《じつぞう》

二〇二〇年三月一五日　初版第一刷発行

著　者　井上章一《いのうえしょういち》
　　　　呉座勇一《ござゆういち》
　　　　フレデリック・クレインス
　　　　郭南燕《かくなんえん》

発行者　喜入冬子

発行所　株式会社筑摩書房
東京都台東区蔵前二-五-三　郵便番号　一一一-八七五五
電話番号　〇三-五六八七-二六〇一（代表）

装幀者　神田昇和

印刷　製本　中央精版印刷株式会社

ISBN978-4-480-01695-9 C0321

筑摩選書 0122

大乗経典の誕生
仏伝の再解釈でよみがえるブッダ

平岡聡

ブッダ入滅の数百年後に生まれた大乗経典はどんな発想で作られ如何にして権威をもったのか。「仏伝」をキーワードに探り、仏教史上の一大転機を鮮やかに描く。

筑摩選書 0137

〈業〉とは何か
行為と道徳の仏教思想史

平岡聡

仏教における「業思想」は、倫理思想であり行為の哲学でもある。初期仏教から大乗仏教まで、様々に変遷してきたこの思想の歴史と論理をスリリングに読み解く！

筑摩選書 0178

親鸞「六つの顔」はなぜ生まれたのか

大澤絢子

多くの日本人を魅了してきた親鸞には「妻帯した僧」など、六つの「顔」がある。なぜ、いかにしてそれらの「顔」が形成されたのかを明らかにした労作の誕生！

筑摩選書 0036

伊勢神宮と古代王権
神宮・斎宮・天皇がおりなした六百年

榎村寛之

神宮をめぐり、交錯する天皇家と地域勢力の野望。王権は何を夢見、神宮は何を期待したのか？　王権の変遷に翻弄され変容していった伊勢神宮という存在の謎に迫る。

筑摩選書 0068

「魂」の思想史
近代の異端者とともに

酒井健

合理主義や功利主義に彩られた近代。時代の趨勢に反し、魂の声に魅き込まれた人々がいる。彼らの思索の跡は我々に何を語るのか。生の息吹に溢れる異色の思想史。

筑摩選書 0098

日本の思想とは何か
現存の倫理学

佐藤正英

日本に伝承されてきた言葉に根差した理知により、今・ここに現存している己れのよりよい究極の生のための地平を拓く。該博な知に裏打ちされた、著者渾身の論考。

筑摩選書
0003

荘子と遊ぶ　禅的思考の源流へ

玄侑宗久

『荘子』はすこぶる面白い。読んでいると「常識」という桎梏から解放される。それは「心の自由」のための哲学だ。魅力的な言語世界を味わいながら、現代的な解釈を試みる。

筑摩選書
0009

日本人の暦　今週の歳時記

長谷川　櫂

日本人は三つの暦時間を生きている。本書では、季節感豊かな日本文化固有の時間を歳時記をもとに再構成。四季の移ろいを慈しみ、古来のしきたりを見直す一冊。

筑摩選書
0038

救いとは何か

森岡正博
山折哲雄

この時代の生と死について、救いについて、人間の幸福について、信仰をもつ宗教学者と、宗教をもたない哲学者が鋭く言葉を交わした、比類なき思考の記録。

筑摩選書
0014

瞬間を生きる哲学　〈今ここ〉に佇む技法

古東哲明

私たちは、いつも先のことばかり考えて生きている。だが、本当に大切なのは、今この瞬間の充溢なのではないだろうか。刹那に存在のかがやきを見出す哲学。

筑摩選書
0082

江戸の朱子学

土田健次郎

江戸時代において朱子学が果たした機能とは何だったのか。この学の骨格から近代化の問題まで、思想界に与えたインパクトを再検討し、従来的イメージを刷新する。

筑摩選書
0151

神と革命　ロシア革命の知られざる真実

下斗米伸夫

ロシア革命が成就する上で、異端の宗派が大きな役割を果たしていた！　無神論を国是とするソ連時代の封印を解き、革命のダイナミズムを初めて明らかにする。

筑摩選書
0025

芭蕉 最後の一句
生命の流れに還る

魚住孝至

清滝や波に散り込む青松葉――この辞世の句に、どのような思いが籠められているのか。不易流行から軽みへ、境涯深まる最晩年に焦点を当て、芭蕉の実像を追う。

筑摩選書
0026

関羽
神になった「三国志」の英雄

渡邉義浩

「三国志」の豪傑は、なぜ商売の神として崇められるようになったのか。史実から物語、そして信仰の対象へ。その変遷を通して描き出す、中国精神史の新たな試み。

筑摩選書
0027

「窓」の思想史
日本とヨーロッパの建築表象論

浜本隆志

建築物に欠かせない「窓」。それはまた、歴史・文化的にきわめて興味深い表象でもある。そこに込められた意味を日本とヨーロッパの比較から探るひとつの思想史。

筑摩選書
0035

生老病死の図像学
仏教説話画を読む

加須屋誠

仏教の教理を絵で伝える説話画をイコノロジーの手法で読み解くと、中世日本人の死生観が浮かび上がる。生活史・民俗史をも視野に入れた日本美術史の画期的論考。

筑摩選書
0039

長崎奉行
等身大の官僚群像

鈴木康子

江戸から遠く離れ、国内で唯一海外に開かれた町、長崎を統べる長崎奉行。彼らはどのような官僚人生を生きたのか。豊富な史料をもとに、その悲喜交々を描き出す。

筑摩選書
0066

江戸の風評被害

鈴木浩三

市場経済が発達した江戸期、損得に関わる風説やうわさは瞬く間に広がって人々の行動に影響を与え、政治経済を動かした。群集心理から江戸の社会システムを読む。

筑摩選書
0072

愛国・革命・民主
日本史から世界を考える

三谷 博

近代世界に類を見ない大革命、明治維新はどうして可能だったのか。その歴史的経験から、時空を超える普遍的英知を探り、それを補助線に世界の「いま」を理解する。

筑摩選書
0096

万葉語誌

多田一臣編

『万葉集』に現れる重要語を一五〇語掲げて解説する《読む辞典》。現象的・表面的理解とは一線を画しつつ、各語に内在する古代的な論理や世界観を掘り起こす。

筑摩選書
0016

最後の吉本隆明

勢古浩爾

「戦後最大の思想家」「思想界の巨人」と冠される吉本隆明。その吉本がこだわった「最後の親鸞」の思考に倣い、「最後の吉本隆明」の思想の本質を追究する。

筑摩選書
0017

思想は裁けるか
弁護士・海野《うんの》普吉《しんきち》伝

入江曜子

治安維持法下、河合栄治郎、尾崎行雄、津田左右吉など思想弾圧が学者やリベラリストにまで及んだ時代、その弁護に孤軍奮闘した海野普吉。冤罪を憎んだその生涯とは？

筑摩選書
0129

中華帝国のジレンマ
礼的思想と法的秩序

冨谷 至

中国人はなぜ無法で無礼に見えるのか。彼らにとって法や礼儀とは何なのか。古代から近代にいたる過程で中華思想が抱えた葛藤を読み解き、中国人の心性の謎に迫る。

筑摩選書
0159

流出した日本美術の至宝
なぜ国宝級の作品が海を渡ったのか

中野 明

明治維新の混乱のなか起きた日本美術の海外への大量流出。外国人蒐集家と日本人の間で起きた美術品を巡る知られざるドラマを明らかにし、美術流出の是非を問う。